圖一、闕樓圖　唐懿德太子墓壁畫

闕樓高聳入雲端。曾幾何時，威名赫赫的太平公主也建起高樓，雄視宮闕。然而，兵防不如人防，再堅固的樓闕，也抵不過白綾三尺，性命無常。

圖二、手執拂塵的女子　唐李震墓壁畫

手執拂塵的女子，雍容華貴，方額廣頤，有類太平公主的風貌。太平公主曾在道觀修行，不知是否也曾這樣手持拂塵，懷想自己的婚姻大事。

圖三、馬毬圖　唐章懷太子墓壁畫

「牽繮絕尾施新巧，背打星毬一點飛。」馳騁賽場的騎手，折射著雄姿英發的大唐風貌。唐玄宗李隆基是一個打馬毬的高手，一揮桿，便打出了一個錦鏽盛唐。

圖四、奔放的舞女　唐燕妃壁畫

高高的髮髻，金色的釵環，舞動的衣袂帶著風。是怎樣的自信，才讓舞姿如此雄健？唐中宗和韋皇后的宮中娛樂豐富多彩，這樣的舞蹈肯定是尋常節目。

圖五、束抹額的男裝仕女　唐韋貴妃墓壁畫

束抹額男裝的女性，英姿颯爽。少女時代的太平公主，也曾經這樣一副裝扮，向父皇母后討要駙馬。然而，賢妻良母的美夢怎敵政壇的翻雲覆雨手！

圖六、三個妙齡少女　唐段簡璧墓壁畫

三個少女，端裝秀麗。著女裝的裊娜，著男裝的颯爽。大唐女子，有幸生在一個開放而自信的時代，所以才能這樣氣象多彩，儀態萬千。

圖七、契苾夫人像　唐契苾夫人墓壁畫

契苾夫人是唐朝赫赫有名的大將契苾何力的女兒。契苾是少數民族，韋皇后不是任命了一個高大威猛的賀婁夫人做貼身侍衛長嗎？那也是如圖中一樣神采奕奕的少數族女子。

圖八、頭戴帷帽的騎馬女俑　新疆唐墓出土

帷帽是武則天之後流行的女性時尚單品。它是用皂紗綴於帽子或氈笠之前，長度及頸。到了開元年間，胡風大行，婦女皆著胡服胡帽，帷帽就過時了。公主們曾騎馬穿行於世，引領民間風尚。

圖九、李邕李秀碑

李重福在洛陽集結叛亂的過程中，時任侍御史的李邕迅速安撫左、右屯營的士兵，使得李顯繼承皇帝之位不致名不正、言不順。

李邕更是唐代大書法家，其筆鋒遒勁、舒放、爽朗，傳世作品包括《李思訓碑》、《麓山寺碑》、《李秀碑》等，圖為《李秀碑》，可看出李邕精熟的用筆技巧。

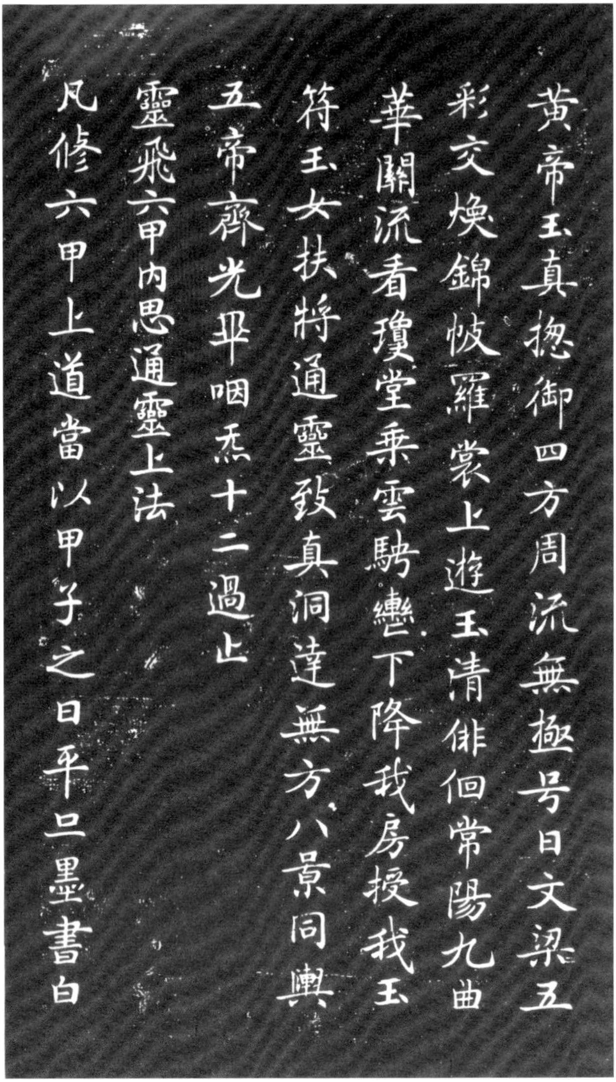
黃帝玉真摠御四方周流無極号曰文梁五
彩交煥錦帔羅裳上遊玉清俳佪常陽九曲
華關流看瓊堂乗雲駢纞下降我房授我玉
符玉女扶將通靈致真洞達無方八景同輿
五帝齊光毕咽炁十二過止
靈飛六甲內思通靈上法
凡修六甲上道當以甲子之日平旦墨書白

圖十、鐘紹京靈飛經

太平公主與李隆基策劃唐隆政變時，擔任苑總監的鐘紹京加入，他主管長安城北面的皇家禁苑，從禁苑的最南端出來就是宮城的北門玄武門。這玄武門可是唐朝歷次政變的必爭之地，因此鐘紹京一入夥，太平公主和李隆基這一陣營就占盡了地理優勢。

鐘紹京小吏出身，擅長書法，武則天時期有名的匾額都是他題的。其筆風雋秀端莊，宋米芾《書史》稱鐘紹京書「筆勢圓勁」。

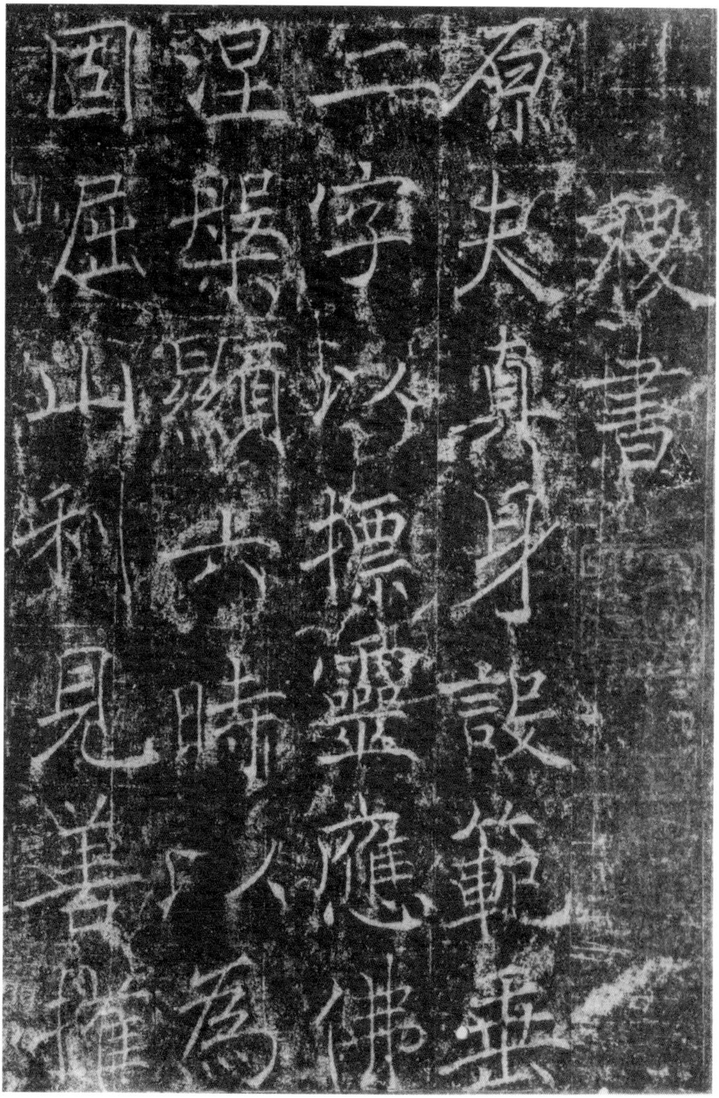

圖十一、薛稷信行禪師碑

唐隆政變結束後，李旦為了培植自己的勢力，馬上提拔了一個叫薛稷的人。薛稷是個書法家，李旦也雅愛八分書，算是書友。另外，當年在武則天時代，薛稷曾經是李旦的下屬，是他的老部下。後來，李旦把女兒仙源公主嫁給了薛稷的兒子薛伯陽，兩個人又成了兒女親家。薛稷與歐陽詢、虞世南、褚遂良並稱初唐四大書家，其書風清婉瘦勁，宋徽宗的「瘦金體」即是臨模薛稷書法而來。

《彩書怨》

葉下洞庭初，思君萬里餘。露濃香被冷，月落錦屏虛。
欲奏江南曲，貪封薊北書。書中無別意，惟悵久離居。

——上官婉兒

「這是一首情詩，表達了獨處深閨的妻子對遠方丈夫的思念。當時還是小孩子的上官婉兒當然沒有這樣的生活經驗，全憑想像進行創作，居然也寫得情真意切，確實是個天才少女，一如現在的九〇後作家。」

《胡笳曲》

漢將留邊朔，遙遙歲序深。誰堪牧馬思，正是胡笳吟。
曲斷關山月，聲悲雨雪陰。傳書問蘇武，陵也獨何心。

——鄭愔

「鄭愔是個勢利小人。當年，通過一番花言巧語，鄭愔贏得了武三思的信任，當了官。武三思死後，他又轉而巴結吹捧韋皇后，在中宗一朝仕途走得很順利。但是，鄭愔雖然擅長討好巴結，可是他也有一個很大的毛病，就是他太愛錢了，老是貪污受賄。」

據說當年來俊臣羅織的文狀，都是由鄭愔草定。雖然他人品不佳，但也是個唐朝有名的詩人，其詩作亦被收錄至《全唐詩》裡。

※圖九至圖十一：文字整理／臺灣編輯 江麗綿

蒙曼說唐——

亂世紅顏

蒙曼——著

一段亂世，一代紅妝，她們存在的意義在哪裡呢？我想，她們存在的最大價值可能就在今天吧。如果太平公主輩生在今天，她們既可以興致勃勃地拜票競選，也可以清高地撇撇嘴說：只有二流的人才搞政治。一百多年前，有一位叫康德的哲學家說過，個人所無法實現的完美，終將由歷史來完成。毫無疑問，這既是我們這些芸芸眾生打拼的意義，也是歷史的終極價值。

——蒙曼

臺灣版／序言

我本來無意營造一段勾心鬥角的歷史，因為如果政治被異化為權謀，我們會對政治失望；如果傳統中充滿了小動作和潛規則，我們也會對傳統失望。尤其是，我更不願意渲染女性間的勾心鬥角，因為無論是「牝雞之晨，唯家之索」這樣文雅的儒家宣言，還是「最毒莫過婦人心」這樣粗糙的民間話語都始終在尋找例證，而我無意用歷史為這類理念作注腳。但是，《亂世紅顏》擱筆後，我還是遺憾地發現，這又是一部有關宮廷鬥爭的作品，四個女人，為了爭奪權力而攜手，而廝殺，而覆亡。

她們為什麼一定要爭奪權力，而且是最高權力呢？我想，除了絕對的權力會有絕對的誘惑之外，還因為她們都具有不世出的才華吧。試想，如果韋皇后不是在流放歲月發現自己居然比當過皇帝的丈夫更堅毅，如果安樂公主不是姝秀辯敏，光豔動天下，如果太平公主不是頻動大議，屢建奇功，如果上官婉兒不是工詩能賦、兩朝草詔，她們會有爭奪天下的欲望和膽量嗎？這種欲望，我們在青史上本來屢見不鮮，從劉邦的「大丈夫當如此也」到曹操的「天下英雄唯使君與操耳」，我們手中的史書，濃墨重彩書寫的本來就是英雄的雄心。但是，我們熟悉並認可的往往是男子的雄心。直到一代女皇武則天橫空出世，人們才知道，原來成功的欲望並不專屬男性。武則天的政治成功是一個空前的標竿，其後諸女，無論在武則天一朝是得寵還是失意，都只能把她看作偶像。驕慢如安樂公主，可以口出狂言說：「阿武子尚為天子，天子女有不可乎？」但是，即便是在這句對武則天並不怎麼恭敬的話語裡，阿武仍然代表一個令人眩目的高度。為了能成為阿武第二，她們如飛蛾撲火一般把全部能量投入政治角逐，為了被激發的皇帝夢，她們誰都不擇手段。一段亂世，就在紅顏們的陰謀與「陽謀」之中展開。

常常有人問我，你對自己筆下這幾個女子是什麼感情呢？我說，我替她們遺憾吧。在成功被緊緊收束在政治領域的時代，「繡口一吐就是半個盛唐」的李太白也會以入翰林為平生快事，因為只有通過這個平臺，才能實現「直掛雲帆濟滄海」的政治理想——自孔夫子以來，這似乎已是士人唯一正確的理想。如同奧運會只設馬拉松這一個項目，不僅李太白，太平公主們也只能在這條跑道上展開角逐。可是，跑道兩旁卻寫著——女性禁止參賽。跑進賽場已經違規了，即便跑在最前仍舊是違規。此後的事情，就猶如一種編織手法的名字——「錯到底」。我常想，如果成功能夠有更多的評價標準，舌吐蓮花的上官婉兒會不會滿足於做一個文壇領袖，秀色天然的安樂公主能否成為頂級名模呢？或者，如果政壇不介意性別和姓氏，政治天分好而又志存高遠的韋皇后和太平公主是否也能締造一個錦繡盛世——即使它不叫大唐？可是，歷史不容假設，生存在這段歷史中的她們也只能倒下。隨之倒下的是她們的追隨者——撇開政治立場，也都是那個時代培養的精英。根據史書記載，開元年間，結束這幾位女性生命的一代英主唐玄宗曾經做過兩件耐人尋味的事情，一是替上官婉兒出版詩集，二是按照太平公主的追隨者蕭至忠的形象來選拔宰相。人心微妙，或許唐玄宗的心裡也不免為她（他）們感到遺憾？抑或他更遺憾的是，歷史，即便是盛世大唐的歷史，也不免在內耗中前行？

既然有著如此遺憾的收尾，那麼，一段亂世，一代紅妝，她們存在的意義又在哪裡呢？我想，她們存在的最大價值可能就在今天吧。如果太平公主輩生在今天，她們既可以興致勃勃地拜票競選，也可以清高地撇撇嘴說：只有二流的人才搞政治。一百多年前，有一位叫康德的哲學家說過，個人所無法實現的完美，終將由歷史來完成。毫無疑問，這既是我們這些芸芸眾生打拼的意義，也是歷史的終極價值。

於北京

二〇〇八年十二月二十日

推薦序／

全怪男人太差勁

再度見識到蒙曼教授的功力。

一段中國歷史上的「非主流」時代，看得人眼花撩亂（五次宮廷政變），卻又因無足輕重，很少被後人引用其故事。可是在蒙曼的筆下，卻能剝繭抽絲般條分縷析。於是才發現，即使是那樣一個「非主流」當家（女性＋外姓）的期間，所有發生的事情仍然是有因有果，甚至勢所必然。

無論任何一個時空，「非主流」都要比主流來得辛苦得多。什麼是主流？自周公以來，嫡長就是主流；自秦始皇以來，大一統就是主流；自漢武帝以來，儒家就是主流。而人類社會一直到今天，男性都是主流。主流搭的是順風車、順流船，一切都那麼的理所當然；非主流則「失道寡助」（「道」通常指的就是主流的思想），甚至會被打成「逆流」，下場悲慘。

非主流當家做主或獨領風騷，最常見的原因就是：主流太差勁，差勁到不行。

從武則天得勢到太平公主失敗，這一段大唐李氏的非主流當家時期，其實就只有一個原因：姓李的男人「太差勁」了。唐高宗李治、中宗李顯、睿宗李旦都是窩囊廢不說，本書第五回，太子李重俊發動兵變的那一幕，李重俊的軍隊都已經打到玄武門的城樓下了，卻仍功虧一簣，只因為對手是上官婉兒，武則天親自調教出來的女中豪傑！而書中寫太平公主與丈夫武攸暨：「武攸暨的不作為，恰好成全了太平公主的作為。」蒙曼直截了當，一針見血。

單是皇室男人差勁還不夠充分，專制帝國的統治機器是儒家官僚系統，他們的力量也很強大。這一批信奉「天地君親師」的讀書人，不能簡單的用「奴才」來形容——雖然有奴性沒錯，可是他們是有著堅定信仰的，包括「君要臣死，臣不敢不死」，也是儒家信仰的一部分。即使在武則天時代，仍有如狄仁傑、張柬之、李昭德之類的有守有為之士。反而到了本書這一段「後武則天時期」，「兩腳狐」楊再思，一個武則天時被主流士人唾棄的無恥文人，可以當上右僕射（實質宰相）；本書寫到的「國爹」的竇懷貞（竇從一）當上了御史大夫；甚至國子祭酒（國立大學校長）祝欽明還在宴會上為中宗、韋后跳「八風舞」，《資治通鑑》記載他「搖頭轉目，備諸醜態」。易言之，「非主流」的當家人也有高下之分，武則天畢竟稱得上「聖明」，韋后以次實等而下之，若非唐政府官僚系統當時充斥一群沒骨氣的貨色，非主流也很難「叱吒風雲」吧！

本書的主角是太平公主、韋后、上官婉兒、安樂公主四位當世「女強人」，但不時出現的卻是「超級女強人」武則天的影子。而作者在序言中亦道出：「無論是韋皇后還是安樂公主，都只是想循著武則天的足跡成為女皇。」所以，我建議讀者在閱讀本書時，把《蒙曼說唐：武則天》放在手邊，有必要時，對照來看，肯定大有裨益。

本書「第一男配主角」李隆基（唐玄宗）則是這一段「非主流當家期」的受益者，若非韋后、安樂公主身邊那一幫「貴婦人團」（包括長寧公主、皇后妹郕國夫人、上官婉兒母沛國夫人、女官柴氏、賀婁氏、女巫第五英兒等）收紅包賣官（斜封官）、度僧尼（可免賦役），搞得天怒人怨，又哪有李隆基這個「三郎」（排行老三）的份呢？「嫡長制」可是主流哪！

事實上，李隆基是被那些忠於李姓皇族的「骨骾之臣」相中的——高宗、中宗都軟弱，中宗的兒子也不行，只有相王李旦（中宗的弟弟，武則天的兒子）有個兒子很不錯。此所以太平公主發動政變誅殺韋后一黨時，會找這一位二十郎當的姪兒合作，是因為李隆基身邊早已聚集了一幫文武人才，也叫得動忠於李氏的禁軍。

至此，「主流」裡出現了英雄人物，於是乎，主流一路順風，非主流望風披靡。可以這麼說，能幹的主流是非主流的「天敵」。我們以「事後諸葛亮」的眼光來看，太平公主找李隆基合作搞政變，對「非主流當家群」而言，不啻引狼入室、與虎謀皮。

蒙曼教授在全書結語這麼寫著：「清除了外姓和女性的勢力，武則天時代社會改革的成果才能顯露出來。也只有在這種情況下，大唐王朝迎來了開元盛世。」這話當然對，可是，武則天不也是以女性而能推動改革嗎？所以，最終、最關鍵的「主流」仍在於施政的良窳，武則天英明、勤政、儉僕，本書四位女主角則專務宮廷鬥爭，未見良善施政——開元盛世的意義也在善政，不是嗎？

對蒙曼的文筆與析事，自忖無以增色，謹提出「主流—非主流」的另一角度，供讀者做為閱讀本書的參考。

公孫策　二〇〇八年冬

（本文作者為名作家）

名家推薦語

當天時、地利、人和給予女性參政掌權機會時，表現會是如何呢？

早唐，太宗以降，便提供了如此舞台予女性同胞，因此我們看到了日月當空大氣魄的武則天、雖有乃母之風卻如流星閃逝的太平公主、才華洋溢冠鬚眉的上官婉兒，又及畫虎不成反類犬的韋后、安樂公主母女黨。

所以，結果是一樣的，掌權能力的優劣，性別不是最重要的指標，人本身的質地才是最大的分野。「絕對的權力、絕對的腐化」，不男女而異，它是人際最大的試煉。

朱天衣

（本文作者為名作家）

目錄

臺灣版／序言　蒙曼　5
推薦序／全怪男人太差勁　公孫策　8
名家推薦語　朱天衣　11
人物關係圖　17
引子　19
第一回　紅妝時代　21
一、年少入道：順從母命，出家成為女道士　25
二、自求駙馬：下嫁青梅竹馬——薛紹　28
三、舉案齊眉：將一生幸福寄託在婚姻與家庭　30
第二回　初涉政壇　35
一、薛紹之死：薛紹謀反，意圖推翻武則天？　36
二、梅開二度：再嫁武攸暨，滿足武則天的政治強權　40
三、初露鋒芒：處死馮小寶、推薦張氏兄弟、扳倒來俊臣　43

第三回　威風八面　49
一、心繫李家：太平公主在關鍵時刻的政治立場　52
二、神龍政變：太平公主第一次正式的政治表演　54
三、春風得意：神龍政變結束後，受封鎮國太平公主　60
第四回　韜光養晦　63
一、主弱臣強：為穩固地位，中宗強化皇后韋氏權力　64
二、武氏重興：中宗與武家合作，共同打擊功臣　70
三、明哲保身：為求安全，太平公主韜光養晦、延攬人才、聯合相王　73
第五回　重俊政變　77
一、清洗功臣：中宗、韋后聯合武三思，分三步驟打擊功臣　78
二、後院起火：太子李重俊不安其位　80
三、禍起蕭牆：李重俊政變，中宗、韋后命在旦夕　83
四、身陷危局：重俊政變，相王李旦、太平公主與李重俊同謀？　88
第六回　母女亂政　91
一、韋后崛起：以武則天為典範，企圖執掌大權　92
二、安樂弄權：重新點燃登上皇太女寶座的夢想　101

第七回　中宗之死　105
一、新好男人：愛之深，懼之切，宮裡宮外盛傳唐中宗怕老婆　106
二、享樂皇帝：熱中團體運動馬毬、拔河，愛逛虛擬市場　111
三、糊塗天子：「和事天子」把整個政府搞得烏煙瘴氣　113
四、暴崩之謎：韋皇后與安樂公主聯手計畫毒死中宗？　115

第八回　韋后專權　121
一、立儲難題：中宗暴崩後，韋皇后為了女皇夢，決定廢長立幼　122
二、婉兒草詔：韋皇后授意婉兒起草詔書，婉兒陷入兩難　125
三、韋后坐大：封鎖中宗逝世的消息，先為自己當皇帝做準備　130

第九回　山雨欲來　135
一、姑姪聯手：韋皇后咄咄逼人，李隆基與太平公主計劃政變　136
二、運籌帷幄：太平公主幕後策劃，李隆基負責聯絡軍隊　140
三、引爆政變：唐隆元年六月二十日夜，唐隆政變啟動　143

第十回　唐隆政變　149
一、玉殞香消：韋皇后、安樂公主與上官婉兒成為刀下亡魂　150
二、薄命紅妝：三個性格不同的女人，面對死亡時的容顏　152
三、追殲餘黨：崔日用完成追殲韋皇后餘黨的任務　158

第十一回　睿宗登基　161
一、皇位歸屬：政變集團的既定方針——擁立相王　162
二、父子相峙：三郎李隆基發動政變的政治盤算　164
三、李旦即位：國家多難，政局不穩，李重茂傳位相王　168
第十二回　重福叛亂　177
一、真命天子：中宗最年長的兒子李重福伺機而動　179
二、洛陽起事：李重福、鄭愔、張靈均三人，計劃回東都洛陽造反　183
第十三回　姑姪鬥法　191
一、第一回合：太平公主亡羊補牢，決定撤掉太子李隆基　192
二、第二回合：李隆基反告姚元之與宋璟兩人挑撥，離間他與太平公主的關係　201
第十四回　睿宗傳位　205
一、皇帝難做：睿宗一面借助太平打壓太子，一面防止太子全面失勢　206
二、讓位太子：「既然天象如此，那我就順應天意，傳位太子好了！」　210
第十五回　太平重振　219
一、睿宗收權：太平公主盤算，勸說太上皇運用權力，施壓玄宗李隆基　220
二、男寵登場：崔湜與盧藏用為太平公主獻策　223

三、招攬才俊：太平公主勢力重新伸張，「七位元宰相，五出其門」 227

第十六回　劍拔弩張 233

一、謀臣現身：化被動為主動，皇帝李隆基出招對付太平公主 235
二、政變流產：剷除太平公主的政變消息洩露，太上皇震怒，玄宗自食惡果 239
三、形勢陡轉：太平公主慫恿，太上皇命皇帝巡行邊疆，削弱皇帝的控制力 242

第十七回　太平之死 245

一、構陷太平：太平派宮女毒死皇帝，並籌劃另一場政變？ 247
二、先天政變：李隆基反誣太平公主策動政變，賜太平公主懸梁自盡 249

第十八回　走向開元 259

一、無緣女皇：身分、實力不如武則天，對手卻比武則天的強大 260
二、政壇流星：雖維護李唐王朝，卻只知權謀、圖享樂 263
三、紅顏絕唱：唐朝，女性政治人物空前活躍的紅妝時代 267

附錄：重要事件年表 273

人物關係圖

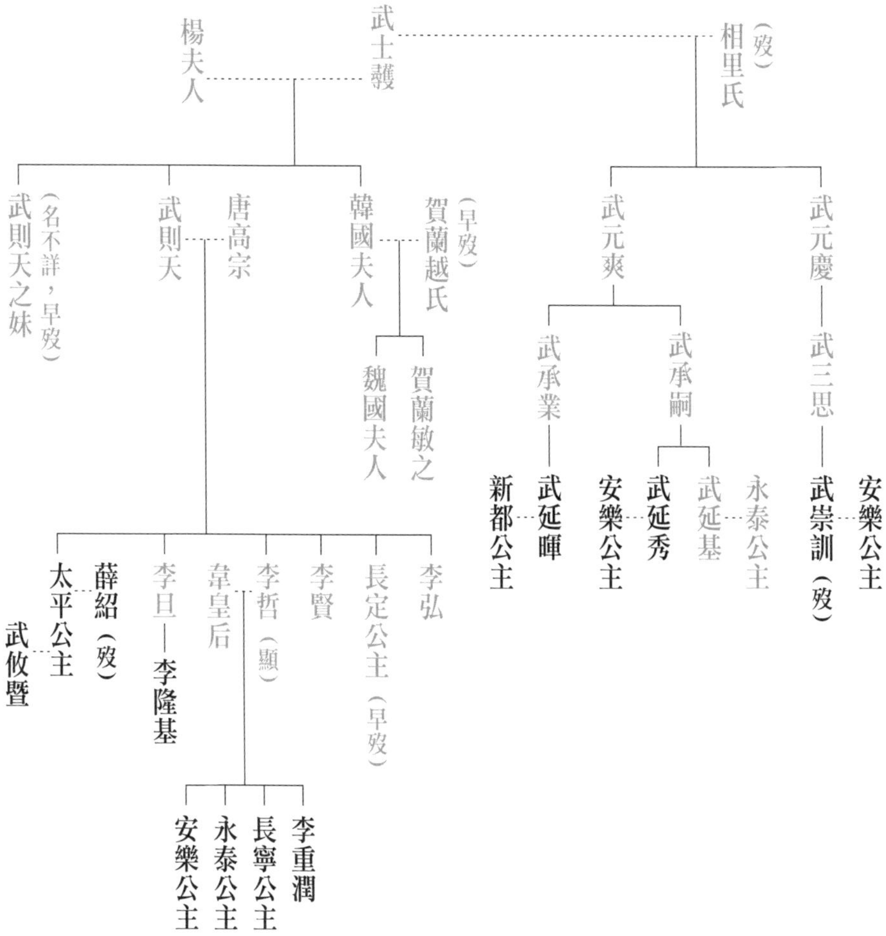
武士彠
楊夫人
相里氏（歿）
武則天之妹（名不詳，早歿）
武則天
唐高宗
韓國夫人
賀蘭越氏（早歿）
魏國夫人
賀蘭敏之
武元爽
武元慶
武承業
武承嗣
武三思
新都公主
武延暉
安樂公主
武延秀
武延基
永泰公主
武崇訓（歿）
安樂公主
太平公主
薛紹（歿）
武攸暨
李旦
李隆基
韋皇后
李哲（顯）
李賢
長定公主（早歿）
李弘
安樂公主
永泰公主
長寧公主
李重潤

引子

南朝宋人虞通之在其所著《妒記》中講過一則有趣的故事：東晉謝安的妻子劉夫人生性嫉妒，不許謝安納妾。謝安的子姪都很替他不平，有一天相約來勸劉夫人。怎麼勸呢？他們在劉夫人面前大談《詩經・螽斯》一篇。《螽斯》不是通過昆蟲螽斯的擅長生育來讚美文王的妻子不嫉妒，所以文王才能子孫成行嗎？劉夫人聽來聽去，明白孩子們的意思了，就問：「這首詩是誰寫的呀？」孩子們回答：「周公寫的。」劉夫人笑著說：「周公是個男人，自然這麼說，如果讓周姥寫，恐怕就不會這麼說了！」其實，就唐朝，乃至從古到今的整個中國社會而言，無論制禮作樂，還是講經修史，不都是「周公」而非「周姥」嗎？正因為有這樣的文化傳統，所以當我們在史冊中看到魏元忠激烈地反對安樂公主當皇太女時，會視他為忠臣烈士；而看到祝欽明主張讓韋皇后充當祭天亞獻，則斥之為奸佞小人。甚至，這個擁有皇太女和亞獻皇后的時代，也被我們稱為亂世，打入另冊。

然而，所謂亂世，不正是異端思想的發源處嗎？在武則天成功打破女子不得稱帝的規則後，更多的女性認為，女人和男人一樣，也可以擁有公權力。唐中宗一朝，垂簾聽政的韋皇后上表，請求所有不因為丈夫或兒子的功勞而獲得封爵的婦女，都可以把封爵傳給子孫；與此同時，姝秀辯敏的安樂公主則要求唐中宗立自己為皇太女！也許，無論是韋皇后還是安樂公主，都只是想循著武則天的足跡成為女皇，但是，從思想史的角度看，這卻是一些顛倒乾坤的要求。韋皇后的請求意味著，女性可以傳授政治權力；而安樂公主的要求則意味著，女性也可以繼承政治權力！這樣的要求，其實是想把武則天的超常發揮常規化；這樣的想法，也不啻是中古中國的男女平權宣言！

如果女皇成為可能，那麼，女性入朝為官不也就是順理成章的事情了嗎？聰明如上官婉兒，未嘗沒有這種想法。中唐詩人呂溫寫過一首《上官昭容書樓歌》，詩的起首便是：「漢家婕妤唐昭容，工詩能賦千載同。自言才藝是天真，不服丈夫勝婦人。」婉兒號稱「內宰相」，然而，內外之間的界限一定就如此嚴格嗎？

毫無疑問，韋皇后等人的女性意識與她們的政治企圖緊密相關，但這並不代表女權本身的虛妄。事實上，一個與唐代的社會現實相違背的普世價值——男女平權觀念正隱藏在醜惡的政治鬥爭中。同樣弔詭的是，也正是政壇紅妝們的理想與奮鬥，使得當時的政治鬥爭更加醜惡。

假如她們成功了，又如何呢？雖然人們常說歷史不容假設，但我還是忍不住玄想。我覺得，歷史曾經有多種可能，就像人生也可能有多種際遇一樣，人類所作出的一切選擇，都只能是實然而非必然。但是無論如何，有選擇就會有犧牲，犧牲掉的可能風光旖旎——如同那些薄命的紅顏；然而，換來的也許更加波瀾壯闊——如同令人低迴不已的錦繡盛唐。其實，歷史的矛盾性與複雜性不也正是歷史的生命所在嗎？

可能有讀者注意到了，我的序言中唯獨沒有提到太平公主。不錯，因為正文中有更多她的故事，請您耐心地往下翻。

【第一回】紅妝時代

一代女皇武則天的統治結束後，唐朝一下子進入了最動盪的一段時期。在八年多的時間裡，一共爆發了五次宮廷政變，兩個皇帝（武則天、唐殤帝）被迫退位，一個皇帝（唐中宗）死得不明不白，還有一個皇帝（唐睿宗）被逼無奈當了太上皇。為什麼會有如此的混亂局面？

歷史本來是在不間斷的時間裡所上演的不間斷的事件。但是，存在於我們記憶之中的歷史，卻往往是一些跳躍的閃光點。比如，我們常常覺得，秦皇之下即是漢武，雄漢之後便是盛唐。其餘的，恐怕就「何足道哉」了。落實到我所感興趣的唐朝，又何嘗不是如此呢？我們能輕而易舉想起的，恐怕只有百世帝範唐太宗、一代女皇武則天和風流天子唐玄宗了。可是，在巔峰之間的歷史又是怎樣一副面貌呢？我常想，歷史的魅力其實就在於它的曲折性。換言之，只有看到波谷的存在，我們才能真正認識波峰的價值；也只有深究波谷的祕密，我們才能領悟如何能夠達到波峰。

本書講的就是從武則天鐵血統治結束到唐玄宗開元盛世到來這八、九年的歷史。毫無疑問，這是綿長近三百年的唐朝歷史上的一段波谷，但也是盛世華章到來之前的一段充滿陰謀、鮮血與希望的前奏。極其不同尋常的是，這段上層統治飄搖動盪的年代，同時也是一個女性在政壇上閃亮登場、盡展娉婷的紅妝時代。

先看動盪。一代女皇武則天的統治結束後，唐朝一下子進入了最動盪的一段時期。在八年多的時間裡，一共爆發了五次宮廷政變，兩個皇帝（武則天、唐殤帝）被迫退位，一個皇帝（唐中宗）死得不明不白，還有一個皇帝（唐睿宗）被逼無奈當了太上皇。為什麼會有如此的混亂局面？

冰凍三尺，非一日之寒。這接踵而至的混亂有其深刻的歷史根源，是武則天數十年統治積累的結果。半個世紀以來，武則天以一個女人的身分，手握權柄，君臨天下；武氏一族也隨之扶搖直上，雞犬升天。女性與外姓這兩大「異端」力量共同衝擊著李唐王朝家天下的統治，引起了皇位繼承的空前混亂。在武則天從政治舞臺上謝幕之後，各種政治勢力輪番登場，更多的女性和外姓紛紛做起了皇帝夢。想當皇帝覬覦皇位的人多了，政變自然也就成了家常便飯。一時間，「問蒼茫大地，誰主沉浮」？

再看紅妝，就更有意思了。武則天不是一個女權主義者，她的統治也找不出什麼「女權主義」的元素，可是，她的成功顛覆了時人心目中只有男人才能當皇帝的傳統觀念，也刺激了一批宮廷女性的政治野心。榜樣就是力量。在她的帶動下，那些曾經在她身邊生活過、目睹了她驚人成功的女性，都把她當成了自己的楷模，如飛蛾撲火一般，前仆後繼地追逐著最高權力。在這些宮廷女性中，有四個人最為著名。哪四個呢？武則天的兒媳韋皇后，武則天的孫女安樂公主，武則天賞識提拔的才女上官婉兒，還有，武則天的親生女兒太平公主。

韋皇后是武則天的三兒子唐中宗李顯的皇后，此人在歷史上以淫蕩和狠毒著稱。根據現存史書記載，她不僅在丈夫活著的時候就不守婦道，包養男寵（就是現在的情人），還喪心病狂，為了能早日當皇帝，不惜痛下殺手，毒死自己的丈夫。再看安樂公主，對她的描述之詞可真不少。她是唐朝歷史上最美麗的公主，號稱「光豔動天下」；她也是唐朝最得寵的公主，父皇母后對她千依百順；她還是唐朝最有野心的公主，居然大膽提出要當「皇太女」，以後要接班當皇帝；她也是唐朝最狠毒的公主，史書說她竟然和母親合謀毒死了自己的親生父親唐中宗李顯。再說上官婉兒，她和武則天本有不共戴天的殺父之仇，卻又深得武則天的賞識信任；她雖然出身於掖庭女奴，卻能品評天下才子；更傳奇的是，她為皇帝起草詔書，號稱「女中宰相」，風光無限，最後卻又機關算盡，抱著自己起草的詔書悲慘地死去。當然，更傳奇的還是本書的一號人物太平公主。她有一個皇帝父親（唐高宗）、一個皇帝母親（武則天）和三個皇帝哥哥（孝敬皇帝李弘、唐中宗李顯、唐睿宗李旦），但是，她最大的理想還是自己當皇帝。她參與推翻了一個皇帝（武則天），擁立了兩個皇帝（唐中宗、唐睿宗），可最後還是逃脫不了悲劇命運，死於曾與自己同仇敵愾的皇帝（唐玄宗）之手。本書講的這個時代，就是從由她參與的一場政變開始，並以針對她的一場政變而告終。這些充滿傳奇的女性，儘管出身不同，性格各異，但是她們都有一個共性，就是無視男主外、女主內的性別分工和婦女不得參政的禁令，公開追逐那些被視為禁臠的政治權力。遍觀中國歷史，從來沒有哪個時期有如此多的女性同時投身於激烈複雜的政治角逐，所以說它又是一個前無古人、充滿魅力的紅妝時代。

但是，這些給歷史增添濃重華彩的宮廷貴婦，無論是想當女皇帝的，還是想當女宰相的，最後都一一失敗了。在這些人之中，最後一個結束自己夢想的就是太平公主。對於這樣的結局，我們可能會充滿好奇和疑問。按理說，在這各色的女人中，太平公主和武則天應該是最為接近的了，她出身貴於其母，容貌、性格酷似其母，才智、能力不遜其母，為什麼武則天能夠度盡劫波，最終榮登大寶，盡享九五之尊，而太平公主卻連安享太平也未能做到？雖然一度叱吒風雲，最終卻只能是以三尺白綾結束性命？她們之間所差的，究竟是個人素質，是歷史機遇，還是有什麼更深層次的根源呢？同樣是政治女性，為什麼武則天在中國歷史上有如恆星，始終煥發著奪目的光芒，而太平公主卻像一顆流星劃破夜空，雖然一度光華璀璨，卻又轉瞬即逝？太平公主死後，唐朝歷史上的紅妝時代也隨之結束，但是，李唐王朝卻進入最為繁榮富貴的開元盛世，這究竟意味著這些女性的個人失敗，還是意味著時代的必然選擇？

正是縈繞在太平公主身上這些徘徊不去的疑問，和歷史上所有的翻雲覆雨、無數個才子佳人一起，構築了我們的歷史，也構築了我們的心靈。儘管褒貶不一，我們卻都得承認：這真是一個令人駐足神往又令人扼腕嘆息的紅妝時代。既然以紅妝參政為特色，那麼，作為這個時代的標誌性人物太平公主，是否就是一個天生的政治動物呢？她究竟有著怎樣的童年和少女時代？

一、年少入道：順從母命，出家成為女道士

太平公主究竟是個什麼樣的女人呢？史書評價她「多權略」、「頻著大勳」。按照今天的講法，就是既有政治抱負又有政治能量的政壇女強人。不過無論我們用什麼語言來概括她，其實都是按照她最終的政治身分和形象來給她定位的。但是，太平公主真的一生下來就是個政治動物嗎？實情並非如此。事實上，太平公主在童年和少女時代，完全是按照從孝女到賢妻、再到良母的傳統女性標準模式來打造的。

史書中記載太平公主的第一個形象就是一個模範孝女。根據《新唐書・公主傳》的記載，她在很小的年紀，為了替母親武則天給外祖母楊夫人盡孝，出家當了女道士。這位楊夫人出身高貴，四十多歲嫁給武則天的父親武士彠，為他生了三個女兒。楊夫人不僅給了武則天生命，更成了她政治生涯的最早幫手，無論武則天是入宮還是當皇后，背後都有這位楊老太太的身影。她也算是為武則天鞍前馬後，出力多多。西元六七〇年，楊夫人去世，武則天失去了一個心靈的依傍，倍感神傷。怎麼表達對母親的無盡哀思呢？李唐皇室一向標榜自己是道教始祖太上老君的後人，所以信仰道教。而當時道教認為，如果家裡有晚輩入道，當個道士，就會給死去的親人帶來福氣，讓他們在陰間過得更好。按照這種理念，作為女兒的武則天此時如果出家當女道士，就能給母親楊夫人修得冥福，這可是個不錯的盡孝辦法。可是武則天與唐高宗並稱「二聖」，身為國母，哪能說出家就出家呀。那怎麼辦呢？武則

天想到了她的掌上明珠、可愛的小女兒，就讓她替母親盡孝吧。於是，她就讓小女兒替她出家當女道士去了。當然了，這個小女兒當時可不叫「太平公主」，但是既然當了女道士，就得起個道號，這道號就是「太平」。我們現在習慣稱她為「太平公主」，其實就是從這兒來的。從這個道號我們可以看出來，唐高宗和武則天對這個唯一活下來的女兒倍感珍惜，無論是在家還是出家，他們都希望這個寶貝女兒能太太平平地度過一生。

在漢語裡，孝順連稱，順即為孝。一個小公主能夠順從母后的心願，出家給外祖母修冥福，這當然是模範孝行啦。

那麼表現出如此優秀傳統品質的太平公主當時多大年紀呢？中國的歷史文獻儘管卷帙浩繁，可惜，女性的空間總是被一再壓縮，即便是曾經差不多擁有天下的太平公主，她的出生年月在史書中也沒有任何記載。不過，我們還是可以依據她哥哥們的情況大體推測一下。太平公主最小的哥哥李旦生於六六二年，按照他的年齡推算，太平公主最早應該生於六六三年，那麼到六七〇年，她最大也只有七歲，還是個小孩兒。這麼小的孩子哪裡懂得什麼道教呀，所以當道士只是順從母命走走過場而已，偶爾出席幾次活動秀一秀，基本上屬於玩票性質。

既然是玩票，那就並沒有真正離開父母身邊。可是在中國古代，女孩子一般是不能在娘家終老一生的，長大成人之後就要出嫁了。那麼太平公主嫁給誰了呢？說來令人難以置信，她差一點成了吐蕃人的媳婦。這是怎麼回事呢？眾所周知，吐蕃是現在藏族的前身，和唐朝差不多同時崛起。它與唐朝毗鄰，勢力強大，為了維護關係，唐太宗曾經派文成公主和親，讓她嫁給吐蕃贊普（國王）松贊干布，這也是漢藏民族友好往來的一段佳話。和親是古代中原王朝安撫周邊少數民族政權的常用手段。

當年漢高祖劉邦率大軍攻打匈奴，在白登山（今天的山西大同）被圍七天，幾乎喪命，後來賄賂匈奴閼氏*才得以解圍。劉邦脫險後，把漢朝的公主嫁給匈奴單于，這才贏得了漢初北部邊疆的和平。劉邦開創了中原王朝嫁女和親的傳統，唐太宗又開創了唐朝和親吐蕃的傳統，到唐高宗一朝，這個傳統又要發揮作用了。話說吐蕃在唐朝的西南邊境越來越強大，到了唐高宗時期，經常在現在甘肅、青海一帶攻城掠地，讓唐朝這個常勝將軍大丟面子。當然，吐蕃畢竟地瘠民貧，國力遠不如唐朝，也難打持久戰，於是就請求與唐朝和親，締結友好關係。那時候，唐高宗在世的女兒一共有三個，老大、老二都是被武則天害死的蕭淑妃所生，當時早已經出嫁了。唐高宗身邊待字閨中的只有小女兒太平公主，十二、三歲的年紀，按照唐朝人的標準，已經到了適婚的年齡。吐蕃人事先已經摸清了情況，口氣很大，開口便要太平公主和親。

是不是安排太平公主遠嫁呢？這下，唐高宗和武則天犯難了。照理說，和親是一件好事，邊疆可以安寧，戰士可以回家，這是所有人都願意看到的。但是吐蕃實在太遠了，當時也沒有青藏鐵路啊，那可真是「一番風雨路三千，把骨肉家園齊來拋閃」了，武則天怎麼捨得讓唯一的親生女兒嫁到那麼遠的地方呢？在國家統治和慈母情懷之間，武則天選擇了當慈母。可是吐蕃那邊又不好直接拒絕，怎麼辦呢？太平公主幼年時，不是半真半假地當過女道士嗎？乾脆讓她正式入道算了。道教崇尚宗教獨身主義，總不能要求女道士成婚吧。於是武則天下令，馬上給太平公主修建一座道觀，就叫太平觀，讓她搬進去住。於是十幾歲的小太平當了觀主，而且像模像樣地履行了受戒儀式，出家了。這樣一

*漢朝時，匈奴的君王稱為單于，其妻稱為閼氏。

來，吐蕃沒話說了，和親的事情也就不再提起。

雖然太平公主真的出家了，不過按照唐高宗和武則天當時的想法，恐怕也只是暫時避避風頭而已，一旦吐蕃徹底死心，還要讓女兒還俗的。可是，當時已經是唐高宗統治的後期，高宗本人身體每況愈下，而武則天忙著積聚勢力奪權，兩個人都沒有心思管小女兒的事情了。另外，當父母的總覺得兒女是小孩子，特別是太平公主又是最小的女兒，也許潛意識裡希望她在身邊多留幾年吧。可是，春花秋月等閒度，美眷如花，流年似水。道觀中的太平公主，眼看著自己的大好青春悄悄溜走，心裡難免有些著急，但父皇母后就是不提還俗出嫁的事。

二、自求駙馬：下嫁青梅竹馬——薛紹

那麼太平公主會不會就這樣在道觀裡終老一生呢？當然不會。太平公主等來等去，終於等得不耐煩了，看來幸福掌握在自己手上，有什麼要求還得自己提。怎麼提呢？直接說我想要個駙馬，這多不好意思呀！想了又想，怎麼才能讓父母明白呢？終於，她想出了一條妙計。有一天，唐高宗在宮中設宴，宴請親族，太平公主忽然從天而降，她身穿紫袍，腰圍玉帶，頭戴黑巾，手持弓箭，走到唐高宗和武則天面前，深施一禮說：「父皇母后，我給你們跳舞助興吧。」說罷，載歌載舞起來。看著女兒英姿颯爽，一副青年武官的打扮，唐高宗和武則天哈哈大笑說：「妳一個女孩子家，又不是武官，怎麼打扮成這樣？」太平公主馬上說：「既然我不適合這樣打扮，那把這身行頭賜給我的駙馬好嗎？」高宗夫婦一聽，這才恍然大悟，是啊，女兒已經十七、八歲了，該出嫁了。就這樣，給太平公主選駙

馬提上了議事日程。可以看出來，少女時代的太平公主，是個敢於大膽追求個人幸福的女孩子，這與年輕時果敢英氣的武則天如出一轍。

說到這裡，有人可能就費解了，太平公主想要駙馬，為什麼要打扮成武官的樣子呢？咱們看戲、讀小說經常見的不都是「中狀元，招駙馬」嗎？她為什麼不扮成一個白面書生呢？這就是對唐朝的時代特徵不瞭解了。所謂「中狀元，招駙馬」，那主要是宋朝以後的事情。宋朝以降，文化教育更為發達，科舉考試成為選拔政府官員的主要途徑，在科舉考試中如果表現出色，隨後就能平步青雲了。在這種情況下，科舉不僅與仕途聯繫在一起，也和美滿婚姻聯繫在一起了，正所謂「洞房花燭夜，金榜題名時」。而唐朝尚武，駙馬大多數從功臣勳貴人家挑選，而且一旦當了駙馬，常常被委以重任，擔任禁軍將領，幫助皇帝穩定統治。所以，太平公主這樣一番表演，說明她當時的想法還是相當「主流」的，她也希望得到這麼一個英雄的駙馬，幫助父親保衛李唐江山。

那麼，唐高宗給太平公主選中的駙馬到底是誰呢？此人姓薛名紹。唐高宗夫婦為了給她選這個駙馬，可是煞費苦心。為什麼呢？薛紹特別符合理想駙馬的標準，他有三大優點，無人能及。首先，薛紹出身河東大族薛氏，他的父親也是駙馬，當過左奉宸衛將軍。而母親則是唐太宗和長孫皇后的親生女兒，也就是唐高宗的親姐姐城陽公主。出身「革命家庭」，又是親戚，可謂門當戶對。其次，薛紹的父母出身高貴，但是當時都已經去世，套用現在的玩笑話，理想中的老公標準正是「有車有房，父母雙亡」，所以嬌生慣養的太平公主不用費心處理和公婆的關係。最後，薛紹本人年輕英俊，和太平公主又是姑舅兄妹，就像《紅樓夢》裡的賈寶玉和林黛玉，沒準兒也是青梅竹馬，兩小無猜。這個選擇，很可能徵求了太平公主的意見。因此對這個駙馬，太平公主無疑非常滿意。

三、舉案齊眉：將一生幸福寄託在婚姻與家庭

駙馬人選確定了，再經過一番緊張籌備，開耀元年（六八一年）七月，高宗夫婦為太平公主舉行了盛大而隆重的婚禮。這可是唐朝第一個超豪華婚禮，場面蔚為壯觀。根據《新唐書・公主傳》的記載：「假萬年縣為婚館，門隘不能容翟車，有司毀垣以入，自興安門設燎相屬，道樾為枯。」婚禮的禮堂設在萬年縣的縣衙。當時首都長安一共有兩個直轄縣，一個叫長安，一個叫萬年。因此，萬年縣的縣衙就類似於今天北京東城區的區政府。這規格已經夠高了吧，但是，太平公主的婚車太豪華、太龐大了，萬年縣衙的大門根本進不去，怎麼辦呢？這點小事還能難得倒高宗和武則天這對強人夫婦嗎？他倆立刻決定，拆牆！把牆給拆了不就進去了嗎！按照唐朝風俗，婚禮都在晚上舉行，可是當時街道也沒有路燈啊，只能點火炬。結果從長安城最東北的大明宮（興安門）出來，一直到城東南的萬年縣衙，一路上火炬點成了一條火龍，把道邊的槐樹都給烤焦了。這種規格的婚禮在以前是想也不敢想啊。當年，太宗皇帝和長孫皇后的愛女長樂公主出嫁的時候，太宗想要給她的陪嫁多一點，魏徵在旁嘮叨個不停，講禮制如何規定，明君應如何以身作則等大道理，最後唐太宗只能作罷。太平公主的婆婆城陽公主出嫁的時候，本來算卦的說，根據兩個人的命理推算，晚上結婚不吉利，想要改在白天舉行，結果又被大臣勸諫了一番，還是按老規矩辦了。以後唐高宗的另外兩個女兒，因為是蕭淑妃所生，接近三十歲才匆匆出嫁，所嫁的駙馬出身也不高，婚禮當然更是馬馬虎虎。現在太平公主可是武則天唯一的親生女兒，掌上明珠，怎麼寵愛都嫌不夠，當然要大操大辦；另外國家也富裕了，用不著再為花銷斤斤計較。所以這場婚禮雖不是絕後，但絕對空前。要是有攝影的話，不用剪輯，不用特

技，就比得上一部好萊塢大片。

看到最小的女兒出嫁，唐高宗心中異常欣慰。他不是愛好文學嗎？於是詩興大發，親自作詩一首志喜，詩名就叫《太子納妃太平公主出降》，最後一句是「方期六合泰，共賞萬年春」。希望這場婚禮能夠給全國都帶來福氣，讓這樣繁盛的場面持續千秋萬代。

中國不是講究好事成雙嗎？太平公主出嫁了，正好她的哥哥李顯的原配妃子幾年前得罪了武則天，被武則天給餓死了。如今李顯已經當了太子，還沒有正妻，也該給他再娶個妃子了。於是擇高門之女，與太平公主的婚禮同時舉行。那麼和太平公主同一天結婚的這個嫂子是誰呢？她，就是後來大名鼎鼎的韋皇后。日後，她將和太平公主在權力場上爭奪得你死我活。但是，那時候的她們不過是兩個花季少女，都在享受著婚禮的幸福，誰能預見到多年之後的事呢？

豪華的婚禮一過，太平公主的少女時代也就結束了。我們究竟應該怎樣總結她的童年和少年生活呢？有四個特點格外值得關注。第一，作為皇帝的女兒，太平公主的生活從一開始就跟政治密切相關。無論是出家還是出嫁，都要遵從父母的政治利益。第二，儘管無法脫離政治，但是在當時，她和政治的關係畢竟還不太緊密，也不太直接。在可能的情況下，她還是充分享受著來自父皇母后的關心呵護，生活也顯得非常平靜幸福。第三，在這樣的環境之下培養起來的太平公主，雖然有一定的政治敏感度，但是也還和大多數傳統的中國婦女一樣，把一生幸福主要寄託在婚姻和家庭上，這從她請求招駙馬的舉動上可以看得一清二楚。第四，太平公主和年輕時代的武則天一樣，既聰明又潑辣，勇於追求個人幸福，也善於追求個人幸福。

就這樣，聰慧而又純情的太平公主，通過自己的一番努力，終於如願以償，嫁給了自己喜歡的貴族少年，如果政治穩定，內外無波，她應該像童話中那樣，從此過上幸福的生活吧。事實上也確實是如此，婚後的太平公主一心享受著甜美的家庭生活，與薛紹和睦恩愛，舉案齊眉，在當上薛家的賢妻之後，很快又當上了良母。光陰荏苒，幾年之間，四個兒女也相繼出生了。假如不出意外，這幾個小兒女也會循著她和薛紹那樣的道路，女兒可能嫁給某個皇子，兒子也許又給她娶回下一代公主，她的日子也就這樣太太平平地過下去，直到人生的盡頭。

但是，太平公主畢竟不是一般的公主，她是武則天的女兒。武則天走的是一條離經叛道的道路，她的所有兒女，也都因此被綁上她的戰車，逐漸偏離預定的人生軌道。史載薛紹的哥哥因為太平公主的背景太好了，不免感到深深的憂慮。沒辦法，只好向經驗豐富的老族長問計。這個老族長嘆了口氣說：「帝甥尚主，國家故事，苟以恭慎行之，亦何傷！然諺曰：『娶婦得公主，無事取官府。』不得不為之懼也。」這是什麼意思呢？說皇帝的外甥娶皇帝的女兒，這是咱們國家的慣例，親上加親，一直如此。因此這門親事也是不可避免的，以後只要謹慎行事，對公主客客氣氣，應該也沒什麼大問題。但是，你把這個公主娶回家，以後和官家打交道恐怕就是不可避免的了，還是令人擔心啊。那麼這個老族長的擔心有沒有道理呢？還是非常有道理的。

果然，七年之後，已經和薛紹生育了四個子女的太平公主，終於被捲入政治漩渦之中，她的生活隨即發生了重大改變，隨之改變的還有她的性格和整個人生軌跡。究竟是一樁什麼樣的事故降臨到這個和美的家庭？太平公主之後的人生命運又會發生怎樣的波折呢？

太平公主到底叫什麼名字？

太平公主雖然大名鼎鼎，但是，和大多數唐代公主一樣，她的閨名在史書中沒有記載。臺灣學者雷家驥根據《全唐文》崔融《代皇太子上食表》「伏見臣妹太平公主妾李令月，嘉辰降嬪公族」這句話，考證她的閨名叫做李令月。並且把這個名字和武則天的小兒子李旦（本名旭輪）聯繫起來，說這兩個名字一日一月，和武則天後來給自己改的名字「曌」（日月當空）可以對應，反映了武則天的政治理想。但是，我認為，雷先生這樣斷句是錯誤的，正確的斷法應該是「伏見臣妹太平公主妾李，令月嘉辰，降嬪公族」。為什麼這樣斷句呢？理由有三個：第一，唐代公主給皇帝上書時候自稱「妾李氏」是一個規矩，不需要寫出名字；第二，「令月嘉辰」是一個比較固定的說法，是指一個好月份、好時辰，不需要拆開；第三，「令月嘉辰，降嬪公族」這樣的說法符合當時通用文體——駢文的行文規範。把「令月」兩個字提到前頭，作為太平公主的名字並不妥當。這樣看來，太平公主和她的母親武則天一樣，也是一個「無名英雄」。

【第二回】

初涉政壇

前一回講到，太平公主嫁給了自己的表哥、城陽公主的兒子薛紹。這次婚姻沒過幾年，就被認為是個大錯誤，需要改正了。只不過認為嫁錯的，不是太平公主本人，而是她的母親武則天。這是怎麼回事呢？

有一句俗語叫做「男怕入錯行，女怕嫁錯郎」。因為在中國古代，職業和婚姻都比較穩定。一旦選擇了一個職業，或者嫁了一個人，就都是一輩子的事情了，所以要慎之又慎。但是在唐朝，社會觀念比較開放，離婚的事情也並不少見。在敦煌出土的民間離婚文書裡，甚至寫道「願妻娘子相離之後，重梳蟬鬢，美掃娥眉，巧逞窈窕之姿，選聘高官之主」，說希望娘子和我分手之後，開始新生活，風姿綽約地嫁一個有地位的好夫婿。這樣的祝詞，還頗具紳士風度。在皇室之中，離婚再婚的情況同樣比比皆是。換言之，一旦覺得嫁錯了，還是有更改餘地的。前一回提到，太平公主嫁給了自己的表哥、城陽公主的兒子薛紹。這次婚姻沒過幾年，就被認為是個大錯誤，需要改正了。只不過認為嫁錯的，不是太平公主本人，而是她的母親武則天。這是怎麼回事呢？

一、薛紹之死：薛紹謀反，意圖推翻武則天？

事情還要先從唐高宗說起。唐高宗死後，武則天稱帝就已經進入倒數計時了。在高宗死後的幾年時間裡，武則天先後廢黜了她的三兒子中宗李顯（當時叫李哲），軟禁了四兒子睿宗李旦，鎮壓了徐敬業領導的揚州叛亂，又通過所謂的裴炎謀反案，肅清了軍政系統的反對派。她緊鑼密鼓，一步一步，離皇帝的寶座越來越近。但是，中國古代王朝可都是一家一姓，要想改李唐為武周，要調換的其實不光是皇帝，還有整個皇族。所以，武則天想當皇帝，還得把李唐宗室清理一下。武則天是怎麼辦的呢？她搞了一個陰謀。

當時，為了給武則天改朝換代做輿論宣傳，武則天的姪子武承嗣偽造了一塊帶有「聖母臨人，永昌帝業」字樣的寶石，謊稱是從洛水打撈出來的，並說這代表著上天降下的祥瑞，派人獻給了武則天。根據傳統的儒家信仰，「河出圖，洛出書」，這可是「天將降大任於斯人」的重要標誌，屬於國家一級祥瑞。這杜撰出來的祥瑞正合武則天的意，她立刻決定，大張旗鼓地操辦一下這件事，讓全國人民都知道，她當皇帝可是天意！怎麼操辦呢？她把這塊石頭命名為「天授寶圖」，又給自己加了一個尊號叫做「聖母神皇」，同時宣布要在十二月的時候親臨洛水，舉行受圖大典，並在明堂裡接受百官朝賀。為了辦好這件盛事，她詔令各州的都督刺史以及李唐宗室外戚都在典禮舉行之前的十天到洛陽集合！顯然，武則天想利用這個國家禮儀工程，把李唐勢力一網打盡。

這個詔令一出來，李唐宗室馬上慌作一團，他們覺得，武則天來者不善，肯定是想把他們集中到洛陽，然後甕中捉鱉，一舉消滅！越想越緊張，怎麼辦呢？與其坐以待斃，不如鋌而走險。就在這種恐慌情緒支配下，宗室成員開始彼此聯絡，密謀造反。造反者都包括什麼人呢？首先當然是前幾代皇帝的兒子、孫子等男性成員，另外，唐代還未流行「嫁出去的女兒，潑出去的水」這樣的觀念，所以，幾代皇帝的公主也都接到了通知。

但是，因為叛徒告密等種種原因，這次造反被迫提前舉行，而且造反者也從整個李唐宗室萎縮成了越王李貞和琅琊王李沖父子倆。這樣的小打小鬧哪裡是朝廷的對手，很快就被武則天鎮壓下去了。但是，剿滅李唐宗室的有生力量本來就是武則天的既定目標，讓他們到洛陽集合也是引蛇出洞的一種策略，現在蛇都出來了，怎麼能再讓他們縮回去呢！於是，鎮壓了李貞父子之後，武則天開始順藤摸瓜，大肆株連，把很多宗室都給牽扯進這樁宗室謀反案之中，一大批宗室皇族被下令處死，武則天血洗李唐宗族的目的便完成了。而她的女婿、太平公主的丈夫薛紹和他的哥哥薛顗居然也在其中！

女婿薛紹想造岳母的反，事情看起來真是觸目驚心。但是，考慮到武則天誅殺宗室是個政治陰謀，我們不免要懷疑一下，薛紹兄弟到底有沒有謀反呢？對於這件事，史書中本來就有截然相反的兩種記載。一種是《新唐書・公主傳》說：「琅邪王沖起兵，顗與弟紹以所部庸、調作兵募士，且應之。沖敗，殺都吏以滅口。事洩，下獄俱死。」按照這種說法，薛紹兄弟確實已經出錢招兵買馬，準備造反，可惜李貞父子太窩囊，還沒等他們回應就失敗了。這時候薛家兄弟為了掩蓋罪行，又殺了手下的具體執行人員滅口，所以被處死也算罪有應得。但是，對於同樣一件事的記載，《舊唐書》卻大相徑庭。《外戚傳》中說：「紹，垂拱中被誣告與諸王連謀伏誅。」也就是說，薛紹本來沒有謀反，說他謀反是一種誣陷。那麼哪一種記載可靠呢？

我個人認為，真實情況很可能是薛紹的哥哥薛顗參與了謀反，但是他並沒有聯絡薛紹，因此薛紹本人並不知情。為什麼這麼說呢？首先，李貞、李沖父子起兵之前確實曾經廣泛發動宗室，幾代公主都在聯絡之列，薛顗作為城陽公主的兒子肯定被發動到。其次，薛顗跟武則天有私人恩怨，兩個人在太平公主嫁給薛紹之前就已經結了仇。這是怎麼回事呢？前面不是說過薛紹的家庭條件優越，特別適合當駙馬嗎？武則天本來對這樁門當戶對的婚事也非常滿意，可是，就在婚禮即將舉行的時候，武則天忽然發現問題了，怎麼薛紹的兩個嫂子——一個成氏，一個蕭氏，不是大族出身呀！和這樣小門小戶的人當妯娌，這不是辱沒我的女兒嗎！於是，武則天馬上發難了，找到薛家說，這兩個鄉巴佬的女兒怎麼配和我的女兒做妯娌呢？不如把她們休了吧。這不是叫人家妻離子散嗎？所幸有人出來打圓場說，這姓蕭的嫂子，也就是薛顗的太太，出身於江南貴族蘭陵蕭氏，也是大族，而且祖上也和皇室聯姻過，是國家的老親，還是算了吧。薛紹的兩個嫂子這才逃過一劫。這樣一來，雖然並沒有真的休妻，但薛顗還是和武則天結了怨，現在宗室聯合造反，薛顗在群情振奮的氣氛下準備響應，這並不奇怪。

但是薛顗想要起兵，是不是一定就要告訴他的弟弟薛紹呢？我認為他應該沒有告之薛紹，而且還要盡可能地避免讓弟弟知道。為什麼呢？很簡單，因為薛紹當時已經是太平公主的駙馬了，而太平公主又是武則天的掌上明珠，母女倆感情甚篤。如果他把起兵計畫透露給薛紹，薛紹再不小心透露給太平公主，那不等於自投羅網嗎？可能有人會說，哥倆兒住到一塊兒，這邊招兵買馬，緊鑼密鼓，那邊怎麼可能一無所知呢？這還真有可能。因為按照唐朝的慣例，公主出嫁之後都是由國家單獨建造府邸，不跟夫家住在一起。換言之，薛紹、薛顗兩個人雖然是親兄弟，但是他們的住宅卻可能相隔甚遠。這樣一來，薛顗向弟弟隱瞞造反的事情也並不困難。如果這番推理成立，那麼說薛紹造反就是一樁冤案了。

冤枉與否暫且不管，眼看著薛紹身陷囹圄，太平公主怎麼辦呢？她肯定要積極營救啊。俗話說一日夫妻百日恩，太平公主和薛紹是結髮夫妻啊，何況已經生了四個孩子了，怎麼能讓孩子這麼小就失去父親呢！所以，太平公主便跑到武則天面前哭哭啼啼，動之以情，曉之以理，苦苦哀求母親看在她們母女情深的面子上饒過薛駙馬。她說，您看我們倆剛剛結婚七年，感情這麼好，最小的一個孩子才滿月，您怎麼能夠忍心把他殺死呢？再說您說他謀反，證據在哪兒啊？您僅僅懷疑他，就能把他殺死嗎？太平公主肯定是跟武則天擺事實、講道理，而且講感情。按照她的想法，既然她是母親唯一的女兒，母親又那麼愛她，怎麼會置她的幸福於不顧呢！那麼武則天到底有沒有給太平公主這個面子呢？在江山穩定和女兒的感情之間，武則天選擇了前者，最終還是把薛紹以謀反罪論處了。但是太平公主畢竟求了情，所以薛紹沒有被直接斬首，而是打了一百大棒，扔進監獄裡餓死了，好歹保存了全屍。那一年，太平公主剛剛二十五歲。

那麼，既然薛紹沒有謀反，而且自己的寶貝女兒太平公主又這麼苦苦哀求，為什麼武則天非要置薛紹於死地呢？問題的關鍵在於，武則天認為太平公主嫁錯郎了，當初太平公主嫁給薛紹，是因為他的母親是唐高宗的姐姐，這門婚事的意義在於鞏固李唐江山。而現在，武則天要改李唐為武周，需要加強武家的力量，這時候太平公主要承擔新的政治使命，所以薛紹必須讓位。換句話說，對於野心勃勃的政治家武則天而言，太平公主也不過是她手中的一個棋子，可以這樣走，也可以那樣走，目的無非是為她自己的政治利益服務。這樣一來，薛紹剛死，武則天就開始給太平公主張羅再嫁的事情了。而在挑選這個新駙馬時，得滿足一個條件——必須姓武。

二、梅開二度：再嫁武攸暨，滿足武則天的政治強權

到底誰是合格的駙馬候選人呢？武則天提出的第一候選人是武承嗣，他是武則天的大姪子，當時襲爵周國公，是武則天父親的繼承人。武承嗣為武則天改朝換代立下汗馬功勞，是武周王朝的功臣，也是武則天的重點培養對象。把寶貝女兒嫁給最有政治前途的姪子，這是武則天打的如意算盤，而且，在武則天心中，也曾經考慮過將自己的皇位傳給這個姪子，那女兒就可達到一個女人一生的頂點——皇后了，這也是對女兒的愛護啊。而武承嗣方面，他要想再往上攀一步，也需要抓住這樣的良機。所以，他肯定也願意答應這門親事。剛開始太平公主也答應了，但是，出人意料的是，就在婚禮

即將舉行的時候，太平公主忽然變卦，當了「逃跑新娘」。而武承嗣這個候選人也奇怪地被淘汰出局，取而代之的是武則天伯父武士讓的孫子武攸暨。這是怎麼回事呢？史書的解釋是武承嗣身患「小疾」，關鍵時候身體鬧毛病了，太平公主這才變卦。如果真是這個原因，我們也能理解，太平公主當時剛剛二十五歲，按我們現在的眼光看，還是一個年輕姑娘嘛，憑什麼讓人家嫁給一個病秧子啊。俗話說，身體是革命的本錢，以後活不了多久，這婚姻締結得還有什麼意義呢？但是，這兩個候選人之間的轉換其實沒那麼簡單。我個人認為，淘汰武承嗣、改嫁武攸暨反映的是太平公主內心的真實意願，其實太平公主並不願意嫁給武承嗣。

為什麼這麼說呢？首先我們必須要確認，武承嗣的病是否嚴重到不能結婚的程度呢？顯然沒有。因為武承嗣死於聖曆元年（六九八年），距離太平公主第二次擇婿已經過了十年之久，而此前武承嗣一直在積極謀求太子之位，表現得生龍活虎，根本沒有多病的記載。就算是在聖曆元年去世，也是因為武則天最終選擇了李顯做自己的接班人，武承嗣半生心血化為烏有，心理打擊太大，因此鬱鬱成疾，這才一命嗚呼。可見在垂拱四年（六八八年），就算是武承嗣有病，也只是一些小毛病而已，大約感冒發燒一類的，不應該影響婚姻大局。這樣看來，所謂武承嗣有病，只是一個藉口。

既然武承嗣沒什麼大病，太平公主為什麼不願意和他結婚呢？我覺得，太平公主不滿意他主要有兩點原因。第一，對於薛紹之死，武承嗣有間接責任。第二，武承嗣離政治核心太近缺乏安全感。太平公主和薛紹是結髮夫妻，兩個人感情很深。因此，對於薛紹之死，太平公主心裡肯定是百轉千回，無法釋懷。薛紹為什麼會死呢？直接的推理是：薛紹之所以被處死，是因為李唐宗室聯合謀反。李唐宗室之所以想要謀反，是因為武則天要他們到洛陽集合。武則天之所以要他們到洛陽集合，是因為有了那塊寫著「聖母臨人，永昌帝業」的寶石，而這塊寶石，恰恰就是武承嗣炮製出來的。當然，太平公主心裡肯定非常清楚，母親才是整個事情真正的主謀。但是對於母親，太平公主的感情非常複雜，可以說是愛恨交織，母親生她、養她，她不能完全去恨母親，而且母親是那麼強勢，她也不敢去恨母親。因此，只能遷怒於武承嗣。在她心裡，武承嗣成了替罪羊。就是他害死了薛郎，害死了我那幾個孩子的父親！一想到這兒，心裡都不舒服，又怎麼能再跟他夫唱婦隨同床共枕呢？

此外，對於剛剛經歷了喪夫之痛的太平公主來說，既然政治已經奪走了第一任丈夫的生命，她不願意第二任丈夫再捲入政治旋渦。而武承嗣顯然離政治核心太近，也太熱中政治投機了，跟這樣的人生活沒有安全感。經過這樣的一番比較，太平公主便不願意嫁給武承嗣這樣一個政治狂人了。所以最後她就以武承嗣身體有病為藉口，拒絕了這門婚事。

那太平公主為何最終選擇武攸暨做自己的駙馬呢？武攸暨和武承嗣有共同的優點，都是武家的人，政治可靠，能夠讓母親放心滿意。另外，武攸暨還有武承嗣所沒有的優點。第一，他跟薛紹之死無關，跟他結婚沒有什麼感情上過不去的地方。第二，他與武則天的親屬關係比較遠，相對來講，離政治核心也就比較遠；而且生性恬淡，沉謹和厚，不會主動捲入政治鬥爭。第三，武攸暨還是一個標準的美男子。反正是政治婚姻，既然無法以感情為前提，那麼選一個養眼的也沒什麼錯。所以太平公主對母親說，我要嫁給武攸暨。

既然太平公主提出了武攸暨這個駙馬候選人，武則天在非原則問題上一向是尊重女兒意見的，所以便滿口答應。可是在武則天和太平公主雙方對這門婚事都首肯之後，又有一個新的問題出現了。什麼問題呢？武攸暨這方面出問題了，因為他既不是單身，也不是離異或者喪偶，他當時是有妻子的，而且妻子還很年輕，很健康，如果再結婚就犯重婚罪了。這可怎麼辦？這點小事可難不倒武則天。幾天之後，她派一介使臣到武攸暨家去，宣太后令，給武攸暨的妻子奉上了三尺白綾，您吶，自盡吧。這樣一來，武攸暨就立刻重新恢復單身漢的身分。經過如此一番緊鑼密鼓的安排，薛紹死後不到一年，太平公主梅開二度，再嫁武攸暨。此後不久，武則天正式改唐為周，登基稱帝，實現了她的女皇夢。

毫無疑問，太平公主的再婚之路是在母親的強權壓迫之下，由薛紹和武攸暨前妻的鮮活生命鋪就而成的，這樣的婚姻怎麼還敢再奢望幸福呢？可是，太平再嫁與否，原本就與婚姻本身無關啊。薛紹之死與再嫁武攸暨，對太平公主的一生產生了重要影響。她開始丟掉了對生活的浪漫幻想，明白了幾個冷冰冰的道理。第一，作為身處政治核心的公主，她不可能真正脫離政治，去做一個普通的賢妻良母。第二，如果說她的第一次婚姻體現了父親唐高宗的利益，那麼第二次婚姻無疑體現了母親武則天的利益，薛紹的死讓她明白，從此以後，母親才是她生命中最重要的人物。第三，感情在政治面前是相當脆弱的，如果沒有政治權力，生命甚至都難以保障，感情更是無從談起。所以，無論是母子親情還是夫妻恩情，面對政治利益時，都是不堪一擊的。這三點認識讓太平公主的思想發生了根本的改變。她從一個嬌媚純真的少婦一下就轉化成了一個心機深沉的女人。母親武則天遺傳給她的政治家潛能被激發出來了。

三、初露鋒芒：處死馮小寶、推薦張氏兄弟、扳倒來俊臣

俗話說，人在江湖，身不由己。既然母親才是生命中最重要的人物，太平公主也就只能積極投身

於母親麾下，為母親服務了。從此，她漸漸參與到武則天的決策之中，成了武則天的心腹。史載太平公主「多權略，每預謀議」，那她都謀議了什麼事情呢？根據現存史料記載，她至少幹了三件大事。

第一件大事是處死馮小寶。馮小寶是武則天的第一任男寵，原本是江湖小混混出身。當年為了擡高他的身分，武則天曾給他改名為薛懷義，還讓太平公主的前夫薛紹認他做叔叔。可是，馮小寶得寵時間一長，就漸漸恃寵而驕，不知道自己幾斤幾兩了，為了跟武則天撒嬌賭氣，他甚至放火燒了武則天得天命的象徵——明堂。雖然這個巍峨的建築物是馮小寶嘔心瀝血監督建造的，現在放火燒掉也不過是「我自得之，我自失之」，但它可是武則天政權合法性的符號。武則天怎麼能夠容忍呢！非但如此，馮小寶還在寺院裡糾集了一些不法分子整天舞槍弄棒的，為了防備他喪心病狂突然襲擊，武則天甚至被迫挑選了一百多個健壯的宮女在身邊，以防不測。馮小寶在武則天心中的地位早就每況愈下了，這樣一來，更使得武則天必欲除之而後快。

怎麼辦呢？公布他的罪行，然後處死？不行，那會影響武則天的形象。所以只能搞暗殺。派誰去執行呢？太平公主當時是武則天的心腹，有謀略，辦事又可靠，當然就成了首選。太平公主接到任務後，馬上想出了一個非常周密的方案。她派人去馮小寶那裡假傳聖旨，說武則天宣他到瑤光殿相會，同時又派自己的心腹乳母張夫人率領壯士到瑤光殿埋伏起來。馮小寶聽了心裡很高興，以為武則天要和他重修舊好，沒有任何防備就如約而至。結果等待他的不是武則天，而是一群大內高手。可憐的馮小寶，別看平時也會幾下花拳繡腿，但在亂棒面前毫無還手之力，沒過幾分鐘就一命嗚呼。太平公主派人把屍體運到馮小寶當住持的白馬寺，在那裡焚灰造塔。一個大活人幾個小時之內灰飛煙滅，連作DNA檢測的材料都沒留下。整個事情辦得是乾淨俐落，不辱使命，讓武則天非常滿意。

第二件大事是推薦張氏兄弟。太平公主自從第二次結婚之後，其實對感情就看淡了。什麼感情啊？都是政治利益的產物。所以她開始包養男寵。她自己這兒男寵一大堆，而她的母親，自從失去了馮小寶，身邊無人，肯定很寂寞，當女兒的怎麼能夠不體貼這一層呢？俗話說，幫人幫到底，送佛送到西。所以，在處死馮小寶後不久，太平公主就把自己的得意男寵張昌宗推薦給了武則天。這個張昌宗長得面若桃花，而且擅長吹拉彈唱，可謂色藝俱佳，一到武則天身邊馬上贏得了「蓮花六郎」、「神仙童子」等種種美譽，讓武則天好不得意。後來，張昌宗又引薦了自己的親哥哥張易之一起伺候武則天。兩兄弟默契配合，互相取長補短，把武則天迷得神魂顛倒，成了晚年武則天的回春妙藥。這步棋一走，太平公主在武則天心目中的地位更高了，覺得還是女兒貼心啊。這就叫做打感情牌，非常自然地贏得了母親的好感和信賴。同時，太平公主把自己的男寵推薦給母親，也不乏希望男寵能夠不忘舊情，時常在武則天面前美言幾句的意思。所以說在心機方面，太平公主絕對是深得母親真傳。

太平公主辦的第三件大事是參與扳倒來俊臣。來俊臣是武則天親手提拔起來的王牌酷吏。武則天利用他來打擊反對派從來沒有失手過，算是一員愛將。酷吏的職責就是糾察謀反案，這種工作在武則天稱帝之初曾紅極一時。可是隨著武則天統治日漸穩定，有謀反嫌疑的人變得越來越少了，這讓來俊臣漸漸產生了失業的恐慌。怎麼辦呢？沒有謀反者，那就製造謀反者吧。情急之下，他居然打起了武則天親人的主意，誣告她的兒子、女兒、姪子統統謀反。武則天心思是何等的周密啊，對於來俊臣的用心早就是洞若觀火，知道他不過是狗急跳牆，所以並沒有當真。但是事情傳到武承嗣的耳朵裡可就不一樣了，不怕一萬，就怕萬一啊，萬一哪天武則天又當真了呢？為了確保無虞，武承嗣決定先下手為強，反告來俊臣。可是，既然來俊臣是武則天的愛將，僅憑他武承嗣一個人的力量恐怕難以撼動。

這時候，武承嗣就想到太平公主了。太平公主是武則天的愛女，因為誅殺馮小寶、推薦張昌宗這幾件事，正得武則天的寵愛，讓她也在控告來俊臣的上書裡簽一個名，然後再私下找武則天溝通一下，這不是更好嗎？事關切身利益，太平公主慨然允諾，參與到倒來的運動中來，這在一定程度上促成了來俊臣的倒臺和武周酷吏政治的結束。

通過這三件事，我們應該怎樣評價初涉政壇的太平公主呢？首先應該承認，此時的太平公主確實已經顯露出政治權謀，什麼樣的事情該她參與，以什麼方式參與，都拿捏得很準。第二，太平公主為人處世非常謹慎，參與的任何政治祕密都從不向外洩露，值得信任。所以，雖然史書記載太平公主常常參與謀議，但是，我們今天知道的，也就只有這麼一點蛛絲馬跡。武則天認為太平公主像她，絕非虛言。最後，此時太平公主參與政治的程度還相當膚淺。殺死馮小寶、推薦張昌宗，都還屬於武則天的私生活範圍；即便是扳倒來俊臣，也僅僅是一種自保的行為，而且起的作用也並不關鍵。

為什麼會如此呢？我想，最重要的原因是武則天當時還牢牢控制著權力，不容許任何人染指。雖然太平公主表現出了讓她欣賞的政治才華，雖然她也會和太平公主謀劃一些事情，讓太平公主知道一些心腹機密，但是，她永遠不會忘記警告太平公主，這是大內祕事，絕不能洩漏出去！另一方面，太平公主也從薛紹之死中體會到，母親的絕對權威不容挑戰。她雖然貴為第一公主，但也只能是盡力取悅母親。因為有這樣的認識，所以對這個時候的太平公主，史書的評價是「畏懼自檢」，小心翼翼，不敢露出半點鋒芒。這樣的態度讓她贏得了武則天的認可，她的封戶從出嫁時的三百五十戶漲到了一千二百戶，後來又漲到三千戶，是其他公主的十倍。太平公主也利用這些資產求田問舍，生活過得相當滋潤。

此時的太平公主，既沒有走上政治前臺的機會，也沒有走上政治前臺的打算。不過，這一時期在武則天監控下的參政，還是給了太平公主很多的經驗。武則天日復一日，逐漸衰老，而太平公主正處在錦繡年華，這對她來說意味著什麼呢？

請看下回：威風八面

【第三回】

威風八面

西元六九九年，太子李顯、相王李旦、太平公主，以及武三思、堂姪武攸暨與武攸寧，分左右兩排站定，祭祀上天，發誓李武兩家今後彼此扶持，和平共處。這場李武兩家的立誓究竟有什麼深意呢？既然李武兩家都是左右未來的政治勢力，那麼太平公主的身分與地位就非常微妙了。她既是李家的女兒，又是武家的媳婦，她到底算是哪邊的人呢？

在儒家傳統禮數裡，明堂是天子布政之所，是有道之君合法性與神聖性的最高象徵。西元六九九年，武周都城洛陽的明堂裡上演了一幕喜劇。這天，武則天新立的太子李顯、相王李旦、太平公主，以及武則天的姪子武三思、堂姪武攸暨與另一個堂姪武攸寧，分左右兩排站定，祭祀上天，發誓李武兩家今後要彼此扶持，互相幫助，和平共處。發誓完畢後，雙方還煞有介事地把誓文刻在鐵板上，收入當時的國家檔案館（史館）中。這個儀式的主持人就是女皇武則天。一套程式折騰下來，這位七十五歲的老太太，顯得有點疲憊，可是她還是露出了久違的笑容。這場李武兩家的立誓究竟有什麼深意呢？

當初，因為武則天的政治需要，太平公主的第一次婚姻以悲劇收場，相夫教子的寧靜生活被打破，太平公主本人也就此踏入政壇。初涉政壇的太平公主，雖然「工心計，多權略」，但是，在相當長的時間裡，懾於母親的天威，她都小心翼翼，不敢露出半點鋒芒。然而，這種局面從聖曆年間開始發生顯著的變化，變化的原因就是武則天一日比一日更加衰老，走到了英雄的暮年。老病纏身的武則天對權力的控制能力日漸下降，原來緊密團結在她周圍、看起來像是鐵板一塊的朝廷，也就隨之出現了分化，逐漸形成了三種勢力。

哪三種勢力呢？第一種是內廷勢力，其中最引人矚目的當數武則天的男寵張易之和張昌宗兄弟。他們是晚年武則天接觸得最多、最為寵愛與最信任的人，因此兩人身邊聚集了一批急於進取的官僚，對朝政有相當強的影響力。第二種是李家勢力。武則天經過百轉千回的思索，終於選定三兒子李顯做接班人，把他從房陵召回洛陽，立為太子。武則天的這些舉動表明，她已明確了回歸李唐的政治方向。與此同時，老四李旦也結束了十多年的軟禁狀態，被封為相王，擔任軍隊統帥。李家的勢力有了顯著回升。第三種是武家勢力。武周時代，武家的子孫都被封為王，擔任軍政要職，培養了相當強的勢力。武則天雖然決定回歸李唐，但還是希望在她死後仍然維持武家權勢不衰，所以武家兄弟雖然失去了皇帝候選人資格，但是勢力並沒有受到打壓。

這三方勢力到底各自扮演了什麼角色呢？仔細想想可以發現，張氏兄弟雖然是外人，但其實就是武則天的耳目喉舌，恰恰代表的是武則天本人，是她自身勢力的一種延伸。年邁的武則天希望通過他們繼續掌控朝廷。如果借用佛教的說法，那麼二張兄弟就是現世佛，代表著當下的力量；而李家和武家則代表著武則天死後國家的政治走向，是決定著整個國家前途命運的未來佛。

對於李家和武家這兩方勢力，武則天打的是什麼算盤呢？史學大師陳寅恪先生提出過「李武韋楊婚姻集團」的說法，認為經過武則天多年的統治，李武兩家早已形成「你中有我，我中有你」的局面，因此在未來也還是會緊密結合。另一位唐史研究前輩黃永年先生在此基礎上，又修正了這種觀點，提出「李武政權」的說法，認為武則天在晚年實際上想要建立一個由李家當皇帝擔虛名，而武家掌實權任將相的聯合政權。這些說法是否正確，屬於學術爭論範疇，在此我們姑且不論，但是要說武則天晚年最重要的政治任務，就是協調李武兩家的關係，這並沒有錯。剛才提到的立誓明堂，就是武則天在這方面的努力舉措之一。既然李武兩家都是左右未來的政治勢力，而兩家關係對於政治走勢又至關重要，那麼太平公主的身分與地位就非常微妙了。她既是李家的女兒，又是武家的媳婦，她到底算是哪邊的人呢？

一、心繫李家：太平公主在關鍵時刻的政治立場

要想知道太平公主屬於哪一邊，我們需要看一看她在這一時期參與了哪些政治活動，她是以什麼身分參與這些政治活動的，擔當的又是什麼角色。太平公主在這一時期涉入了三次重大的政治事件。第一件事就是發生在聖曆二年（六九九年）六月的明堂立誓。這次活動最有趣的地方，就是太平公主和武攸暨夫婦倆都出面了。在中國傳統的家庭角色關係中，男主外，女主內，像盟誓這樣重大的政治活動，武攸暨自然要作為一家之主出席，可是太平公主也出席盟誓，這就有些不同尋常了。很明顯，這種安排意味著在武則天心目中，太平公主是被當作李家人來看待的。太平公主與武攸暨雖然是一家人，可那只是在平時的生活中，在政治角色和陣營的畫分上，兩人就各自歸屬不同陣營了。而從盟誓的過程也可以看出，對於太平公主政治角色和陣營的分配，李武兩家似乎都沒有什麼異議，可以說，太平公主在政治上屬於李家陣營，這是李武兩家的共識。

第二件事則發生在長安二年（七〇二年）八月，太子李顯、相王李旦與太平公主聯合上表，請求封武則天最寵愛的張昌宗為王。當時武則天已經率領朝廷從洛陽回到李唐舊都長安，表現出了回歸李唐的態勢，但是，當時張昌宗兄弟在政治上的力量已不可小視，他們的介入，加重了政治上不穩定的因素。李氏三兄妹請求封張昌宗為王，這葫蘆裡賣的是什麼藥呢？目的很明顯，是為了討好張氏兄弟，進而討好武則天本人，希望借此能夠順利完成權力交接，使太子李顯能順順利利地登上皇位。這是李氏三兄妹的第一次聯合行動。太平公主選擇和兩個哥哥一起上表，這意味著她本人也選擇了加入李氏一方。

第三件事則沒有前兩件那麼好玩兒與輕鬆了，因為太平公主是被動捲入的。長安三年九月，張昌宗狀告當朝宰相、同時也是李顯的下屬、太子左庶子魏元忠與太平公主的情夫司禮丞高戩，說他們彼此商議「皇帝年老，不如侍奉太子長久」。張昌宗的直接控告物件雖然是魏元忠和高戩兩人，但是很明顯，矛頭直指幕後的太子李顯和太平公主兄妹。張昌宗的目的是告訴武則天，太子想要聯合妹妹搶班奪權。這件事表明，李氏兄妹想要討好張昌宗，但是張昌宗並不領情，非但如此，他還搶先發難，構陷李氏兄妹。不過另一方面，這件事也反映出，在政敵心目中，太平公主是被視為李家人的。

把這三件事結合在一起，我們就能得出結論了。雖然太平公主嫁給了武家，雖然她從第一次婚姻到第二次婚姻的轉變是以脫離李氏融入武氏為旨歸的，但在關鍵時刻，她還是被各種政治勢力視作李家的女兒，而不是武家的媳婦。這其實是由唐朝的時代特點所致。和後世不同，在當時，即便已經出嫁，女兒仍然被界定為主要從屬於父親，而不是從屬於丈夫，這種先天身分是終生不可改變的。另外，和兩個哥哥站在同一陣營，也是太平公主本人的選擇。她的這一選擇對於時局發展可謂至關重要，因為當時武則天已經日薄西山，政治博弈到了關鍵時候，各方的勢力對比將會直接影響到日後的政治走向。太平公主在武周一朝一直得寵，特別是在聖曆（六九八—七〇〇年）之後，她參政程度日益加深，比起從房陵回到首都不久、立足未穩的李顯，以及長期遭軟禁，早被嚇得戰戰兢兢、不敢輕舉妄動的李旦，她的政治經驗更加豐富，也更有權勢。這對於增強李氏一方的實力，意義非凡。而李家陣營當時正在謀劃一件大事，是什麼事呢？

二、神龍政變：太平公主第一次正式的政治表演

這件大事就是政變。這場軍事政變發生在神龍元年（七〇五年）。由宰相張柬之等人籌劃，聯合太子李顯兄妹發動兵變，殺死二張兄弟，逼迫武則天退位，擁立李顯復位，史稱「神龍政變」。

當時武則天臥病在床，身邊侍奉的只有二張兄弟，局面讓人非常緊張。無論是李家兄妹，還是朝廷大臣，最害怕的就是在武則天極端衰弱，甚至是突然死亡的情況下，黨羽眾多的二張兄弟可能會「挾天子以令諸侯」，假傳聖旨，另立中央，自己當皇帝。當然，他們也害怕二張兄弟與武家聯合起來，結成統一戰線。雖然二張和武家兄弟也有矛盾，但是，在武則天晚年，武則天的姪子武三思和二張兄弟的關係相當不錯。武三思曾經誇張昌宗是神仙王子晉的化身，這王子晉是什麼人呢？王子晉是周靈王的太子，生性好道，雖然貴為太子，卻寂寞寡欲。後來，他捨去王位，到嵩山修道。幾十年後的七月七日，王子晉駕一隻白鶴，飄然升天而去，遠近的百姓都大為驚訝。從此之後，「王子登仙」就成了凡人修得不老之身的美麗幻想。武三思把張昌宗比作駕鶴遊仙、風流倜儻的王子晉，張昌宗當然開心，也趕緊投桃報李，把武三思推為當時「十八高士」的榜首。所謂「十八高士」，當然模擬的是當年唐太宗李世民登基之前的秦府十八學士，十八學士當年可都是像房玄齡、杜如晦這樣的重量級政治家，現在用來比方武三思，他能不高興嗎？一時間，張、武兩家簡直是「你儂我儂，忒煞情多」，關係好得似蜜裡調油。

一旦二張兄弟和武家強強聯手，傳位方向就很有可能會發生驚天大逆轉。無論是傳位二張兄弟，還是傳位武家，對於李氏三兄妹來講，都是滅頂之災。因此，在這種情形下，要想順利接班掌權，只

有一條路可走，那便是除掉二張兄弟。當然，除了這些與爭奪權力、復興李唐相關的原因之外，太平公主也打著自己的個人小算盤。其實，她對二張兄弟一直挺不滿的。想當初，張昌宗是她的男寵，是她推薦他兄弟倆到武則天身邊工作，怎麼說也有提攜之功吧。沒想到這兩個人恩將仇報，竟陷害起她來，這口氣如何忍得！公仇私恨夾在一起，李氏三兄妹決定發難。再加上當時以張柬之等五大臣為首的一批文官武將，也非常厭惡二張兄弟插手朝政，陷害忠良。因此，他們很快醞釀出了一場以「誅殺二張、還政李唐」為目標的政變，這就是導致武則天提前結束統治的神龍政變。

在神龍政變中，以張柬之為首的大臣是策劃政變的中堅力量；皇太子李顯是政變的旗幟，通過他的號召力以聚攏人心；相王李旦則負責領兵維持長安城的治安穩定。那麼，太平公主在這其中發揮了什麼作用呢？在我看來，太平公主實際上發揮了三方面的作用。

首先，在監控武則天的動向上，太平公主功不可沒。武則天身體狀況到底如何，對傳位的態度有沒有改變，這些無疑是政變者最關心的問題。但是，偏偏在這個時候，身患重病的武則天心情煩躁，索性誰也不願見，身邊只留下張昌宗兄弟侍奉。雖然有大臣曾經向武則天提議，「皇太子、相王，仁明孝友，足可親侍湯藥。宮禁事重，伏願不令異姓出入」（《舊唐書》卷九十一），意思是說，您的這兩個兒子，無論是皇太子，還是相王都非常孝順，他們可以侍奉床前，端湯餵藥。希望您讓他們伺候您，別再讓外姓（張昌宗兄弟）在您身邊待著了。但這一建議被武則天一口回絕了。所以即便是李顯、李旦兄弟，也並沒有多少機會接近武則天，其他大臣更是幾個月都難見皇帝一面。在這種情形下，怎樣才能知道武則天的一舉一動呢？此時在政變陣營中，唯一有可能接近武則天的便只有太平公主了。前面講過，太平公主曾給武則天出謀劃策，也算得上是武則天的心腹之一，並且在三個子女中，她最得武則天的寵信和疼愛。另外，李顯和李旦是兒子，其實也就是母親權力潛在的競爭者，因此武則天一直對他們有所防範，尤其是在自己來日無多的情況下，不免會想：自己一死，曾經擁有的一切權力與享樂就是他們的了，現在他們往身邊跑，難道是嫌我死得不夠快嗎！對兒子充滿了抵觸情緒。而太平公主是女兒，沒有繼承權，因此不會引起武則天的猜忌，在感情上比較親近，還能聊上幾句推心置腹的話。所以在政變密謀期間，太平公主有更多的機會出入武則天身邊，自然也就承擔起了監控武則天動向的間諜工作。

其次，太平公主利用自己武家媳婦的身分，第一時間掌握武家的最新舉動。當時武家的勢力非常強大，雖然武家最有實力的武承嗣已經病死了，但是，武則天的另一個姪子、梁王武三思很快接替了他的位置。根據史料記載，武三思「性傾巧便僻，善事人」，他善於諂媚巴結，因此特別討武則天喜歡。武則天晚年不輕易出門，但是幾次出門都是到武三思家裡去。對武則天來講，這叫做回娘家。而且武則天晚年的幾項大的國家工程，也都是由武三思主持的。那麼，在武則天病重的微妙局勢下，武三思有什麼舉措沒有？是不是在跟姑姑套近乎啊？武則天有沒有可能在這緊要關頭一糊塗，忽然動了想讓武三思接班的念頭？這些也都是政變者關心的問題。那麼，監控武家的工作由誰來完成最合適呢？當然還得是太平公主，她是武家的媳婦，方便走動。說到這裡，我們就不得不佩服當年太平公主挑選丈夫的眼光了。武攸暨確實是一個與世無爭、從不介入政治的人，雖然妻子忙裡忙外，到處活動，但是他顯然沒有進行任何干涉，也沒有向武家其他人透露太平公主的任何動向。從這方面看，這個婚結得還是相當有遠見。武攸暨的不作為，恰好成全了太平公主的作為。她能夠有效地監控武家的一舉一動，這對政變取得成功，無疑是一個重要的保障。

太平公主做的第三件事是安排內應。政變如果能做到裡應外合，當然最為保險，而且政變一方需要隨時掌握武則天的最新情況。雖然太平公主作為武則天的愛女可以出入宮廷，但是她畢竟住在宮外，不能天天蹲守。怎麼辦呢？從種種跡象來看，太平公主這時候可能還和一個關鍵人物有過溝通。這個人是誰呢？上官婉兒。

上官婉兒可是唐朝第一號才女，和太平公主年紀相仿。上官婉兒的祖父是唐高宗時候的宰相上官儀，此公乃是文人型官員，不太擅長政治權謀。看到武則天專權擅政，有違儒家理想，就攛掇唐高宗廢掉這個皇后。沒想到武則天眼線眾多，上官儀剛剛把廢后詔書起草好，武則天已經從天而降，和唐高宗一番交流之後和好如初。上官儀就成了他們夫妻反目的替罪羊，被以謀反罪處決。當時，上官婉兒還在襁褓之中，就隨著母親鄭夫人一起沒入掖庭*，當了宮廷小婢女。不過，是金子總要發光的，婉兒雖然在掖庭長大，但是，她繼承了爺爺上官儀的詩人基因，又有出身貴族、知書達理的母親鄭夫人教養，很快便嶄露出文學才華。據說有一首五言詩《彩書怨》是婉兒少女時代的作品，詩是這樣寫的：

葉下洞庭初，
思君萬里餘。
露濃香被冷，

*掖庭：指宮中旁舍，宮女居住的地方。

月落錦屏虛。
欲奏江南曲，
貪封薊北書。
書中無別意，
惟悵久離居。

這是一首情詩，表達了獨處深閨的妻子對遠方丈夫的思念。當時還是小孩子的上官婉兒當然沒有這樣的生活經驗，全憑想像進行創作，居然也寫得情真意切，確實是個天才少女，一如現在的九〇後作家。

在婉兒十四歲的時候，才名傳到了武則天那裡。武則天當面考她，結果她文不加點，簡直像早就構思好了那樣，高水準地完成了考試。武則天不是愛才嗎？她大喜過望，從此就把婉兒從掖庭裡提拔出來，留在自己身邊，當了貼身祕書。

聖曆以後，武則天精力逐漸減退。而這時，上官婉兒經過多年的宮廷歷練，政治上逐漸成熟，武則天開始讓她參決群臣奏議，同時起草詔書。另外，武則天晚年不是沉迷各種風雅的享樂活動嗎？經常組織文學沙龍，比賽作詩。這賽詩會由誰來主持呢？就由上官婉兒來主持。婉兒聰慧過人，才思敏捷，優遊其中，不亦樂乎。既能陪領導工作，又能陪領導娛樂，當然堪稱女祕書的楷模啦。她和太平公主是同齡人，待在武則天身邊的時間比太平公主還長，在武則天心目中，恐怕也會漸漸對她產生一種類似於母親對女兒的感情。既然如此，那麼讓婉兒監控武則天，組織宮女裡應外合，當然也就成為最理想的選擇。我在《武則天》裡曾經提到，當時有一些宮女參與了這場軍事政變，還有好多人在戰鬥中犧牲了性命。那麼這些宮女是由誰安插的呢？恐怕婉兒功不可沒。為什麼說太平公主有可能和上官婉兒有過溝通呢？我們可以從三方面進行推測。

上官婉兒在神龍政變後未經任何政審，馬上得到了火箭式的提拔：先拜三品婕妤，以後又升為二品昭容，而且專掌詔令，受重用程度遠超過武則天時期。如果沒有在政變中為李氏兄妹立過大功，如何能夠如此這般大躍進地平步青雲？

同時，上官婉兒的身世與當時的處境也決定了她絕不會拒絕與李家合作。上官婉兒的家族毀於政治鬥爭，而她的一生也都掌握在當權者手中，她沒有其他任何的依靠，只能自己保護自己。這個時候，武則天已經氣息奄奄，威風不再，因此上官婉兒需要為自己尋找新的出路，那麼，投靠現在的太子、未來的皇帝這一派應該是順理成章的選擇。這就好比武則天當年在唐太宗的病榻前和太子李治偷情一樣，都是為了給自己找新的下家*以保全自身。以婉兒敏銳的政治判斷力，她很清楚站在哪一方對自己有好處。

此外，太平公主和上官婉兒有相互聯繫的感情基礎。兩人勢力的真正崛起都是在武則天晚年，又差不多同時扮演著武則天的朋友、女兒和高參**的三重角色。無論是為武則天參決朝政，還是陪武則天飲酒賦詩，基本都能看到兩人雙雙出場的身影。交往較多，感情基礎自然深厚，這就是合作的根

* 下家：大陸用語，在商場上的原意是指買家、購買東西的一方。在此引申為可依靠的對象或陣營。
** 高參：大陸用語，即高級參謀、智囊團之意。

基。此時，太平公主有在武則天身邊安插內應的需要，而上官婉兒也需要尋找一個新的下家，兩人正好一拍即合。

有了上官婉兒的暗中幫忙，太平公主在宮裡開展工作就順利多了。因為上官婉兒日夜住在宮裡，又是宮女的實際領袖，由她來負責組織發動宮女們在宮內回應，不就事半功倍了嗎？

神龍政變是太平公主第一次正式的政治表演。雖然她並沒有出現在前臺，但所起的作用相當關鍵，她靈活的政治手腕和左右逢源的社交能力得到了充分的展現。就這樣，依靠主要大臣的周密佈置和李氏三兄妹的有力配合，神龍政變一舉成功。張昌宗兄弟被順利拿下；武則天被迫退出了政治舞臺；長久以來一直被壓抑的李顯，也如願以償地第二次榮登大寶，位列九五之尊。在整個政變中，太平公主是一個不可或缺的關鍵人物，那麼，論功行賞，李顯會怎樣獎賞這個立下大功的妹妹呢？

三、春風得意：神龍政變結束後，受封鎮國太平公主

此時的唐中宗相當大方，在論功行賞時，把太平公主的政治地位、經濟待遇和生活待遇都照顧到了，讓太平公主相當風光。

在政治地位方面，神龍政變剛一結束，太平公主就被晉封為鎮國太平公主，和她的哥哥安國相王李旦的封號對應，一個「鎮國」，一個「安國」，這顯示出這兩個人「一人之下、萬人之上」的特殊地位。另外，太平公主的丈夫武攸暨也跟著沾光，由「安定王」受封為「定王」，從「安定」到「定」，別看只是一字之差，政治待遇可是大不相同。「安定」是郡名，「定」是國名，這意味著，他被由郡

王提升為親王了。而從魏晉分立親王、郡王以來，親王就只封給皇子或皇帝的兄弟，郡王雖然也非常高貴，但是立下大功的文臣武將可以封郡王，卻不能封親王。從封武攸暨為親王這一特例可以看出，唐中宗李顯對於太平公主一家的高規格對待。

第二年，唐中宗李顯又頒下詔令，讓太平公主開府，設置官署。這項待遇可太不同尋常了。本來，唐朝制度規定，只有親王，也就是皇子才能夠開府設置官署，比如相王，就有相王府，相王府裡還有長史、司馬一類官員。因為王是男性，需要辦公，而公主作為女性，沒有公事要辦，所以是不開府的。在太平公主以前，唐朝只有一位公主曾經開府。誰呢？唐高祖的女兒平陽公主。當年她幫高祖一起打天下，率領赫赫有名的娘子軍在長安周圍發展勢力，確保了李淵的軍隊順利挺進長安，為李唐王朝的建立立下了汗馬功勞，所以李唐建國之後她能夠開府設官，這是特例。而神龍年間，太平公主居然也開府設官，儀比親王，這不僅表明她特殊的政治地位，同時也等於認可了她對國家公務的參與權。而太平公主也可以借著開府設官的權力，發展自己的個人勢力。

在經濟待遇方面，唐中宗李顯登基之後，馬上宣布，將太平公主和相王李旦的實封都漲到五千戶。所謂實封，就是國家賜給功臣貴戚的封戶。享受多少戶的實封，就等於能向多少戶人家徵收租稅。太平公主有五千戶實封，就意味著這五千戶人家從此不必向國家提供稅收，直接給太平公主就可以了。那麼五千戶實封多不多呢？列舉兩個資料大家就明白了。第一個資料，當時唐朝一共有六百一十五萬戶，其中能夠向國家提供賦稅的不超過三百萬戶，太平公主一個人就占了國家整個收入的六百分之一。第二個資料，按照唐高宗時期的制度規定，親王應該享受實封八百戶，最多不能超過一千戶；而公主只能享受三百戶。以此推算，太平公主一個人，就等於十六、七個一般公主的經濟待遇。

更厲害的是，不僅太平公主本人有實封，她和薛紹生的兩男兩女，和武攸暨生的兩男一女，一共七個孩子，也都享受實封。而賞賜給她的珍寶更是不計其數，她一家的經濟實力，真可以說是富可敵國。如果那時也有類似今日的財富排行榜的話，太平公主一家毫無疑問是全國首富。

最後看看生活待遇。唐中宗規定，太平公主和相王一樣，都派衛士晝夜保衛，每十步設一個崗亭，由衛兵帶武器巡邏值班，保衛的規格和皇宮完全一樣。

如此看來，神龍政變不僅實現了「誅殺二張，還政李唐」的願望，也使太平公主的勢力有了長足的增長，真可謂威風八面，不可一世。但是，在《武則天》一書裡曾提過，神龍政變留下了許多後遺症，概括成一句話就是：群雄並起，主弱臣強。除了在政變過程中立下大功的相王李旦、太平公主這樣的皇族成員在政變之後實力大增之外，策動政變的一些大臣也以功勞自傲，對朝政的發言權進一步增強。這樣的政權很不穩定，唐中宗自然也不會滿意這樣的局面。那麼，在這個複雜的新政權裡，威風八面的太平公主還能繼續威風下去嗎？

請看下回：韜光養晦

【第四回】

韜光養晦

神龍二年的一天，太平公主忽然因為一件民事糾紛被告上了法庭。她和長安城一座寺院裡的和尚爭奪一個磨麵用的水碾，硬說這個水碾是她的。太平公主已經富可敵國，何必還要爭這種蠅頭小利呢？

神龍二年（七〇六年）的一天，聲威赫赫的太平公主忽然因為一件民事糾紛被告上了法庭。這是怎麼回事呢？原來她和長安城一座寺院裡的和尚爭奪一個磨麵用的水碾，硬說這個水碾是她的。這太欺負人了，這水碾和尚們已經用了好幾十年，而太平公主剛剛從洛陽搬到長安，怎麼可能是她的呢？面對這等不平之事，法官頂住壓力，主持公道，判太平公主敗訴，水碾歸寺院所有。聽到審判結果，太平公主不僅沒生氣，反倒露出了笑容。有人可能就要產生疑問了：第一，太平公主既然已經富可敵國，何必還要爭這種蠅頭小利呢？第二，這蠅頭小利沒爭到，她為什麼倒高興了呢？要剝開這層層疑雲，還得先看看神龍政變後的政局以及太平公主的政治處境。

一、主弱臣強：為穩固地位，中宗強化皇后韋氏權力

神龍政變是以張柬之等大臣為主導、李氏兄妹三人合夥參加的一場政變。政變結束之後，李顯當了皇帝，當然要給立功之人論功行賞了。他是怎麼論功行賞的呢？

先是嘉賞功臣集團。政變的組織者張柬之、桓彥範、敬暉、袁恕己和崔玄暐等五人都官封宰相，爵賜郡公，控制了中央政府。其他參加政變的武將也都加官晉爵，賞賜不計其數。緊接著是獎賞相王李旦，政變剛一結束，他就被封為安國相王，官拜一品太尉、知政事；沒過多久，中宗又提出來立他為皇太弟。至於太平公主，前面已提到，她被封為鎮國太平公主，實封五千戶，而且特許開府設置官署，公開參政。應該說，中宗對功臣的獎賞力度是相當大的。

可是在把這幾方勢力安頓妥帖之後，唐中宗李顯覺得有些不太對勁，這其中有問題。什麼問題

呢?他發現自己的勢力太薄弱了。有人可能會問，皇帝位列九五之尊，力量怎麼可能會弱呢?不是說「普天之下，莫非王土;率土之濱，莫非王臣」嗎?其實，這只是一種抽象的原則。在真正的政治運作中，皇帝也是要講究實力的。比方說，當年唐太宗李世民當皇帝，班底就很硬，文有秦府十八學士，武有秦瓊、尉遲敬德等一班武將，如此一來，李世民當皇帝就很踏實，腰桿子自然也很硬。那麼唐中宗李顯有沒有自己的嫡系大臣呢?從理論上講，太子府的班底就應該是以後皇帝的基本班底。

那當年李顯太子府的官僚都有誰呢?頭號種子選手為魏元忠，但他在武則天晚年因為遭張易之、張昌宗兄弟誣告，已經被貶到嶺南，不在身邊。第二號人物是崔玄暐，他因為一直跟著張柬之策劃神龍政變，與功臣的關係比跟李顯還要鐵，已經被劃入功臣集團了。第三號人物是楊再思，他曾經因為誇獎張宗昌為蓮花六郎，飽受輿論恥笑，人稱「兩腳狐」。此時二張倒臺，他受到牽連，也被貶官了。總之，太子府的官僚分散得七零八落，而且有的屬於擁張派，有的屬於倒張派，派系林立，根本就做不到「心往一處想，勁往一處使」，都無法讓唐中宗李顯委以重任。難道李顯手中無棋可用了?還有什麼人能靠得住呢?從李顯早年的經歷中我們知道，李顯比較相信太太的娘家人，將他們都視作自己的心腹。他第一次當皇帝時就曾大力提拔岳父韋玄貞，還說出要把天下讓給韋玄貞的話，結果被武則天抓住把柄，把他從皇帝寶座拉下，貶到房陵。可是這次，他想再次提拔岳父都不可能了，為什麼呢?他的岳父韋玄貞當年受他連累，被流放到廣西欽州，因為受不了南方的暑熱瘴氣，早就死了。不僅岳父遭殃，幾個小舅子也紛紛罹難。當時，欽州的少數民族首領要娶韋家的女兒，也就是韋皇后的妹妹。韋家可是京兆大族啊，門第觀念比較濃厚，哪肯把女兒嫁給山大王做壓寨夫人?韋家不答應。那個首領一氣之下，把韋家的四個兄弟都殺了。所以到李顯第二次當皇帝時，韋家已經沒人可用了。這讓李顯非常鬱悶，一方面，自己沒有靠譜的私家班底；而另一方面，功臣倒是勢頭很盛，君弱臣強的態勢立刻就顯示出來了。

該如何把皇帝的位子坐穩呢？李顯決定自力更生，趕快加強自己的力量。為此，他一鼓作氣，做了四件大事。

當務之急，就是加強皇后韋氏的權力。韋氏就是和太平公主同一天結婚的那個嫂子，是李顯的第二任妃子。當年和李顯一起流放房陵，吃盡了苦頭。患難夫妻恩情重，李顯和韋氏的感情相當好，而且，韋氏的性格也比李顯要強悍一些，因此李顯對她很是倚重。當年在房陵的時候，每次聽說武則天派人來探望他，李顯都覺得來者不善，肯定是來要他命的。與其讓殺手折騰死，還不如自己了斷呢。所以一聽使者來，李顯就張羅著要自殺。每當這時，韋氏就在旁邊勸他，說咱們寧可被殺死，也不能被嚇死呀；再說，天下事禍福難料，沒準帶來的還是好消息呢！就這樣連哄帶勸，韋氏不斷地給李顯打氣鼓勁，終於熬過了那段不堪回首的日子。正因為如此，李顯在精神上非常依賴韋氏，簡直把她看作母親一般，曾對她信誓旦旦地承諾：如果咱們還能重見天日，我一定讓妳隨心所欲，決不約束妳！現在果然重見天日了，李顯信守諾言，馬上立韋氏當皇后，還讓她像當年的武則天那樣，垂簾聽政，參與政事。在李顯看來，皇后和自己是一體之人，加強皇后的力量就等於加強自己的勢力。

緊接著要做的，就是提拔自己的太子府官僚。太子府成員不是都已經七零八落了嗎？沒關係，有罪的赦免，無罪的加官，趕緊讓他們都往朝廷聚攏。就這樣，魏元忠和楊再思都被召回中央，其他幾個下屬也都被提拔了。本來按照李顯的如意算盤，是想讓他們當宰相的，但是當時功臣勢盛，宰相的位置都被功臣集團占據了，沒有空缺。無奈之下，李顯只好先讓他們當同中書門下三品，表面上沒有宰相的正式名分，但是有參政議政的實權。

唐中宗李顯做的第三件大事比較有意思，他提拔了幾個左道之人。所謂左道，當時指的是和尚、道士、方士這一類人。和尚、道士如果潛心修行，那絕不叫左道之人，但是如果他們越出宗教的範圍，動了參政的凡心，人們就覺得他們不走正道了，這才把他們稱為左道之人。李顯當時就提拔了幾個政治和尚、政治道士，整天讓他們出入宮禁，橫議朝政。按照《資治通鑑》的記載，李顯上臺不久，就頒下敕書，任命術士鄭普思為祕書監，道士葉靜能為國子祭酒。在唐太宗貞觀年間，擔任祕書監的可是大名鼎鼎的政治家魏徵，而當國子祭酒的則是飽讀詩書的學者孔穎達。到了唐中宗李顯這兒，祕書監和國子祭酒降格了，居然被邪門歪道所把持！更可笑的是胡僧慧範，憑藉三寸不爛之舌，在二張兄弟當政之時就紅透半邊天；現在二張服誅，李顯卻說他也參與了討伐二張，論功行賞，應該加階為銀青光祿大夫，賜爵上庸縣公！有了皇帝撐腰，慧範便大搖大擺地出入宮掖，而李顯反倒小心翼翼地去他家微服私訪，真是顛倒乾坤！李顯為什麼這麼做啊？其實是因為他需要輿論支援。唐朝宗教氣氛濃厚，這些左道之人手裡都掌握著不少社會資源，李顯豈能放著這樣的力量而不用？想當初武則天當皇帝時，不是也需要這些人造社會輿論嗎？

最後一件需要做的事，便是推尊武則天，而且是一而再、再而三地提高武則天的地位。大家可能覺得奇怪，武則天不是他推翻的嗎？不破不立，按道理，他應該貶低武則天才能突出自己的英明正確啊！怎麼還會使勁兒提高武則天的地位呢？其實，李顯推尊武則天，那叫做「醉翁之意不在酒，在乎山水之間也」，李顯是想通過證明武則天的合法性來證明自己太子身分的合法性，再通過太子身分的合法性推理出自己當皇帝的合法性。換言之，他只有證明武周政權是完全合理合法的，才能夠說明武則天立他當太子是符合禮法的，進而再證明他由太子晉升為皇帝也是順理成章的。既然要推尊武則天，那就得貶低神龍政變，淡化神龍政變的意義。所以，這個時候的李顯忽然患上了失憶症，決口不提自己的逼宮往事，而且搖身一變，成了孝順的小白兔乖乖。他還營造出這樣一番景象：我因為受到了皇帝母親的器重和賞識，所以才遵從母命，接受禪讓，榮登大寶。既然是禪讓嘛，所以不僅我是皇帝，母親也繼續是皇帝，而且不是一般的皇帝，而是「則天大聖皇帝」。其實，李顯淡化神龍政變除了證明自己的合法性之外，還有一個用意，那就是打壓一下因為政變而羽翼豐滿的功臣勢力。潛臺詞*則是，你們以為搞了政變就有功嗎？我李顯根本不承認有什麼政變！

李顯這樣做無非是想要加強皇權，使自己坐穩位子。這時候作為功臣應該怎麼辦呢？功臣如果知趣，就應該默念「狡兔死，走狗烹；飛鳥盡，良弓藏；敵國破，謀臣亡」的古訓，趕緊功成身退，解甲歸田，以避可能招致的殺身之禍。那麼張柬之等人是不是這樣做的呢？有句話叫做「身後有餘忘縮手」，他們和古往今來的大多數功臣一樣，貪戀權位，不忍放手。既然放不了手，那怎麼才能鞏固權力呢？

功臣們在這一時期主要做了與皇帝李顯針鋒相對的四件事。首先，他們上疏皇帝，希望韋皇后專居中宮，不要到外朝干預國政。接著，他們請求皇帝把以和尚慧范為首的左道之人統統殺掉。此外，還請求皇帝降低武家人的官爵，抑制他們的勢力，以防武家東山再起。最後一件事，功臣們使勁提拔自己的親信。比如桓彥範，他一上臺就謊稱自己的大舅子趙履溫也參與了神龍政變謀劃，要求論功行賞。這簡直把李顯給氣壞了。趙履溫當時擔任易州刺史，這大老遠的，怎麼可能謀劃政變？這不明擺著撒謊嗎？可是迫於功臣們的壓力，他也只好把趙履溫調到中央，官封司農少卿。趙履溫這人不傻，當然明白他能升官是誰的功勞，所以馬上投桃報李，買了兩個絕色的婢女送給桓彥範。那麼，功臣們這樣做對不對呢？當然不對，而且簡直是大錯特錯。這實際上是無視長孫無忌加上官儀的前車之鑑了。當初，長孫無忌結黨營私，而且還想殺人立威；上官儀則讓皇帝別信任皇后，信任自己，最後兩個人不都沒有好下場嗎？居功自傲、目無主上，這對於臣子來說已經很危險，對於功臣來說就更加危險。正所謂功高震主，會讓皇帝覺得受制於人。彼此身分變了，關係也就變了。打江山的夥伴一下子變成了鞏固江山的障礙，當年溫良恭儉讓的二太子也就變成了冷酷無情的皇帝。可是儘管李顯想要打擊功臣，可他的實力還不夠強大啊，怎麼辦呢？有道是，誰是我們的敵人，誰是我們的朋友，這是革命必須先解決的一個問題。該是李顯尋找朋友的時候了。

誰是朋友呢？相王和太平公主是不是呢？他們不是。因為他們也是立功之人，同樣存在震主之嫌。另外，相王李旦當年也做過皇帝，在武則天時期還當了十幾年的皇嗣，其實資格比李顯還老。如果說幾個大臣是讓李顯覺得自己不像個皇帝的人，那麼相王李旦就是一個實實在在讓李顯覺得自己有可能當不成皇帝的人。因此，對於這兩個人，只能防範，不能利用。那還能依靠誰呢？

這時候，一支勢力浮現在唐中宗李顯的腦海之中——武家。有沒有可能把武家當做朋友呢？答案是肯定的。為什麼呢？首先，武家和功臣集團的關係不好，功臣們整天攛掇中宗李顯清除武家的勢力，而武家兄弟對他們也早已恨之入骨。正所謂敵人的敵人就是我們的朋友。其次，經過武則天一朝的培養，武家的羽翼已經很豐滿，而且在神龍政變中毫髮無傷，因此有能力抗衡功臣集團。同時，武

*潛臺詞：大陸用語，話裡有話，以此表達自己內心的想法。

家和李顯還是兒女親家。武則天晚年不是想要讓李武兩家精誠團結嗎？李顯的女兒永泰公主就嫁給了武承嗣的兒子武延基，雖然這兩個孩子都死於非命，但姻親關係並沒有變。此外，武則天的死，使武家成為政治上的失意派，他們也正急著尋找新靠山。李武兩家可以說是互相需要，完全可以合作。心動就要行動，李顯坐不住了。

二、武氏重興：中宗與武家合作，共同打擊功臣

既然決定和武家合作，共同打擊功臣，李顯就要開始積極拉攏武家人了。當時，武家的政治代表就是武則天的姪子武三思。為了拉攏這個人，李顯可是煞費苦心。他多方突破，使出了三個手段。

第一，親自出馬。神龍政變結束不久，唐中宗李顯就幾次來到武三思家微服私訪，二人觥籌交錯，大有相見不晚、相知恨晚的意思。李武兩家的關係搞得比武則天在位的時候還要熱絡。

第二，夫人外交。李顯的夫人外交是從上官婉兒開始的。上官婉兒什麼時候成了夫人了？前面講過，上官婉兒在武則天手下幹活時就已參與朝政，只是當時並沒有名分。後來，因為在神龍政變中立功，中宗即位後，就想給她一個名分。給什麼名分呢？讓她當宰相，這不合制度；讓她當個宮廷女官吧，唐朝女官最高的品級也就是五品，級別太低。怎麼辦呢？李顯乾脆把她拜為三品的婕妤，成了自己的一個妾，這不就是夫人了嗎？上官婉兒可是個八面玲瓏的人物，在武則天末年，她一方面歸心李氏，參與政變；另一方面，則與武三思私通。她這麼做，無非是狡兔三窟，多為自己找一把保護傘。現在唐中宗想要拉攏武三思，馬上就利用婉兒的這層關係了。有人可能就要問，自己的小老婆跟別人

私通，唐中宗難道不嫉妒嗎？他根本沒有必要嫉妒，因為婉兒的婕妤身分只表明她的品級，並不代表真正意義上的婚姻關係。婉兒的真實身分還是一個高級女秘書，對唐中宗而言，頂多算是辦公室情人，所以婉兒大可以繼續和武三思私通。

不過，僅僅從婉兒這裡入手來拉攏武三思，畢竟級別不夠。於是，在唐中宗的授意下，上官婉兒又把武三思引薦給了韋皇后。韋皇后和武三思一見如故，馬上成了一對好朋友，親密程度甚至超過了上官婉兒。借助韋皇后的關係，武三思開始頻頻入宮。據《資治通鑑》記載，韋皇后與武三思一起下棋、打雙陸*，唐中宗李顯就站在旁邊拿著籌碼算輸贏。韋皇后跟武三思交往頻繁，外界不明就裡，一時間議論紛紛，說武三思和皇后淫亂，許多大臣甚至公開上書，要求皇帝調查嚴懲。對於提出如此請求的大臣，唐中宗李顯一律嚴懲不貸。這樣的行徑讓傳統史學家非常鬱悶，兩《唐書》與《資治通鑑》都認為中宗特別窩囊，被皇后戴了綠帽子。其實，唐中宗一點都不窩囊，因為整件事情都是在他的授意下進行的，他知道韋皇后和武三思經營的不是愛情，而是他們共同的事業。

第三，結成兒女親家。聯姻是中國古代政治結盟的一種主要方式，當年，永泰公主不就嫁給了武承嗣的兒子嗎？現在要想拉攏武三思，公主可是一種寶貴的政治資源。可是，時光不等人，到了李顯想到用女兒去聯姻的時候，他的所有女兒都已經出嫁了。這怎麼辦呢？有武則天讓太平公主改嫁的先例，這點事難不倒李顯。神龍元年，李顯的兩個女兒先後離婚，其中，中宗和韋皇后生的安樂公主改

---

*雙陸是一種流行於隋、唐的賭博遊戲，其使用的棋盤與象棋相似，但左、右各六路，因而名為雙陸或雙六，比賽時，依擲骰子所得的點數行走，率先走到對方區域的人獲勝。根據北宋初晏殊《類要》的記載，雙陸原自於天竺（即今印度），三國期間傳入中國，到了隋、唐開始流行。

嫁給了武三思的兒子武崇訓，另一個女兒新都公主也改嫁給了武三思的姪子武延暉。

經過這樣一番感情攻略，唐中宗和武氏馬上親如一家，武三思官拜司空，當了宰相。太平公主的丈夫武攸暨也跟著沾光，官拜司徒，晉爵定王。為了給武氏一族的加官晉爵找理由，唐中宗甚至頒布詔令，說武三思和武攸暨也參與了神龍政變，把他們和張柬之等人一起算作立功之人，賜給他們丹書鐵券。這丹書鐵券能夠保證他們只要不犯謀反罪，其他的死刑都可以赦免十次，不予追究。

皇帝這麼提拔武家的人，朝廷裡的野心家馬上就看出門道來了，紛紛改換門庭，依附到武三思身邊來。那些趨炎附勢之徒究竟會怎樣攀附呢？舉兩個例子。第一個例子與崔湜有關。崔湜這個人我們以後還要反覆提到。他是當時的一個活躍人物，也是個風度翩翩的美男子，本來與幾個政變功臣是一夥的。當時功臣們和武三思正勢不兩立，敬暉覺得崔湜機靈，就派他到武三思身邊臥底，打探情報。崔湜倒是足夠機靈，可是卻沒什麼政治節操，一看皇帝親近武家，疏遠功臣，都不做任何心理掙扎就反水了，把他所掌握的功臣情況統統向武三思報告。堡壘最容易從內部攻破，這內部情報太珍貴了，崔湜立此大功，便一下子成了武三思的心腹愛將與得力高參。

第二個例子說的是鄭愔的事。鄭愔本來是二張餘黨，神龍政變後，二張黨羽紛紛貶官，鄭愔也被貶到了南方。在南方，天高皇帝遠，沒有政治前途啊，鄭愔是一個有野心的人，他心有不甘，就趁人不備，偷偷跑回了洛陽。他一回到洛陽，先去拜訪武三思。見到武三思，鄭愔既不行禮，也不敘舊，忽然大嘴一咧，號啕大哭起來，哭得肝腸寸斷，死去活來。武三思不明就裡，以為出了什麼大事，正要勸勸呢，誰知鄭愔忽然又笑了起來，笑得手舞足蹈，眼淚都快流出來了。這可把武三思給嚇壞了，對鄭愔說：「老兄，你不是精神病發作了吧？」誰知鄭愔馬上換了一副嚴肅面孔說：「非也。我開始見到大王您哭，是因為我可憐您就要被殺，且九族不保啊。那後來為什麼又笑了呢？我是替您高興，恭喜您終於得到我鄭愔這麼一個高人指點啊。大王您想一想，皇帝現在雖然器重您，但是那五個大功臣可是恨透了您呀。他們五個都是宰相，又膽略過人，廢掉則天皇帝都易如反掌。大王您覺得自己比則天皇帝如何？難道您還不知道害怕嗎？難道不想聽我說說怎樣才能除掉這五個人嗎？」武三思哪裡經得住鄭愔這般忽悠*，一聽大為震撼，馬上把鄭愔安排到自己身邊，任命他為自己的高參。看到崔湜和鄭愔跟隨武三思之後都升了官，好多官員也就認準了武三思這條終南捷徑，紛紛巴結，其中有五個人巴結得太露骨了，別人都管他們叫「五狗」。

這一時期，武氏一族既有皇帝信任，又有百官巴結，自己還身居高位，日子過得比在武則天時期還滋潤。與此同時，中宗李顯推尊武則天的舉措也頗有成效，武則天的地位扶搖直上，之前她改的那些文字，不是都被廢除不用了嗎？此時又重新開始使用。而神龍政變也被一筆抹殺，甚至連「李唐中興」這樣的話都說不得，一說就都成政治錯誤了，兒子接母親的班哪能叫中興啊，於是中宗規定，頂多只能叫「龍興」。

三、明哲保身：為求安全，太平公主韜光養晦、延攬人才、聯合相王

這樣一來，因為神龍政變後複雜的形勢，整個中宗政壇顯得相當詭異。本來隨著武則天倒臺，武

---

*忽悠：大陸用語，意為瞎攪和，或設圈套，引誘對方上勾。

家勢力應該逐漸萎縮才對，怎想到在新形勢下反而重新高漲，不斷增強。中宗想要借助武家的力量，打擊功臣的態勢相當明顯。那麼在如此波詭雲譎的局勢下，太平公主在幹什麼呢？那時，無論是太平公主還是相王，都覺得寒意凜凜。三兄妹共同打江山的時代過去了，想在這個江山之中分一杯羹，似乎並不容易。在外人看來，中宗給了太平公主很高的地位與待遇，但她對形勢是心知肚明的，很清楚自己也遭受猜忌。在這種進退兩難的情形下，如何才能明哲保身呢？

此時，太平公主不慌不急，運籌帷幄，頗有謀略地做了三件事。她首先要做的便是韜光養晦。這就是在前面提到的那一幕。神龍二年，太平公主與廟裡的和尚爭奪水碾，有的法官懾於她的公主地位，想要判給她；也有的法官非要主持公道，一定要判給和尚。事情鬧得沸沸揚揚，最後水碾還是判給了寺院。太平公主為什麼要與和尚爭水碾啊？這其中自有玄機。原來，這是她自導自演的一齣好戲。這齣戲一上演，就實現了兩個目的，可謂「一箭雙雕」。一方面，她成功地製造了這麼一種假像，即讓中宗覺得，太平公主就是這麼一個胸無大志的人，只認識錢，而且還特別貪婪，給多少都填不滿她的貪欲。對於皇帝來說，功臣愛錢遠比愛權更讓人放心，看看宋太祖「杯酒釋兵權」就知道了。另一方面，她還給中宗這麼一個錯覺，那就是她根本沒有勢力，連一個水碾都搞不定，官員都不買她的賬，因此，她肯定興不起什麼風浪。這就叫韜光養晦。

太平公主做的第二件事是延攬人才。唐中宗不是給了太平公主很多錢嗎？錢是不是好東西，關鍵看怎麼用。太平公主怎麼用這筆錢的呢？她拿這些錢去結交士大夫了。當時的士大夫和現在的知識份子一樣，一般都比較窮，太平公主非常體恤他們，經常給他們贊助費，簡直就像《水滸傳》裡的及時雨宋公明。這樣一來，許多士大夫都成了她的鐵桿「粉絲」*了，按照當時的說法，叫做「遠近翕然響之」。太平公主這一番舉動非常具有政治家的遠見卓識，一下就顯出了她的政治素質，比中宗李顯和武三思都強多了。李顯雖然經過二十年的磨練，但是和第一次當皇帝相比，並沒有多少進步，一上來還是先提拔老婆，再提拔手下，這樣做怎麼能讓天下歸心呢？而武三思就更差了。當時不是好多人巴結他嗎？他一得意，說出了一句名言：「我不知代間何者謂之善人，何者謂之惡人；但於我善者則為善人，於我惡者則為惡人耳。」（《資治通鑑》卷二〇八）這句話是什麼意思呢？我不知道天下人管什麼叫好人，管什麼叫壞人。反正我覺得，只要跟我好的就是好人，不跟我好的那就是壞人。這可不是一個政治家應該說的話呀，只認利益，不別善惡，這樣的價值選擇標準注定他們的路走不長遠。

太平公主做的第三件事是聯合相王。武則天時期，太平公主和相王李旦都生活在武則天身邊，兩人的關係本來就比較深。神龍政變中，他倆又一起立功，更是被劃入了一個陣營。如今，中宗咄咄逼人，這對兄妹也就只能聯合自保了。但是，這種聯合又不能太明顯。如何是好呢？前面不是提到中宗李顯利用公主出嫁去拉攏武三思嗎？相王李旦也有女兒，也可以好好利用一番。在神龍年間，李旦一共嫁出了兩個女兒，一個嫁給了太平公主前夫薛紹的堂弟，另一個則嫁給了太平公主的鐵桿粉絲薛伯陽。太平公主雖然改嫁給了武攸暨，但是和薛家並沒有斷了往來。就是通過這樣隱蔽的管道，她和相王李旦暗通聲氣，休戚與共。

＊鐵桿粉絲：大陸用語，意即瘋狂、熱情的偶像崇拜者。

在花盡心思做了這麼多鋪墊工作之後，太平公主開始對前途比較有信心了。畢竟她是女性，不是哥哥皇位的競爭者，哥哥應該不會對她猜忌太深；而且，她還是武家的媳婦，可以在李武兩家左右逢源。那麼，複雜的中宗政局又會向何處發展呢？太平公主果然就沒事了嗎？

請看下回：重俊政變

【第五回】

重俊政變

神龍二年安樂公主要求李顯立她為皇太女。自古只有皇太子，哪聽說過什麼皇太女？太胡鬧了！此時的太子李重俊忍無可忍，安樂公主這不是明顯要搶他的位子嗎？而皇帝居然也沒教訓她，還說什麼要去徵求大臣的意見！李重俊坐不住了。李顯不會真的立安樂當皇太女吧？太子的地位岌岌可危！

神龍二年（七〇六年）的一天，唐中宗李顯正在披閱奏書，忽然一雙柔軟的小手蒙上了他的眼睛。李顯笑了，他知道，這是他最寵愛的安樂公主又來和他提要求了。每次安樂公主想要任命什麼人，都是這樣自己先寫好制書，然後要麼蒙上他的眼睛，要麼蒙上制書的內容，讓他簽署。一般李顯也願意滿足她那些小小的無理要求。雖然如此，李顯在落筆之前還是問了一句，這次又是什麼事情呀？安樂公主嬌滴滴地說，請父皇立我當皇太女。李顯一聽，一下子就把蒙在自己眼睛上的手拿下來了說，自古只有皇太子，哪聽說過什麼皇太女？太胡鬧了！這下安樂公主可不高興了，她說，則天太后不過就是山西商家的女兒，最後還能當皇帝，我是父皇您的女兒，為什麼不能當皇太女？中宗沒辦法，只好說，好好好，就算讓妳當皇太女，我也得和大臣商量一下呀！連哄帶勸，把安樂公主打發走了。中宗接著看奏章，並沒有把她真當一回事。可他萬萬沒想到，就是這麼一件小事，卻引發了一場大禍，差點要了他的性命。這是怎麼回事呢？

一、清洗功臣：中宗、韋后聯合武三思，分三步驟打擊功臣

唐中宗和韋皇后為了鞏固統治，聯合以武三思為首的武家力量，借助他們打擊功臣，同時遏制弟弟相王和妹妹太平公主的勢力。有了武三思幫忙，中宗馬上制定出一套方案，分三個步驟打擊功臣。

第一步，明升暗降。政變不是在神龍元年二月發生的嗎？到五月，武三思就給中宗獻計獻策了。他說，現在五個大功臣都當宰相，他們恃功專權，恐怕對國家不利啊。那怎麼辦呢？您可以以尊崇功臣的名義把他們的爵位從公提升為王，給他們榮譽，但是同時罷免他們的宰相職務，去除他們的實

權。中宗一聽很有道理，馬上照辦。這是第一步。

第二步，一再貶官。剝奪了功臣的實權之後，武三思又接連炮製出所謂的「王同皎謀反案」和「天津橋匿名信案」兩起大案，說部分功臣內外勾結，對皇帝和皇后圖謀不軌。通過這兩宗案件，許多功臣被貶到地方當刺史，後來一貶再貶，最後都流放嶺南了。

這「王同皎謀反案」是怎麼回事呢？王同皎本來是李顯的女婿，長安（七〇一—七〇四年）年間，李顯還當太子的時候，王同皎娶了李顯的女兒安定郡主。翁婿一家親嘛，所以到神龍政變的時候，他也追隨李顯參與政變，成了功臣。李顯當了皇帝後，提拔他為右千牛將軍，掌握兵權。可是，神龍年間李顯的主要工作不就是打擊功臣嗎？眼看著武三思掌權，功臣失意，王同皎憤憤不平，就和人一起密謀暗殺武三思。可是，密謀強調的就是「密」字，王同皎最大的問題也出在這裡。他太天真，對誰都輕信。當時，他好心收留了一個落難詩人宋之問，商量暗殺的時候並沒有特別對宋之問保密。沒想到文人無行，宋之問恩將仇報，馬上告密。結果，王同皎密謀中的暗殺計畫胎死腹中，武三思倒反咬一口，說王同皎想擁兵廢黜皇后。唐中宗當時本來就害怕功臣，一心倚重韋皇后和武三思，怎麼能容忍王同皎的行為呢？當即下令將王同皎斬首，並大肆捕殺同黨，一批功臣因此被牽連進來，貶往地方。

那麼，「天津橋匿名信案」又是怎麼一回事呢？當時功臣不都反對韋皇后涉政，而且對韋皇后和武三思的交往頗有微詞嗎？這件事情盡人皆知，搞得武三思非常不爽。怎麼才能扳倒功臣呢？武三思靈機一動，暗中命人寫了一份傳單，傳單上開列韋皇后和武三思淫亂的種種穢行，結尾大書：這樣的皇后純粹是給國家丟臉，還不如廢黜了事！然後把傳單貼在洛陽的交通要道天津橋。這份傳單殺傷力太大了，又有黃色內容，又有政治宣言，一時間觀者如堵，議論紛紛。這中宗哪裡受得了啊！馬上命人追查。追查來追查去，就找到張柬之等功臣的頭上了。當時誰都知道功臣和皇后以及武三思有仇啊，所以張柬之等人百口莫辯，都被流放到嶺南瘴癘之地去了。

第三步，肉體消滅。按道理講，貶到嶺南已經是九死一生了，但是武三思還不放心，唯恐有一天這些人東山再起。斬草就要除根啊，否則就有「春風吹又生」的危險。怎麼辦呢？武三思請求中宗派了一個禦史到功臣的流放地，把他們就地結果。這個禦史到嶺南之後一看，五個功臣之中，張柬之和崔玄暐年齡大，體力差，在路上就已經被折騰死了。那就拿剩下的三個開刀吧。這三個僥倖活下來的人可倒楣了：敬暉直接被千刀萬剮了。桓彥範抓住之後，被綁在竹搓板上，來回拖拉，最後把肉都刮掉了，只剩下骨頭，居然還有一口氣。怎麼辦呢？酷吏接著再用大棒將他打死。還有一個袁恕己，平時喜歡養生，整天修煉，吞食黃金，希求長生不老，怎麼把他弄死呢？派來的這個殺手對藥物學很有研究，知道野葛汁和黃金相剋，於是就給袁恕己灌下好幾斤野葛汁。袁恕己喝下之後，毒性發作，腹痛如絞，滿地打滾，用手摳地到把指甲都磨盡了。而後，殺手又命人將他捶殺。

就這樣，幾個大功臣都先後命喪九泉，徹底沒了後患，唐中宗心裡終於踏實下來。

二、後院起火：太子李重俊不安其位

收拾功臣其實也是在敲山震虎。耳聞目睹神龍政變的功臣都先後慘死，相王兄妹果然被震懾住了，說話辦事更加低調。看到自己立威有效，中宗李顯總算長長地舒了一口氣。可是他萬萬沒想到，剛剛解決了外面的問題，自己家後院又起火了。火源出在太子李重俊身上，李重俊覺得自己太子之位不穩，企圖糾集武裝力量清洗宮廷，除掉於己不利的人。好端端的太子，為何不安其位呢？

原因首先出在韋皇后看不上這個太子。太子李重俊並非韋皇后親生，他的母親只是後宮的普通宮女。中國古代皇位繼承原則是嫡長子繼承制，李重俊既然出身這麼低微，他怎麼能夠當上太子呢？關鍵是韋皇后的親生兒子當時已經死了。韋皇后的親生兒子名叫李重潤，在武則天晚年因為議論二張專權，被武則天逼死了。所以李重俊就撿了個便宜，以庶子的身分當了太子。他高興了，韋皇后心裡可是非常不舒服，每次一看到李重俊，就想起自己可憐的孩子，這些榮華富貴本來都應該是他享受的呀，怎麼就便宜了李重俊這小子了呢，所以整天給他臉色看。

韋皇后冷言冷語、話裡帶刺也就罷了，更讓李重俊不能忍受的是，安樂公主也欺負他，每次相見，都不拿正眼看他。尤其讓人忍無可忍的是，安樂公主居然管他叫奴才。這安樂公主是何許人啊？她就是我們在開頭說到的那個公主。她可是唐朝歷史上一個大名鼎鼎的人物。根據《新唐書・公主傳》記載，她是有唐歷史上最漂亮的公主，當時號稱「光豔動天下」。按照今天的說法就是風華絕代，天下聳動。本來唐朝就是個盛產美人的時代，中國古代四大美人之一的楊貴妃，就生在唐朝。可是連楊貴妃都沒能有過這樣高的評價，可見安樂公主有多麼令人驚豔！但同時，她也是唐朝歷史上苦難最深的公主。怎麼回事呢？安樂公主出生的時候，正趕上唐中宗李顯最倒楣的時候。當時，因為李顯聲稱要把天下讓給岳父韋玄貞，被武則天抓住了把柄，不光把李顯趕下皇位，還把他們全家貶往房陵（就是今天的湖北房縣），安樂公主就生在他們前往房陵的路上。一個被趕下台的皇帝能保住命就算不錯了，哪裡還有什麼好待遇！必要的行李隨從一無所有，眼看著小女兒呱呱墜地，可李顯連一塊包裹她的襁褓都找不到！看著一絲不掛、凍得哇哇大哭的孩子，李顯含著眼淚，脫下自己身上的袍子，把小女兒包裹起來。所以，這個可憐的公主小名就叫裹兒。正因為有這樣苦難的經歷，她又成了唐朝歷史上最得寵的公主。一般帝王家的孩子從小和父母很少接觸，但是安樂公主卻是中宗和韋后一手帶大的，感情特別深。想著女兒從小一天好日子都沒有享受過，中宗夫婦對她不免有負疚之感。兩個人也是暗中發誓，一旦有出頭之日，絕不讓這孩子再吃一點苦。現在李顯苦盡甘來，當了皇帝，對安樂公主當然是百依百順。

安樂公主除了是最漂亮的公主、苦難最深的公主、最受寵愛的公主之外，她還是整個大唐歷史上婆家最有勢力的公主。安樂公主的婆家是什麼人家呢？安樂公主的丈夫叫武崇訓，她的公公武三思，是唐中宗最重要的政治盟友。因為有武三思兒媳這麼一層身分，安樂公主不但得到父母的寵愛，而且還被父母高看一眼。恃寵而驕是人類最容易犯的錯誤，安樂公主有了這麼多優勢，自然驕傲得就像開屏的孔雀一樣，哪裡還把庶出的太子李重俊放在眼裡！太子、三哥一類的稱呼一律免掉了，就直接管他叫奴才，還讓自己的駙馬武崇訓也這麼叫。這可把李重俊氣壞了。

生氣歸生氣，這些李重俊都還能忍，最讓他不能容忍的是安樂公主居然要求皇帝立她當皇太女，這不是明顯要搶他的位子嘛！而皇帝居然也沒教訓她，還說什麼要去徵求大臣的意見！這下李重俊可真坐不住了。父皇不會真的要立安樂當皇太女吧？他覺得自己的地位岌岌可危了！

為什麼安樂公主這麼囂張呢？李重俊思來想去，覺得皇帝和韋后之所以嬌縱她，固然有感情因素，但主要還是因為她是武家的兒媳婦。武三思位高權重，炙手可熱，恐怕正因為這層關係，中宗才對她如此縱容吧。換句話說，武三思父子就是安樂公主的後臺。再聯想到素日裡駙馬武崇訓對自己的欺凌，李重俊對武三思父子更是恨之入骨。

不過，讓李重俊琢磨不透的是，武則天被迫退位，武氏本來不是應該在打擊之列嗎？怎麼現在反而又耀武揚威起來了呢？別忘了，李重俊當時不過是個十幾歲的孩子，考慮問題並不成熟，他哪裡清楚父親的政治困境，只是覺得，這所有的一切都是上官婉兒惹的禍，說到底還不是因為上官婉兒跟武三思私通！因為他們有這層關係，所以中宗上臺後，婉兒極力提攜武三思，武三思父子才會東山再起。所以罪魁禍首就是上官婉兒這個壞女人！另外，這個可惡的上官婉兒替皇帝起草詔書的時候，每次都極力推尊武氏，貶低李家，這真是太讓人氣憤了！這樣想來想去，李重俊心中的敵人逐步明確了：第一，武三思父子；第二，上官婉兒。就是這些壞人讓他這個太子當不安生！可能有人懷疑，李重俊難道就不恨中宗、韋皇后和安樂公主嗎？毫無疑問，他對中宗夫婦也心存不滿，對安樂公主更是沒有好印象，但是，他們畢竟是自己的父母、妹妹，是皇帝、皇后和公主，李重俊對他們的名分有畏懼之心。另外，他覺得，只要把武三思父子和上官婉兒除掉，中宗夫婦不再受這些壞人蠱惑，也就會回心轉意。安樂公主沒有了後臺，也就不會那麼驕縱了。敵人明確了，怎麼才能結果了他們呢？李重俊頭腦一熱，心想，乾脆搞一場政變吧。三年之前，父親不就是通過政變，除掉了張易之兄弟，然後才當上皇帝的嗎？

三、禍起蕭牆：李重俊政變，中宗、韋后命在旦夕

既然要搞政變，那就不是一個人的事了。他得找到支持者。誰是支持者呢？當時有兩撥人和他一

樣，對武三思恨之入骨。第一撥是當年的政變功臣。張柬之等五大臣都被武三思迫害死了，剩下的那些人雖然沒死，也飽受武三思打壓欺凌，心中很是不平。當時，功臣的代表人物是左羽林大將軍李多祚。當年，就是李多祚為神龍政變提供了軍事保障。政變之後，眼睜睜地看著老朋友都死得這麼慘，李多祚心裡很難過，一直想找機會替他們報仇，出一出胸中的那口惡氣。李多祚手握禁軍兵權，太子向他表明心意，他也願意冒死再發動一場政變。另一派就是殘存的李唐宗室。李唐宗室在武則天掌權的時候都是九死一生，好不容易盼到雲開日出，又是李家的江山了。可是現在看來，這李家王朝的主宰者居然是武三思！他們心裡也很不平衡，好不容易收回的江山怎麼又轉向武家了呢？宗室的代表人物是成王李千里，他當時正擔任左金吾大將軍，既然有太子挑頭，他也願意出兵幫忙。

政變參與者找好了，具體怎麼操作呢？李重俊決定兵分兩路。一路是主力部隊，由太子李重俊本人率領，左羽林大將軍李多祚直接指揮，負責消滅李重俊心目中的敵人。另一路是輔助力量，由左金吾大將軍李千里率領，負責占領宮城的各個城門，給主力部隊的進宮掃清障礙。看起來，這場政變基本上就是模仿神龍政變，到此為止也算幹得有條不紊。

經過一番聯絡安排，神龍三年七月，李重俊終於發難了。按照計畫，李千里很快率兵占領了宮城的大門。李多祚手下的士兵也準備就緒。可是，接下來政變出問題了。出什麼問題了呢？李重俊的敵人不止一個，武三思和上官婉兒這兩個敵人，一個住在長安城南的家裡，一個住在城北的宮裡，先打誰合適呢？想來想去，李重俊覺得武三思父子是主要敵人，應該先殺他們。主意已定，李重俊和李多祚率領三百多個羽林兵，浩浩蕩蕩直撲城南武三思的住宅去了！到了武家，正是深夜，武氏一家人都在睡夢之中，毫無防備。李多祚和他的士兵手起刀落，武三思父子糊里糊塗就成了刀下之鬼。其他親戚朋友被殺的還有幾十人。我們說過，安樂公主是武三思的兒媳，她在不在被殺之列啊？應該說，雖然李重俊畏懼她公主的身分，但是羽林軍的刀劍可是不長眼睛的，如果碰到安樂公主，肯定也是凶多吉少。不過，上帝保佑李裹兒，她這天到宮裡去了，根本沒有回家住，因此也就躲過一劫。

殺死武三思父子，李重俊和李多祚掉轉馬頭，直撲皇宮。因為事先安排了李千里占領各個宮門，所以入宮相當順利。三百多羽林軍一進後宮，中宗夫婦馬上就被外面的喧鬧驚醒過來，只聽見外面的士兵亂喊：交出上官婉兒！正在這時候，上官婉兒和安樂公主聞聲也跑了進來，都氣喘籲籲，衣冠不整。唐中宗李顯一看到上官婉兒那是眼睛一亮，心想，怎麼說曹操，曹操就到，婉兒啊婉兒，今天我只好對不起妳了！上官婉兒是何等聰明的人，她一看到唐中宗這副表情，馬上就明白了，這個糊塗皇帝想要把我給賣了！這還了得！沒等中宗開口，婉兒就先說話了。她說：「如果交出婉兒能夠平息禍亂，婉兒萬死不辭！就怕太子得到婉兒之後，會接著要皇帝和皇后的性命！」這番話一下子把中宗給點醒了。是呀，開弓沒有回頭箭，自己當年搞政變也並沒想把武則天怎麼樣，但是殺了張家兄弟後，不也馬上就逼武則天退位了嗎！這時候讓步，只能是自毀長城！但是，外面的喊殺聲已經越來越近，不交出婉兒怎麼辦呢？這時候，上官婉兒又說話了：「玄武門堅固，又有禁軍保衛，請皇帝、皇后和公主隨我來，到玄武門樓上暫避兵鋒！」幾個人跌跌撞撞爬上玄武門城樓，這時候，另一個羽林大將軍劉景仁得到叛亂的消息，趕緊率領一百多沒有被李多祚帶走的士兵趕到玄武門保衛皇帝。

這邊護衛皇帝的士兵剛剛列好陣，太子和李多祚的人馬就衝過來了，雙方就在玄武門城樓下對峙。從李重俊這個角度講，他怎麼辦才是正確的策略呢？他應該毫不猶豫地立刻展開強攻。因為他手裡有三百多人，皇帝這邊只有一百多人，可以乘勝追擊，以多勝少。可就在這個時候，李重俊犯錯誤了。他遲疑了。為什麼呢？因為在他的原定計畫中，沒有打皇帝這一項，他只想殺掉上官婉兒。可現在上官婉兒和皇帝在一起，他是調整計畫連皇帝一塊兒打呢，還是跟皇帝交涉一下，讓他交出上官婉兒呢？兩個念頭在他腦子裡打架了。

大家都知道一句成語叫做兵貴神速，李重俊這一遲疑可是個致命的錯誤，因為就在他這麼一遲疑的工夫，玄武門樓上有一個宦官楊思勖看出門道來了。這個楊思勖長得高大威武，性格強悍，當宦官實在是有些屈才。他對中宗說：陛下，等我下去取他的首級！說完提著刀就衝下來了。還沒等李重俊他們看清來人是誰，楊思勖刀鋒一閃，一下子就把李重俊的前軍總管斬於馬下，這真是百萬軍中取上將首級，如探囊取物，簡直就是關公溫酒斬華雄的翻版。李重俊的前軍總管也是一員猛將，而且還是李多祚的女婿，他這一死，李重俊這邊的軍心立刻就動搖起來。這邊李多祚所率的士兵軍心亂了，玄武門城樓上，唐中宗的底氣也就足了。他趁著手下旗開得勝，趴在玄武門城樓的欄杆上，對著下面的亂軍高聲喊道：「諸位將士聽著！你們都是朕的宿衛戰士，為什麼要跟李多祚謀反！現在你們如果能陣前起義，殺死謀反者，朕保證對你們既往不咎，並保你們享受榮華富貴！」這些士兵本來也都是烏合之眾，沒有什麼堅定的政治理想，他們跟隨李多祚替李重俊打仗，一是懾於將軍的威風；另外，也是想以後跟著太子混一點榮華富貴。可是現在，無論是太子還是將軍，他們都不如皇帝官大啊，皇帝都許諾他們榮華富貴了，那當然得跟著皇帝走了。所以馬上一大半人都倒戈了。兵敗如山倒，頃刻之間，李多祚等幾個重要將領就人頭落地了。太子李重俊一看事態不妙，趕緊帶著幾個隨從殺出亂軍，向南一路狂奔，跑到了終南山。終南山在唐朝的時候生態還沒有破壞，山高林密，是個打游擊的好地方。太子想在這兒暫時先躲一躲風頭，然後看看能不能重振旗鼓。可是他好不容易才逃離險境，剛剛下得馬來，坐在一棵松樹下面想要喘口氣的時候，他的一個隨從過來，一刀下去，就把他給結果了。這樣一來，整個政變徹底失敗。

那麼，李重俊政變為什麼會失敗呢？直接原因是他在軍事指揮上有兩大失誤。哪兩大失誤呢？第一，他沒有直撲玄武門，進入皇宮，相反，他繞了一個大彎子，先到城南去了，從城南再殺到城北，失去了寶貴先機。第二，他在玄武門樓下沒有實施強攻，而是猶豫不決，反倒被中宗這邊先下手為強，最終一敗塗地。

那他為什麼連犯如此嚴重而愚蠢的錯誤呢？這就涉及李重俊的個人素質和人才儲備情況了。首先，李重俊還年輕，缺乏政治經驗，頭腦也不夠聰明，政變之前缺乏整體規畫，也缺乏應急預案；其次，他沒有一幫得力的謀士。以前神龍政變之所以能夠成功，主要是依靠張柬之等幾個大臣的縝密部署和安排，但是，李重俊沒有這樣的高參。他僅有的幾個太子府官員都是貴族少年、紈褲子弟，除了鬥雞走狗一無所知，根本幫不上他的忙。最後，也是最重要的，是這場政變缺乏後續考慮。固然，李重俊和他的兩個將軍都只想把武三思父子和上官婉兒幹掉。但是他們也應該意識到，一旦興兵宮闕，也就是與皇帝為敵了。因此，雖然他們主觀上可能並不想殺死皇帝，但在客觀上，必須也把皇帝作為政變目標。必要時，殺掉皇帝也在所不惜。可是李重俊他們沒有這種考慮，他們還天真地想和皇帝尋求妥協，這就注定了他們的失敗。這場政變說白了就是一個孩子的簡單大腦指揮武將發達四肢的產物，它僅僅是一場激變，不是蓄謀已久的奪權，所以一遇到問題立刻全線崩潰。

雖然重俊政變失敗了，但是對中宗李顯夫婦的心理打擊還是相當大。危機剛過，中宗抱著韋皇后淚如雨下，說皇后啊，咱們險些就到了陰間呀。一定要嚴懲這些叛亂分子！怎麼嚴懲呢？中宗把太子李重俊的頭拿過來，先到太廟昭告祖宗，然後到武三思父子的靈柩前祭奠冤魂，最後召集全體官員，在朝廷裡公開梟首。這就叫做大義滅親，法不容情！親生兒子都這樣毫不留情地嚴肅處理了，其餘同黨就更不能輕饒了，所有跟這次政變有關的人都必須一網打盡！既然中宗定下了這樣的原則，那司法部門就只能是擴大搜索範圍，寧可錯殺千人，不可使一人漏網。

四、身陷危局：重俊政變，相王李旦、太平公主與李重俊同謀？

這樣一審不要緊，有一個犯人受刑不過，交代說：相王李旦和太平公主也跟李重俊同謀！大家知道，中宗老早就在猜忌太平公主兄妹，聽到這個犯人的供詞，馬上下令給禦史中丞（當於最高法院的常務副院長）蕭至忠，讓他審問太平公主兄妹。這下氣氛可就緊張起來了，因為一旦走司法程式，就難免會屈打成招，情況非常凶險。所以，此時此刻，無論是相王李旦還是太平公主，都遇到了空前的危機。他們會不會免於這場災難呢？

前面提過，相王李旦從武則天時期就小心謹慎，與世無爭，大臣對他都充滿同情；而太平公主得了中宗的諸多賞賜後，樂善好施，許多官員都是她的粉絲，對她充滿了欽敬之情，給這樣兩個人定罪，天理難容啊！禦史中丞蕭至忠本來就是太平公主的粉絲之一。接到中宗的命令，蕭至忠的眼淚都流下來了，他說：「陛下富有四海，怎麼就容不下一個弟弟一個妹妹呢！陛下覺得他們像是謀反的人嗎？請陛下想一想，當年您剛剛從房陵回到洛陽，那時相王可還是皇嗣呀，是他跟則天皇帝苦苦哀求，一定要把太子的位子讓給您。則天皇帝不同意，他就連續幾天絕食，這件事天下人無人不知，無人不曉。他那個時候都不想和您爭皇位，現在怎麼會參與叛亂呢！」緊接著，右補闕吳兢也上書說：「宗室可是陛下的依靠啊。現在陛下骨肉凋零，身邊能夠幫忙的只有一個弟弟了，陛下難道還要把他除掉嗎？自古信任外姓、疏遠骨肉的人可都沒有什麼好下場呀！」唐中宗一看，大臣們反應如此強烈，他心裡也遲疑了。

想來想去，中宗覺得對弟弟妹妹以謀反罪論處難以服人。他們現在已經是安國相王和鎮國太平公主了，功格天地，位極人臣，就算是再參加一場政變也不可能得到更多的好處，何必冒這麼大風險白給姪子打工呢？既然說太平公主兄妹參與叛亂不能讓天下人信服，中宗也就只好繼續表現出友愛的樣子，不再追究了。

看起來，太平公主也好，相王李旦也好，這次又逢凶化吉、遇難呈祥了。但是，這件事對他們的觸動太大了。本來，兄妹倆都已經決定扮演鴕鳥了，不招惹是非，拼命把頭壓低。可是，即使把頭壓得再低，該找上門的事情照樣會找上門。那麼，太平公主還會遇到什麼風浪呢？

請看下回：母女亂政

【第六回】

母女亂政

重俊政變消弭後，韋皇后和唐中宗李顯分別得到了一個尊號，唐中宗被尊為應天神龍皇帝，韋皇后則被尊為順天翊聖皇后，這兩個尊號與當年唐高宗和武則天並稱天皇天后，何其相似。得到了新的尊號，韋皇后馬上高調登場了。那麼韋皇后在政治舞臺上有怎樣的表演呢？

有道是「錦上添花易，雪中送炭難」。正因為有難易的差別，所以大家都喜歡結交能夠在關鍵時刻雪中送炭的朋友，而不太願意要那種只會錦上添花的泛泛之交，因為在一般情況下，共歡樂總比共患難更容易一些。不過歷史上也有相反的情況，有人可以和你一起共患難，但是卻很難一起共歡樂。韋皇后無疑就是這樣的人。當年唐中宗被流放房陵，她一路相伴，夫妻倆相濡以沫，吃盡了苦頭，共同熬過了那段最艱難的歲月。可是等中宗終於苦盡甘來，鹹魚翻身第二次做了皇帝，韋皇后也夫貴妻榮，登上皇后寶座時，她反倒不願意好好跟他過日子了。這是怎麼回事呢？

一、韋后崛起：以武則天為典範，企圖執掌大權

太子李重俊發動政變，卻因為政變前考慮不周，先期準備不足，政變中又連犯錯誤，最後以失敗告終。可是儘管如此，這次政變在一定程度上還是取得了一定成果，那就是把武三思父子給幹掉了。武三思之死，對於太子李重俊來說，自然可以算是局部勝利，但是對於唐中宗李顯來說可就是重大損失了。所以政變平息之後，唐中宗李顯給武三思父子舉行了隆重的葬禮，而且拿李重俊的人頭做祭品來祭奠武三思父子，並追贈武氏父子倆為王，還為他們輟朝五天，就是五天不上班，表現出一副痛失良臣的樣子。唐中宗李顯如此悲痛，那麼，韋皇后對武三思父子的死又有什麼樣的反應呢？有些人覺得，韋皇后一定是更悲痛啦。因為武三思是她的閨中密友，雖然當初是為了工作需要而打交道，有點逢場作戲的性質，但是後來接觸多了，難免日久生情。現在武三思突然命喪黃泉，連句遺言都沒給她留下，韋皇后內心難道不難過嗎？要是這麼想就大錯特錯了。事實上，武三思一朝身死，沒人比韋皇

后更開心了。為什麼呢？因為她終於可以有出頭之日了。這到底是怎麼回事呢？

前面說過，為了打擊功臣勢力，震懾相王李旦和太平公主兄妹，唐中宗李顯先是和韋皇后通力合作，然後又一起拉攏武三思，組成了李、武、韋三家政治聯盟。在這三方聯盟中，李家有名分，武家有實力，那麼韋家又有什麼呢？韋家在名分上不及李家，在實力上不及武家，在三方聯盟中其實是最弱的一方。雖然韋皇后當時也效法武則天垂簾聽政，同時開始拼命提拔自己的娘家人，比如讓自己的兩個堂兄和兩個妹夫都當了三品高官，還嫁了兩個公主到韋家去，一時間鬧得韋家也似烈火烹油，花團錦簇。但是無論怎麼折騰，韋家畢竟人員寡少，根基淺薄，在這個聯盟中還是處於劣勢。

其實要是換個角度想的話，處於劣勢也不打緊，古代不是講夫婦一體嘛，她這一方雖然有點劣勢，可是加上李顯這方比較強勢，夫妻結合起來不還是強勢嗎？可是韋皇后卻並不這麼想。這位韋皇后是個極有政治野心的女人，她不想一輩子僅僅給李顯當賢內助。十幾年的流放生活讓她想明白了一個道理——權力這東西太可貴了，如果沒有權力，甚至連生命都不能保障。另外，這麼多年的共同生活也讓她把中宗李顯這個人給看透了，這傢伙就是個窩囊廢，自己比他強一大截呢，為什麼一定要去輔佐他，當他的賢內助呢？與其輔佐他，做他背後默默無聞的小女人，還不如乾脆自己做皇帝，也嚐嚐當家做主的滋味。所以韋皇后一直想要出頭，並視她的婆婆武則天為偶像。雖然武則天當年曾讓她吃盡了苦頭，害得她父母雙亡、四個弟弟全部夭折，可是一旦自己也當了皇后，處在風口浪尖上高處不勝寒時，韋皇后還是立刻明白了武則天，而且還忍不住把武則天樹為自己的楷模，想當個武則天第二。可是理想歸理想，現實情況卻是，只要有武三思在，似乎就輪不到她出頭，她的理想就只能是空想。現在武三思一死，武家勢力嚴重受挫，三方聯盟的力量對比隨之發生了變化，她終於看到了機會。所以，對於武三思的死，韋皇后雖然表面上故作悲戚，背後卻幸災樂禍。

正是在這種「有意栽花花不發，無心插柳柳成蔭」的微妙局勢下，李重俊政變成了韋皇后勢力崛起的一道分水嶺。在此之前，她還相對比較收斂；而在此之後，她馬上就囂張起來。政變消弭後，韋皇后和唐中宗李顯分別得到了一個尊號，唐中宗被尊為應天神龍皇帝，韋皇后則被尊為順天翊聖皇后，如果仔細回味一下的話，就會發現這兩個尊號與當年唐高宗和武則天並稱天皇天后，何其相似。得到了新的尊號，韋皇后馬上信心百倍，高調登場了。那麼韋皇后在政治舞臺上有怎樣的表演呢？

首要的大事就是積極培植親信。韋皇后心裡很清楚，要想真正掌權，在朝廷裡必須有人支持自己。重俊政變之後，高層出現了一些空缺，韋皇后馬上安排了自己的堂兄韋溫和族人韋安石、韋巨源當宰相。一時間，韋氏一族赫赫揚揚，勢頭堪比武則天當政時期的武氏家族。

可是，光任用娘家人、任人唯親也不行啊。韋皇后自己也明白，如果想懾服眾臣民，還得施展手段，籠絡一些能夠得到公眾認可的大臣。為了達到這個目的，韋皇后可謂用心良苦，費盡心機。當時有一個大臣叫竇懷貞，讀書人出身，早年聲望極高，也算是士林領袖之一。韋皇后看中了他的聲望和影響力，很想把他納入麾下，成為自己的親信。怎樣才能把竇懷貞籠絡過來呢？韋皇后使出了絕招——美人計。景龍二年（七〇八年）的除夕，唐中宗召集一些親信大臣一起守歲。長夜漫漫，難免要喝上幾杯酒。喝到高興之處，中宗李顯就對竇懷貞說：「聽說愛卿的夫人已經去世好久了，愛卿難道不寂寞嗎？身邊也一定缺人打理吧。我已經幫你選好一個新夫人了，今天就是良辰吉日，新夫人已經在裡面準備好了，現在我就來給你們主持婚禮！」話音未落，就見殿中重簾一掀，兩隊宦官舉著燭臺、錦帳、宮扇等一應器具，列隊走了出來。宮扇的後面站著一個新嫁娘。這新嫁娘身穿鳳冠霞帔、大紅禮服，臉雖然被宮扇擋住了，但是仍能夠看見滿頭的金釵。見此情狀，竇懷貞簡直幸福得快暈過去了，皇帝親自給選的媳婦，那肯定是百裡挑一的大美人啊，想不到自己一大把年紀還有這般豔遇。這時候宦官把新嫁娘帶到竇懷貞面前，隨後就都閃到一旁，只剩下一對宮扇和新嫁娘了。竇懷貞也在這兒準備好了，看到扇子徐徐張開，趕緊滿臉堆笑地湊上前去。可是只看了一眼，他臉上的笑容馬上就凝固了，差點沒背過氣去。怎麼回事呢？原來，扇子後面不是什麼溫柔俏佳人，而是一個十足的老太太，臉上的皺紋比他本人還多呢。看到竇懷貞臉色陰晴不定，傻傻地愣在那裡，中宗發話了：「竇愛卿啊，這位夫人是翊聖皇后的老乳母，是皇后提議把她許配給你的！」竇懷貞一聽對方來頭這麼大，臉上的笑容立刻又重新綻放了，心裡盤算著：「這老太太雖說老點兒、醜點兒，但是後臺硬啊。有她從中斡旋，我就能和皇后拉近關係。這樣一來，以後在朝廷裡不也就坐穩位置了嗎？背靠大樹好乘涼，難得皇后擡舉，豈有不從之理！」竇懷貞馬上又歡天喜地了，當即拉著這個老新娘一拜天地，二拜中宗、韋皇后，然後夫妻對拜，結成了一對老鴛鴦。

就這樣，韋皇后通過這麼一個老美人計，就把竇懷貞給籠絡了。按唐朝人的習慣，管奶媽的丈夫叫「阿奢」*，從此以後，竇懷貞每次寫奏疏都落款「翊聖皇后阿奢」。當時有些正人君子很看不上他這種做派，就諷刺他，管他叫「國奢」。竇懷貞不僅不慚愧，反倒是欣然接受，得意非凡。就這樣，韋皇后通過種種努力，不光得到了自家人以及原來親信的支持，甚至連本來依附武三思的那幫人也都陸續聚攏到她的麾下。比如說，當時有一個叫宗楚客的宰相，此人本來是武三思的表弟，這時候也轉

*阿奢：讀音ㄓㄜ，即阿爹、阿爸之意。

變成了韋皇后的心腹。經過這麼一番拉攏，韋皇后在朝廷裡的勢力逐漸壯大了起來。

雖然在朝廷裡安插了不少人，也拉攏了一些支持者，但韋皇后還不滿足。她從武則天的所作所為中懂得了，後宮也是一條重要戰線，在後宮裡她也得有人才行。那麼，當時後宮裡都有什麼人才值得她籠絡呢？她思來想去，覺得上官婉兒就是頭號人才。婉兒聰明能幹，在武則天手下辦事多年，頭腦機警，行政經驗豐富，而且在朝廷裡也有廣泛的人脈。自從中宗李顯上臺之後，婉兒就開始給中宗做祕書，負責替中宗起草詔書，所以當時有內宰相的稱號。韋皇后覺得，自己以後肯定用得著她，因此也得把她拉攏過來。

怎麼籠絡她呢？當時婉兒已經是二品昭容了，從職位提拔的角度考慮，上升空間不大。既然政治管道不好走，那就從生活上多多關心她吧。韋皇后對上官婉兒的一些生活祕事早有耳聞，知道她生性多情浪漫，在朝臣之中頗有一些密友，只是因為住在宮中，不方便和這些情人約會。於是，韋皇后就向中宗建議，乾脆讓婉兒住到宮外去吧。她雖然名義上是你的昭容，是你的姬妾，可是實際上咱們都清楚，你跟她的關係也就是工作關係。既然如此，就算給她一點兒私生活空間也沒什麼不好呀。中宗一想，也是啊，我何必白佔著這麼一個人呢？於是就下旨，在宮外獎給上官昭容一套豪宅！就這樣，上官婉兒以昭容的身分公然搬到了宮外居住，雖然名義上是唐中宗的姬妾，而且還是二品的妾，可實際上倒像是朝九晚五的上班族，每天下班就回家了。這不僅在唐朝歷史上是獨一份，在整個中國歷史上那也是獨此一家，別無分號。

成功地解決了上官婉兒生活上的一個大問題，從而籠絡了上官婉兒後，韋皇后覺得還不夠。國家的文治武功兩手都要硬，後宮也不例外呀。文的已經有婉兒了，武的也得提拔。宮裡女人中能有什麼武將可提拔呢？但是在刻意搜尋之下，韋皇后還真找到一個另類。當時有一個五品的女官，姓賀婁，從姓氏上就知道這是一位少數民族女性，長得高大威猛，有中性之美。韋皇后很欣賞她，封她為內將軍，也就是自己貼身衛隊的隊長。當然了，既然是公職人員，又有婉兒的先例，這位賀婁警衛長也得到了特別的恩賞，在宮外分到了一套住宅，也成了上班族。就這樣通過類似手段，韋皇后在宮裡頭也是沒少安插人手。

經過對後宮和朝廷裡裡外外的一番安排，韋皇后覺得自己手下已經是人才濟濟了，而且她的所作所為也讓人很容易聯想到當年武則天為了提升自己地位所採取的種種措施。可是，處處以武則天為榜樣、反覆琢磨武則天經驗的韋皇后還不滿足。她心裡清楚，要想使自己的勢力進一步上升，光有人支持還不夠，還得要有更進一步的動作。也就是說，要樹立自己的權威，還得顯示自己得到了上天的支持。

因此，韋皇后做的第二件事就是製造祥瑞，非要讓上天也表達那麼一點意思才行。太子重俊政變剛平息，天上的各路神仙就開始一撥一撥地圍著韋皇后打轉了，祥瑞也是層出不窮。舉一個例子，政變後的第二年（七〇八年）二月，宮裡的一個女官例行公事，給韋皇后整理衣箱。剛打開衣箱，她就驚叫起來：「大家快來看，皇后的衣服上升起了一朵五彩祥雲！」她這麼一叫喚，宮女們呼啦一下子都圍了上來，都想一睹祥雲的風采。可是大家四下裡看了半天，找來找去，誰也沒看見祥雲在哪裡。其他的人心裡嘀咕，覺得是不是這位老姐早晨沒吃飯低血糖犯了，把滿眼冒出的金星給看成祥雲了？不過大家雖然這樣想，可是茲事體大，亂說是要掉腦袋的呀。於是，一出齣唐朝版的《國王的新衣》穿越時空，在大唐帝國的宮廷中熱熱鬧鬧地上演了。大夥兒都隨聲附和，讚不絕口，這個說確實是五彩祥雲，那個煞有介事地反駁說她看到的是赤橙黃綠青藍紫，變成七彩祥雲了。群雌粥粥*，一片沸騰。不到半小時，這個好消息就彙報到皇帝那裡了。中宗一聽，也是欣喜異常，馬上命令畫工根據宮女的口述，繪了一幅祥雲圖，把皇后衣服上騰起的五彩祥雲益發描繪得花團錦簇，吉祥得無以復加。中宗先是在朝廷裡讓大臣們傳看這幅祥雲圖，然後又頒布各州，昭告百姓。一時間天下百姓都知道宮中的皇后身上出了祥瑞。

沒過多久，又有一個祥瑞出現了。有一個叫迦葉志忠的知太史事給皇帝進言了。他說：「臣每天在上朝、退朝時，在路上總能聽到長安城的小孩子們在唱一首歌謠。歌謠的頭兩句是：『桑條韋也，女時韋也。』臣覺得這個歌謠大有深意。『韋』就皇后的姓啊，『桑條』不就是在歌頌皇后母儀天下，親自養蠶、採桑，教導天下婦女嗎？所以這是皇后得到上天認可的標誌啊，就好比當年太宗皇帝還沒有當上皇帝的時候，天下就爭相傳唱《秦王破陣樂》**；則天皇后還在後宮，天下就傳唱《嫵媚娘》。所以臣編了十二首《桑韋歌》，以後可以在皇后親蠶的時候演奏。」中宗一聽，覺得這建議相當不錯，馬上就同意了。

就這樣，韋皇后運用種種手段，不僅在朝廷和宮裡都安插了人手，有了依傍，而且上天也屢降祥瑞表示垂青。這時候，韋皇后覺得自己可以在天下民眾面前好好地秀一把了，讓人們看看，她在這個國家裡究竟處於什麼樣的位置。韋皇后預備怎麼秀呢？她決定親自參與主持一項國家大典，這也就是韋皇后要做的第三件事。

大家知道，中國古代最隆重的典禮就是封禪了。所謂封禪，是古代帝王為祭拜天地而舉行的活動，一般是在泰山舉行。所謂「封」，就是天子登上泰山築壇祭天，而「禪」則是在泰山下的小丘祭地，向天地宣告人間太平。在活動過程中，皇帝是初獻，就是第一個把祭品捧上去的人。而公卿代表是亞獻，第二個擺上祭品。但在當年唐高宗和武則天封禪泰山時，唐高宗初獻之後，擔任亞獻的，不再是公卿代表，而是皇后武則天！這件事讓她大大出了風頭，政治地位也進一步提高。如此既能在當時風光無限又能名垂青史的事情，怎麼能不令人極度嚮往呢？

韋皇后想到這裡，羨慕得眼睛都紅了，她也想效仿偶像武則天。可是在古代的各種典禮中，因為封禪的規格最高，所以它不能每年都進行，必須是在國泰民安、皇帝廣受推尊的條件下才能舉行。而此時以中宗的文治武功來說，根本就不具備封禪的資格，怎麼辦呢？所幸中國古代國家級的禮儀活動比較多，封禪既不可行，還可以退而求其次。於是，在韋皇后的攛掇之下，景龍三年（七〇九年）三月，中宗昭告天下，決定到長安城的南郊舉行祭祀天地的大典。

南郊祭天也是最高規格的國家典禮之一，所以事先要求官員們商定行禮的程式。到了這個關鍵時候，韋皇后在朝廷中積極拉攏的支持者就派上用場了，正所謂養兵千日，用兵一時嘛。幫忙的人還真不少，比如有個叫祝欽明的文人就積極獻計，給皇帝上了一個奏表說：「臣在翻閱古書時發現，在遠

---

* 群雌粥粥：一群雌鳥齊聲合鳴。比喻婦女齊聚，聲音嘈雜。

**《秦王破陣樂》：《破陣樂》原是隋末唐初流行的一種軍歌曲目。西元六二〇年，秦王李世民擊敗叛軍，穩定初唐的江山，其部下為了宣揚秦王戰績，從《破陣樂》的樂曲填入新詞「受律辭元首，相將討叛臣。鹹歌《破陣樂》，共賞太平人。」「四海皇風被，千年德水清；戎衣更不著，今日告功成。」「主聖開昌歷，臣忠奉大猷；君看偃革後，便是太平秋。」後來再輔以舞蹈，成為集歌、舞、樂一體的《秦王破陣樂》，當時大為流行，甚至流傳至國外。

古每逢大的祭祀，都有皇后參與獻祭。所以這次南郊祭天，韋皇后也應當參加，並助祭天地。」奏表一上，馬上有人跳出來反駁說：「虧你祝欽明還是個讀書人，你還認不認得字，還懂不懂得古人說的話啊？古代皇后可以參加祭祀，但參與的是祭祀祖宗的活動，從來沒有聽說過有皇后祭天的。」兩派各持己見，相持不下。最後怎麼辦呢？中宗發話了，還是請宰相裁決吧。當時的宰相韋巨源就是韋皇后的同族，他當然同意祝欽明的提議。所以這個儀式規程就這麼定下來了。這樣一來，繼武則天在封禪大典上充當亞獻之後，唐朝歷史上又出現了一次奇事——韋皇后在南郊祭天的時候也充當亞獻了！

亞獻就得有隨從捧上祭品啊，而按照原來一般的程式，如果是皇帝祭天的話，有專職的齋郎替皇帝捧著祭品。齋郎都是由大臣家的年輕子弟充當，在替皇帝捧著祭品舉行完祭祀儀式之後，會得到加官晉爵的殊榮。而現在既然皇后充當亞獻，再由齋郎捧著祭品的話，就不合男女有別的禮制了。這可如何是好？韋皇后倒也機靈，她說：「既然可以有齋郎，為什麼不能有齋娘呢？」從宰相們的千金裡選這麼十幾個姑娘，讓她們擔任齋娘不就行了嗎？這麼一來，十幾個精心挑選出來的相府千金就組成了一支齋娘隊伍，幫著韋皇后捧著祭品，把這個禮儀大典映襯得煞是好看。按照慣例，齋郎在禮成之後都能加官晉爵，那齋娘怎麼辦呢？韋皇后又發話了，誰說女子不如男，齋郎可以當官，齋娘為什麼不行？齋娘也照樣能封官！但是，因為限於內外有別的制度，這官不能封給她們本人，而是轉封給她們的丈夫。從來都是夫貴妻榮，妻子跟著丈夫沾光，如今韋皇后反易陰陽，整出了妻貴夫榮，讓丈夫跟著妻子沾光！

二、安樂弄權：重新點燃登上皇太女寶座的夢想

到這個時候，大家都看出來了，韋皇后的種種行為，簡直就是當年武則天的翻版。她一方面籠絡人心，培植親信；另一方面則是炮製祥瑞，制造輿論；同時還參與國家大典，提高威望。這些舉措的實施，使韋皇后的勢力節節攀升。面對韋皇后所表現出來的效法武則天的野心，當時處於權力核心的其他人是怎麼想的呢？有一個人最高興了，這個人是誰？就是安樂公主。

安樂公主當初因為爭當皇太女，激發了李重俊政變。在那次政變中，別人倒都還好，只有安樂公主損失最為慘重，她的丈夫和公公都被殺了，這對她的勢力可是個巨大的打擊呀。另外，政變後發生的事情也沒讓她痛快。她本來想提高丈夫墳墓的規格，讓中宗把他的墓提升為陵，中宗也同意了。沒想到半路殺出個程咬金，有一個諫官堅決反對，說只有皇帝的墳墓才能叫陵，如果建駙馬陵，那就是君臣不辨，上下無別。經這麼一折騰，事情又給攪黃*了。這讓安樂公主心裡很是不痛快。

正當安樂公主鬱悶之際，韋皇后開始大張旗鼓地發展勢力，安樂公主一下子又興奮起來了。為什麼呢？她看到了自己的希望。如果韋皇后真的能當皇帝，安樂公主當皇太女的可能性就大大增加了。為什麼這麼說呢？如果中宗當皇帝，根據中國古代的政治傳統和文化傳統，必定會選擇兒子當自己的接班人，那麼女兒安樂公主無論怎樣得寵，都很難突破這樣一個傳統。但是如果韋皇后當皇帝的話，那就完全不一樣了。這主要是因為，當時韋皇后已經沒有親生兒子在世了，她唯一的兒子在武則天時

---

* 攪黃：大陸用語，意為打亂、搞砸。

期被逼死了。雖然名義上她和中宗還有兩個兒子活著，但都是中宗的姬妾所生，跟她沒有血緣關係。可能有人會想，沒有親生兒子還可以考慮姪子呀，武則天當年不就在兒子和姪子之間反覆權衡與徘徊嗎？可要命的是，苦命的韋皇后連一個親姪子都沒有。當年唐中宗被廢，韋皇后全家也受到連累，她的四個弟弟都在嶺南被少數民族殺了，沒有留下後代。因此，韋皇后既沒有親兒子，也沒有親姪子。子姪俱無，誰是她最親的親人呢？恐怕就得考慮女兒了吧。雖然韋皇后有兩個女兒——安樂公主和長寧公主，可是安樂公主更得寵啊。所以安樂公主覺得，自己就是母親最親的親人，一旦母親當上了皇帝，這接班人皇太女就非她莫屬。有了這樣的精神動力，安樂公主又高高興興地投入到火熱的生活中去了。

最直接的表現就是她又結婚了。這次的駙馬名叫武延秀，是安樂公主的前夫武崇訓的堂弟。小夥子長得玉樹臨風，一表人才。當年在安樂公主的婚宴上第一次見面，安樂公主就看上他了。可惜武延秀的父親不是武三思，否則沒准當即就會換他當駙馬。夫妻雖然沒做成，做叔嫂也不錯呀。從此，武延秀就經常到嫂子安樂公主那裡做客。一來一往時間長了，安樂公主就發現，這個小叔優點太多了，不僅長得漂亮，而且還很內秀，多才多藝：能說會道，還會跳突厥土風舞。武延秀一個中原的小夥子，怎麼有機會學到突厥的舞蹈呢？這其實還要拜武則天所賜。當年武則天為了跟突厥搞好關係，曾經派武延秀到突厥和親，讓武延秀娶一個突厥公主。沒想到武延秀到了突厥後，突厥人卻看不上他，藉口武家門戶低，配不上他們公主，一定要退貨。這下武則天可太傷自尊了，這不是蔑視我們泱泱大國嗎？一氣之下，興兵和突厥人打了起來。這一打仗不要緊，武延秀的命運一下子來了個大轉折，從準駙馬變成了階下囚，被突厥人關了好幾年，沒少吃苦。不過，當年這番悲慘經歷也讓他有所收穫，至少還學會了突厥舞，現在正好用來奉承喜歡新鮮玩意兒的嫂子。所以說，這兩個人其實早在武崇訓活著的時候就已經暗度陳倉了，現在既然武崇訓死了，武延秀就順理成章地由替補隊員轉為正式的了。

安樂公主本來就深得韋皇后寵愛，再加上如今政治前途又無比光明，所以這次婚禮辦得相當風光。怎麼個風光法呢？引導整個婚禮隊伍的不是一般人，那是皇帝自己的禁軍，被皇帝派來給安樂公主的婚禮擔任護衛。禁軍後面是皇后的儀仗隊，現在也暫時借給安樂公主了。再後面是公主的豪華婚車，這車可是專門給皇后參加大的禮典活動配備的，現在都歸了安樂公主，並由親叔叔相王李旦在前面親自引導。整個婚禮過程用一個詞形容，那就是僭越。婚禮過後，中宗還特別大赦天下，以示普天同慶。

這還不夠，婚禮結束的第二天，中宗又在內殿兩儀殿大宴全體文武大臣。大臣們剛剛排班坐好，安樂公主出來了，先拜皇帝皇后，然後回過身來，說要拜見群臣，慌得大家趕緊離席，都趴在地上給安樂公主磕頭，連說臣可不敢當。一看場面如此熱烈火爆，太平公主也坐不住了，趕緊表態助興。她來到武官席上，拉起自己的丈夫武攸暨，當場跳了一曲雙人舞，向中宗夫婦賀喜，也為安樂公主夫婦祝福。總之，這場婚禮不僅禮儀規格超標，而且簡直就像示威一樣，讓叔叔相王和姑姑太平公主都不得不低下了頭，文武大臣就更是不在話下。

眼看愛女出盡了風頭，韋皇后也非常高興。母女之間在政治上相當默契，儼然就是一個政治聯盟。回顧一下韋皇后這些所作所為，乍看起來都是當年武則天的翻版。安樂公主的作為，也可以小小地比附一下當年武則天的姪子武承嗣。但是，當年武則天用炮製祥瑞、拉攏百官等方法以求得自身名望與權威的上升，可以說是第一個誇姑娘的臉長得像蘋果的人，那叫天才；而韋皇后也通過類似的手段「東施效顰」，就成了第二個誇姑娘的臉長得像蘋果的人，是蠢材了。

為什麼這麼說呢？因為武則天整整用了三十年的積累，臥薪嚐膽，才達到可以改換天命的程度，而韋皇后從當上皇后開始到最後以失敗告終，她的積累滿打滿算也只有不超過五年的時間。她太急於求成了，所以即使模仿得再像，效果肯定沒有武則天好。另外，武則天之所以取得那麼崇高的威望，主體上還是來源於她個人多年的成就；而韋皇后的威望以及勢力的節節攀升，其真正來源卻是丈夫唐中宗對她的縱容。可以說，正是中宗這個讓她瞧不起的窩囊廢，像一棵大樹一樣撐起了她的天空。可是，她殫精竭慮所要做的，恰恰是要挖這棵大樹的牆腳，把這棵大樹撂到，取代中宗的統治。那麼在這種情形下，中宗還會繼續縱容庇護她嗎？

請看下回：中宗之死

【第七回】

中宗之死

唐中宗是個糊塗人，修身、齊家、治國都不大懂行，但是，他愛家人、對大臣不苛刻，也沒有官逼民反，應可當一個平庸的皇帝，花天酒地，了此一生。但是，景龍四年六月，唐中宗卻突然一命嗚呼，死前沒有任何徵兆。這是怎麼回事呢？雖然所有的史書都眾口一詞地說，中宗是被妻子和女兒毒死的，但事情真的是這樣嗎？

中國古代一直講男尊女卑，夫為妻綱。但是在實際生活中，怕老婆的傳統也是源遠流長。唐太宗時的宰相房玄齡就是有名的怕老婆，還衍生出「吃醋」這個盡人皆知的典故。山東地區甚至還總結出來一個說法，叫做「怕婆子，有飯吃」。就是說一個男人如果怕老婆，可能日子會過得更加安穩。唐中宗李顯也是一個怕老婆的人，他也確實有飯吃，吃上了皇帝這碗飯。但是，景龍四年（七一〇年）六月的一天，就在他吃完老婆韋皇后派人送來的餅之後，卻離奇地死亡了。而且根據史書的記載，他是中毒而死。唐中宗之死可是唐朝歷史上一樁著名的公案，他真的是被自己的結髮妻子毒死的嗎？要想知道這件公案的來龍去脈，我們先要看看唐中宗到底是一個什麼樣的人。

一、新好男人：愛之深，懼之切，宮裡宮外盛傳唐中宗怕老婆

唐中宗是個什麼樣的人呢？

唐中宗首先是個賢夫良父。他的賢良還是從流放開始的。那是在六八四年二月，剛做了三十六天皇帝的中宗李顯被母親武則天廢黜，流放到房陵。此後，政壇一有風吹草動，母親就派人來「慰問」他，而李顯一聽說母親又派人來，就不由得心驚膽寒，想要自殺。幸虧妻子韋氏一次次地鼓勵他，才讓他有了活下去的勇氣。而流放途中生下來的小女兒安樂公主，從小聰明伶俐，也給他帶來了無窮的快樂與希望。正因為在患難中，李顯曾經深深體會到太太和女兒帶來的溫暖，所以復位之後，他對太太和女兒都是出名的好。也許愛之深，才會懼之切吧，反正當時宮裡宮外都知道唐中宗怕老婆。

有一天中宗在宮裡舉行宴會，叫了好多藝人來助興。有個藝人自告奮勇上來說，我想唱個曲子，

曲名叫《回波辭》，詞是新編的，有點得罪皇帝，不知道皇上聽了會不會不高興。唐中宗鼓勵他唱。這個藝人便唱道：「回波爾時栲栳，怕婦也是大好。外邊只有裴談，內裡無過李老。」這是什麼意思呢？《回波辭》是樂府的一個曲名，有固定的格式。第一句中的「回波爾時」是開頭固定的一句套話，「栲栳」是一種竹筐，在這裡沒有意義，就是確定一個韻腳。第二句就有意義了，說怕老婆也是一件大好事。接著第三句就舉了一個怕老婆的典型例子，說宮外怕老婆最有名的人是裴談，第四句說宮裡也有一個典型，那就是李老，唐中宗李顯。

裴談和李顯為什麼能得到「李唐王朝最怕老婆的人」這樣的榮譽稱號呢？咱們看看裴談的先進事蹟就知道了。裴談當時是御史大夫，三品高官，在外面也是威風凜凜，吆五喝六的。可是到了家裡，對夫人總是俯首帖耳，唯唯諾諾。好多人都覺得費解，就問他，你怎麼這麼怕老婆啊？他便說了一段非常經典的名言。他說：「妻有可畏者三：少妙之時，視之如生菩薩。安有人不畏生菩薩？及男女滿前，視之如九子魔母，安有人不畏九子母耶？及五十六十，薄施妝粉或黑，視之如鳩盤茶，安有人不畏鳩盤茶？」什麼意思呢？他說，我怕老婆那可是一以貫之，從來都怕。我老婆讓我害怕有三個原因：當她是妙齡少婦時，看起來就像菩薩般模樣，哪有人不怕菩薩的呢？等到她為我生兒育女、兒女繞膝之後，她就像九子魔母，哪有人不怕魔母的呢？等到她年老色衰，臉上施了脂粉，黑白不勻的，活像一個鬼，哪有人不怕鬼的呢？「鳩盤茶」是梵語，意思是啖人精氣的鬼。

藝人唱完這首曲子，惹得大家哈哈大笑。那藝人便笑嘻嘻地看著唐中宗夫婦。唐中宗在一旁也只能嘿嘿乾笑，不敢有別的表示。看看中宗尷尬的模樣，韋皇后發話了，她說：「唱得有趣，賞！」馬上賞給藝人好多絲綢。李顯也無可奈何。這樣看來，把李顯和裴談相提並論，真是一點兒都沒冤枉他。

既然怕老婆，那在工作和生活方面就得服從太太需要了。工作方面，他不僅讓韋皇后公開參政，而且還幫助她大張旗鼓地發展勢力，讓她和自己處於並尊的地位；在生活上，就更有水準了，他居然容忍韋皇后包養情人！有人要懷疑：你說的情人是不是武三思呀？武三思跟她的關係不是工作關係嗎？這沒有錯，問題是在武三思死後，韋皇后真的有情人了。她的情人在史書上留下名字的有兩個，一個叫楊均，一個叫馬秦客。這兩個人各有優勢。楊均特別擅長烹調，想來韋皇后比較喜歡美食，所以愛屋及烏，也喜歡能做美食的；美食吃太多了難免會得消化系統方面的疾病，正好馬秦客是個醫生，可以負責調理保健。那麼，韋皇后有這麼好的老公，為什麼一定要包養情人呢？而且好像品位也不怎麼高，一個是廚師頭兒，一個是醫生。想來在韋皇后的心目中，婆婆武則天就是榜樣，只要是婆婆曾經做過的，她也要一樣不漏地模仿一遍。武則天包養情人，韋皇后也要包養情人。只不過武則天是在唐高宗死了以後才開始包養男寵的，而她迫不及待，把什麼事都提前做了。唐中宗不是怕老婆嗎？風聲傳出來，他也唯有聽之任之，雖然綠帽子戴了一頂又一頂，他卻表現出大海一樣寬廣的胸懷。

對夫人如此，對女兒安樂公主，中宗就更嬌縱了。安樂公主想要辦什麼事，都是自己直接擬好了詔書，讓中宗簽字。政治上的大事都可以這樣決定，生活上的瑣事就更不在話下了。安樂公主不是漂亮嗎？人靠衣裳馬靠鞍，美人還得靠靚裝。安樂公主最著名的衣服叫做「百鳥羽毛裙」。這可是在中國服裝史上占據一席之地的漂亮裙子。一共做了兩條，都是用各種鳥的羽毛織成的，五彩斑斕，材料稀罕就不用說了，做工更是考究得出奇。裙子織出來後，從正面看是一個顏色，從旁邊看又是一個顏色；放在太陽底下看是一個顏色，放在陰影裡看又是一個顏色。一條裙子可以當四條穿。而且再仔細看，裙子上織的是花、鳥、獸的圖形，每一隻鳥獸只有小米粒那麼大，難得的是微縮之後還能栩栩如生。把整個成本算下來，每條裙子就值一億錢，比打一條金裙子還貴。當時為了給安樂公主織這條裙子，唐中宗動用國家力量到嶺南去採集熱帶鳥的羽毛，經過一番圍剿，好多珍稀鳥類都不見了蹤跡，簡直就是一場生態災難。

愛屋及烏，中宗對安樂公主的寵愛也延續到了外孫子身上。安樂公主跟武崇訓生的兒子才四、五歲，就官拜太常卿，爵封鎬國公，實封五百戶。武崇訓被李重俊兵變殺死後，安樂公主再嫁武延秀，他們的孩子滿月那天，中宗和韋皇后又親自到她的宅第祝賀，並且在安樂公主的府邸頒布大赦令，大赦天下，讓全國人民都沾染一下公主降誕麟兒所帶來的喜悅之情。

翻遍史書，唐中宗只在兩件事上沒答應安樂公主的要求，一件是「皇太女」事件，另一件則可以叫做「昆明池事件」。安樂公主不是請求中宗立她當皇太女嗎？中宗雖然覺得為難，但還是答應和大臣商議。第二天，中宗就找到宰相魏元忠，把事情跟他說了一遍。魏元忠在武則天時期就以耿直出名，一聽這事就火了。說陛下您怎麼這麼糊塗呢？且不說自古從來沒有「皇太女」這個職銜，就算您打定主意自我作古，獨創這麼一個位置，也要考慮一下後果啊！您若立安樂公主當皇太女，那讓駙馬當什麼呀！中宗一想也對呀，畢竟當時還是父系男權社會，講夫為妻綱的，要是讓安樂當皇太女，以後這天下不又成了武家的！沒辦法，只好轉回來跟安樂公主講：「不是我不願意讓妳當皇太女，是宰相魏元忠那裡通不過。」這可把安樂公主氣壞了。她破口大罵：「魏元忠這個山東老木頭疙瘩懂什麼！連阿武子（武則天）那樣的人都能當皇帝，我是皇帝的女兒，為什麼就不能當皇帝！」真是不知天高地厚，要多傲慢有多傲慢。

那麼「昆明池事件」又是怎麼回事呢？當時安樂公主和她的同胞姊姊，也是韋皇后的親生女兒長寧公主比富，比誰的家更豪華。兩個人競相燒錢圈地，把房子都建得像宮殿一樣。但是這樣鬥來鬥去很難分出勝負，怎麼辦呢？安樂公主就想出奇制勝。她請求唐中宗李顯把屬於皇家的昆明池給她。這昆明池在長安城可是歷史久遠，池子本為漢武帝所開鑿。當年漢武帝好大喜功，想征伐少數族政權昆明國，因為昆明國內有滇池，方圓三百里，極為險要。所以武帝特地在長安開鑿了這個昆明池，讓士兵適應水戰。昆明池經過歷代帝王的經營維護，在唐朝也是著名的風景名勝區，長安城裡找不出第二片，如果能成為她的後花園，長寧公主可就沒法比啦！可是，這昆明池在唐朝的地位太重要了，相當於清朝的北海，是祖業，而且昆明池旁邊還有好多老百姓靠捕魚撈蝦為生，這麼多人，往哪兒搬遷啊！綜合考慮一下，李顯沒敢答應。這下安樂公主可生氣了。怎麼辦呢？她決定化憤怒為力量，充分發揚人定勝天的精神，挖一個比昆明池還大的人工湖！說幹就幹，安樂公主馬上在長安採點，看中了一塊地皮之後，強行趕走了當地的老百姓，當真挖出一個廣袤數十里的人工湖，確實比昆明池還大。這個人工湖就取名「定昆池」，明擺著跟老爸示威。在定昆池裡，安樂公主還仿照西嶽華山造了一座假山，說是假山，個頭比真山也小不了多少，上邊棧道縈迴，下面碧水曲折，儼然人間仙境。為了讓工程保質保量，廷三品大員司農卿趙履溫脫下朝服，挽起袖子，把韁繩套在自己的脖子上，親自給安樂公主拉車。這都不是斯文掃地的問題了，簡直就是拿人當驢使。看到愛女這麼折騰，中宗也照樣不氣不惱。不僅如此，還帶領著文武大臣給安樂公主助興，與眾人在池上泛舟。可見他對安樂公主不是一般地縱容。

能這樣忍辱負重哄妻子和女兒開心，中宗李顯絕對是個賢夫良父，跟時下流行的新好男人比也毫不遜色吧。

二、享樂皇帝：熱中團體運動馬毬、拔河，愛逛虛擬市場

李顯不僅對家人好，對自己也不差。早些年，他顛沛流離，吃的苦頭比較多，所以當了皇帝之後，想著再也不能吃苦了，一定要善待一下自己。怎麼善待自己呢？他特別愛玩兒。玩兒什麼呢？他最熱中的運動就是打毬。這個「毬」有點兒像現代的足球，但是既可以打，又可以踢，還可以騎在馬上拿毬桿打。在這幾種形式裡，中宗最喜歡的是打馬毬。俗話說上行下效，中宗既然熱中此道，那麼，整個上流社會都以打毬為最高時尚。唐中宗李顯的兩個女婿，也就是長寧公主和安樂公主的丈夫，為了討好老丈人，都拼命地苦練毬藝，就跟《水滸傳》的高俅*一樣，沒事就一門心思地玩毬。為了練好毬，他們還建了一個高級毬場。這毬場怎麼一個高級法？一般的土場子打起毬來容易塵土飛揚，環保效果不好。那時候又不興鋪草皮，也沒有現在這種塑膠製品，怎麼辦呢？這兩個女婿一合計，在上面灑油，用食用油整個把賽毬場給鋪了一遍。這樣，無論是人跑還是馬奔，跑得再激烈，也

*高俅：《水滸傳》裡的角色之一，據說他原本是蘇軾的書僮，但因為蘇軾不停地被貶官，最好只好遣散家僕，高俅即是其一。流離失所的高俅後來之所以能夠再次發跡，是因為他擅長踢蹴踘（類似今日的足球），與當時還是端王的宋徽宗成為同好。宋徽宗繼位後，高俅也被提拔為太尉。

不會飛起一個土星來。

就這樣，馬毬在當時成為一項風靡一時的娛樂活動。不僅大唐的貴族打，連邊塞的吐蕃人也打，而且水準相當不錯。景龍三年，唐朝和吐蕃結束了長期的軍事摩擦之後，再次建立友好聯繫。為了把和平局面鞏固下來，中宗派養女金城公主和親。吐蕃使者到長安來迎親，提出打一場友誼賽。按照當時的運動規則，每隊派出十個運動員參賽。吐蕃使者和唐中宗都坐在看臺上觀看。本來唐朝主場作戰，應該穩操勝券，可是也不知是太過輕敵，還是吐蕃真的實力太強，反正唐朝一方屢戰屢敗，連輸了好幾局。這下唐中宗可太沒面子了。怎麼辦呢？他使出殺手鐧來了，說我們換人。剛才那是業餘隊，水準不行，這次我們換上國家隊，再跟你們打。可是我們的國家隊實力太強了，為了體現公平，這次不是十個對十個，而是四個對十個，我們只出四個運動員和你們打。吐蕃球隊一聽，剛才你們十個都上還打不過，現在四個就想跟我們較量？真是癡人說夢！沒問題，打！過了一會兒，四個運動員神采奕奕地閃亮出場了，只見他們在馬上左衝右突，把毬打得上下翻飛，吐蕃運動員只有招架之功，再無還手之力。最後唐朝大獲全勝，打出了國威。那麼這四個王牌運動員是誰呢？其中兩個就是剛才提到過的中宗的兩個女婿，安樂公主的夫婿武延秀和長寧公主的夫婿楊慎交。還有一個更是大名鼎鼎，他就是李隆基，後來開創了開元盛世的皇帝——唐玄宗。

唐中宗李顯不僅喜歡打馬毬這樣比較有技術含量的運動，他還喜歡拔河這樣的群眾性運動。他為了建設和諧朝廷，組織了一個大臣拔河隊，讓他們比賽。好多大臣都是七八十歲的老頭子了，走路尚且不大穩當，更別提拔河了。每次拔贏了就往後倒，拔輸了就往前趴，一倒下就好久都起不來，滿地亂爬，像烏龜一樣。唐中宗和韋皇后、安樂公主看了不由得哈哈大笑。

此外，唐中宗可能由於長期關押，清冷的時間太長了吧，回到長安這樣繁華的大都市後，他特別喜歡湊熱鬧，喜歡去熙來攘往的地方。長安城最熱鬧的地方當然是市場了，唐中宗就喜歡到市場看人家做生意。可是當時人認為商人是賤民，皇帝不能老往市場跑，有失身分。怎麼辦呢？他就在宮裡搞模擬市場。讓宮女扮成擺攤賣貨的，公卿扮成搞批發的小商販，到宮女這邊來買東西。雙方討價還價，有的吵架，有的罵人，還有小偷小摸的，唐中宗和韋皇后看得津津有味，不亦樂乎。這還都是平時的娛樂。到了節日，那就更熱鬧了。景龍二年的元宵節，中宗和韋皇后微服私訪，到城裡去看燈。可是光他們倆兒多沒意思呀？中宗把幾千個宮女也都帶上了。浩浩蕩蕩，好不威風。結果到了市場裡，人流湧動，摩肩接踵，哪還分得清誰是誰呀？好多耐不住深宮寂寞的宮女就趁這個機會逃跑了。等唐中宗熱鬧夠了回到宮裡清點一下人數，宮女只剩下一半了。長安城的好多單身漢都在這一天娶到了從天而降的漂亮老婆。

李顯雖然是個快活人，又常常在不經意間與民同樂，但是當時人們還是不大喜歡他，因為他太缺乏治國才華，是個糊塗天子。

三、糊塗天子：「和事天子」把整個政府搞得烏煙瘴氣

李顯究竟是怎麼個糊塗法呢？首先就是選官太濫了。按照唐朝的制度，官額是固定的。因此只有官位出現空缺，才能補充新的官僚。當時主持選官的有兩個人，一個叫崔湜，一個叫鄭愔，當年都是武三思的得力參謀，武三思死後接著為中宗和韋皇后效力。這兩個人都貪污受賄，不停地法外開恩，

增置員外官，一年時間就把三年的官缺都給用完了。當時有一個候選人為了早點當官，給崔湜的爸爸送了禮，結果崔爸爸忘了跟崔湜說了，這個人沒選上。禮不能白送啊！這個人就找到崔湜，跟他說，您的一個親戚收了我的禮，您怎麼不給我辦事呢？崔湜一聽就火了，裝出一副公正廉明的樣子，說我哪有這樣的親戚呀？我怎麼不知道呀？你告訴我是誰，我把他打死！這個求官的一聽趕緊說，您可千萬別把他打死，打死了您就當不成官了，得回家守孝三年了。崔湜這才知道原來說的是他爸爸，一下子羞得臉紅脖子粗。

選官濫也就罷了，關鍵是在朝廷正常選取的官員之外，還有好多通過非正常管道當官的。當時唐中宗的兩個女兒長寧公主和安樂公主、韋皇后的妹妹、上官婉兒、婉兒的媽媽等一批宮廷貴婦都各有權勢，她們想要讓誰當官，就越過政府，直接去求中宗。中宗不能駁她們的面子，就用墨筆手寫敕令，斜著封上交給中書，表示這是皇帝的私人關係，中書也只好照辦。不過，這些宮廷貴婦的面子也不是白用的。官職到了她們手裡，可就明碼標價了，任何人只要能出錢三十萬，就保證你能當上官後接受貪污受賄，以權謀利；實在不富裕的，交錢三萬，也可以給你一份和尚道士一類宗教人士的憑證，這樣不就不用給國家交稅了嘛！這樣一來，好多賣酒賣肉的商人都搖身一變，成了政府官員。通過這樣管道當上官的，時稱「斜封官」，人數比正常管道當官的還多，官廳都擠滿了。新官上任，連個坐的地方都沒有。有人說武則天時期不也是以官多著稱嗎？號稱「車載斗量」。武則天時期當官的管道是多，但是還有一個考核關，試用幾個月之後，沒本事的就要下臺，甚至殺頭了，所以留下來的確實有很多優秀人才，這就叫做「求才貴廣，考課貴精」。但是唐中宗就不一樣了，他讓很多人都當上了官，但是又沒有考核淘汰機制，所以把整個政府搞得烏煙瘴氣。

更有趣的是，唐中宗任用了這麼多官，卻不知道怎麼處理他們之間的關係。景龍三年二月的一天，上朝的時候，有一個御史彈劾宰相宗楚客，說他在跟吐蕃打交道的過程中收受賄賂，有賣國行為，直接導致了唐蕃關係再陷危局。你想，宗楚客堂堂一個宰相，被人指斥為賣國，他心裡非常緊張啊，所以，也顧不得什麼朝儀了，馬上跟御史吵起來：「我什麼時候賣過國啊？我素來一心為國，你說我賣國，是想栽贓陷害我！」指天誓日地替自己辯解。按說這裡既涉及國家利益，又涉及宰相人格，應該是一件大事吧，作為皇帝應該怎麼辦呀？他無論如何也得好好調查一下，得出一個是非曲直。那中宗是不是這樣辦的呢？他沒有。他的解決方法是讓這個御史和宰相結為兄弟。既然都是一家人，就和睦相處，誰也別再為難誰了。這樣的解決方案簡直是無厘頭，所以當時人都搖頭嘆氣，管中宗叫「和事天子」。

有了這些活生生的例子，我們就明白了，唐中宗是一個糊塗人，無論是修身、齊家，還是治國都不大懂行，僅有的一點聰明都用到打擊反對派上了，此後再也沒有過人的表現。這樣的人肯定不會是個好皇帝。但是，他愛家人、對大臣也不苛刻，老百姓也遠沒有達到水深火熱、官逼民反的程度，因此本應可以當一個平庸的皇帝，花天酒地，了此一生。中國古代這樣的皇帝並不少見。但是，景龍四年六月，唐中宗卻突然一命嗚呼，死前沒有任何徵兆。這是怎麼回事呢？

四、暴崩之謎：韋皇后與安樂公主聯手計畫毒死中宗？

按照兩《唐書》和《資治通鑑》的記載，唐中宗李顯是被毒死了。《資治通鑑》是這樣說的：

「散騎常侍馬秦客以醫術，光祿少卿楊均以善烹調，皆出入宮掖，得幸於韋后，恐事洩被誅；安樂公主欲韋后臨朝，自為皇太女；乃相與合謀，於餅餤中進毒。六月，壬午，中宗崩於神龍殿。」按照這個說法，韋皇后的兩個情人楊均和馬秦客害怕和皇后私通的事情敗露，韋皇后想當皇帝，而安樂公主想讓母親先當皇帝，自己再當皇太女，幾方勢力都覺得唐中宗礙手礙腳。於是，韋皇后和安樂公主主謀，楊均和馬秦客運用專業特長，一個負責做餅，一個負責往裡面配毒藥，幾個人分工合作，一下子就搞出了一碗香噴噴的毒湯餅。這碗毒餅是怎麼送給中宗的呢？《資治通鑑》裡沒說，好多影視劇就發揮想像了。最常見的一種想像是唐中宗半夜批奏表，忽然感到肚子餓了，正想吃東西的時候，安樂公主笑吟吟地出現了，手裡托著一碗湯餅，說父皇餓了吧，我給您送宵夜來了。唐中宗一看女兒如此體貼，大為感動，一口氣吃了個精光，結果吃完沒多久，就腹痛不止，七竅流血，一命嗚呼。大體情節特別類似於《水滸傳》裡的潘金蓮毒殺武大郎那一齣。

為了增強這個說法的合理性，《資治通鑑》在景龍四年的五月——也就是唐中宗去世的前一個月還特意加上一筆：「五月，丁卯，許州司兵參軍偃師燕欽融復上言：『皇后淫亂，干預國政，宗族強盛；安樂公主、武延秀、宗楚客圖危宗社。』」有人狀告皇后淫亂，公主、駙馬和大臣謀逆，這可是大事，中宗當然要把告狀人燕欽融找來當面盤問。如果他告狀屬實，那是國家的政治災難，必須慎重對待；當然如果是誣告，告狀者本人就要萬劫不復了。面對中宗聲色俱厲的盤問，燕欽融堅持原告，大義凜然。其實，中宗對自己的妻子和女兒也不是完全沒有意見，現在眼看著朝廷這些醜事連地方小官都知道了，也覺得顏面無光，於是就默默無語，把燕欽融給放了。沒想到燕欽融才出大殿，就被韋皇后的死黨——宰相宗楚客派人殺死在殿前。仗義敢言的臣子血濺殿階，中宗雖然沒有追究任何人的責任，但是卻頭一次對妻子女兒表現出了超乎尋常的憤怒。韋皇后和她的黨羽這才擔心起來，開始想對策了。那他們到底想出什麼對策呢？那就是下毒害死唐中宗。

按照這種說法，韋皇后和安樂公主為了爭奪權力、掩蓋罪行，一個謀殺親夫，一個謀殺慈父，真是喪盡天良，罪不容誅。但是，我們也知道，歷史都是勝利者書寫的，而韋皇后和安樂公主又是以後宮廷鬥爭的失敗者，沒有發語權。所以我們就不免要懷疑一下了，事情真的是這樣嗎？我個人認為，雖然韋皇后和安樂公主對權力的熱愛有目共睹，雖然史書沒有之前中宗患病的紀錄，此時死亡顯得有點突然，雖然目前所有的史書都眾口一詞地說，中宗是被妻子和女兒毒死的，但我還是認為，中宗應該不是被毒死的。為什麼呢？

第一個理由是在現存史書中，第一次提到唐中宗李顯被韋皇后謀殺，是在此後半個多月的一場針對韋皇后的政變中，帶有明顯的軍事動員色彩。就在中宗去世十八天後，太平公主和相王的三兒子李隆基聯合發動了針對韋皇后的政變。當時一個政變的將軍對手下的士兵說：「韋皇后毒死先帝，我們今天要殺死韋后，為先帝報仇！」顯然，在這種情況下，說韋皇后毒死中宗只是給政變找一個充分的理由，也是激勵士卒的一種手段，不足以作為瞭解事實的依據。

第二個理由，在《舊唐書‧安樂公主傳》裡，根本沒提到她曾經參與毒死中宗的事件。按照《資治通鑑》上述的記載，安樂公主是毒死中宗的主謀之一。但是，奇怪的是，完全把安樂公主作為反面教材來對待的《舊唐書》提到了公主想當皇太女、修定昆池等作威作福的許多細節，但是卻根本沒提到她還給中宗下過毒。顯然，這樣的重大遺漏，絕不是因為《舊唐書》的作者袒護安樂公主，只能說在當時人們還不認可安樂公主投毒這件事。

第三個理由，韋皇后和安樂公主在死後都以禮改葬。在唐中宗死後半個多月，韋皇后和安樂公主也死於政變。雖然政變打出的旗號是她們兩個人毒死中宗罪該萬死，但是在政變結束後不久，她們兩個卻還是被以禮改葬了。所謂「以禮改葬」，就是按照她們皇后和公主的身分下葬。而皇后和公主的身分恰恰來源於她們是中宗的妻子和女兒。試想，如果他們真的毒死了自己的丈夫和父親，那在唐朝就屬於十惡不赦的罪行了，怎麼還能認可她們這種身分呢？所以，以禮改葬本身就是承認她們其實是政治鬥爭的犧牲品。

第四個理由，韋皇后和安樂公主當時並沒有毒死中宗的現實需要。毒死丈夫、父親和毒死皇帝都是最大的罪，沒有十足的必要，誰也不會去冒這個風險。雖然當時不斷有人告韋皇后淫亂涉政，告安樂公主夫婦圖謀不軌，但是唐中宗並沒有深究，頂多稍稍流露出不悅之情。韋皇后包養情人之事，唐中宗早就知道了。哪一個妻子會因為自己的丈夫表現出一點不高興，就想要把他殺死？安樂公主更是這樣，唐中宗沒有任何對不起她的地方啊。有人會說，她們母女不是想當皇帝嗎？唐中宗占著那個位置就是對不起她們啊。不錯，韋皇后和安樂公主都想當皇帝，但是當時她們的準備還非常不充分，如果唐中宗在，她們還可以背靠大樹，在他的保護下進一步發展勢力，根本不可能腦殘到想要毒死靠山。

這樣看來，說韋皇后母女狗急跳牆，冒天下之大不韙去毒死皇帝的記載並不可信，屬於勝利者的謊言。

那麼，唐中宗既然不是被毒死的，他怎麼會死得如此突然呢？為什麼死前沒有一點徵兆？我想，這就要考慮李顯的家族遺傳病史了。眾所周知，李唐家族有心腦血管的遺傳病史，唐高祖、唐太宗、長孫皇后、唐高宗通通患有「氣疾」、「風疾」一類的毛病，這在古代都指心腦血管類疾病。正因為如此，李唐王朝的皇帝們並不長壽，太宗活了五十二歲，唐高宗活了五十六歲，對比父親和爺爺的壽數，李顯五十五歲死亡尚屬正常。另外，雖然有的心腦血管疾病患者表現出明顯的病症，並且持續發病很長時間，像當年的唐高宗李治那樣，很年輕的時候就開始纏綿病榻。但是，也有的心腦血管疾病是以發病急、死亡率高為特徵的，這類病症即使到今天也常常令醫生束手無策，何況是一千多年前的唐朝呢！所以李顯在事先沒有表現出什麼疾病症狀的情況下忽然暴卒，也符合心腦血管疾病的一般規律。這樣看來，史書上說韋后母女毒死中宗是一個千古冤案。當然，這只是我的一個推測。

但是，無論如何，唐中宗的死，對於當時派系林立、波詭雲譎的政壇來說又是一場大地震。而且，更重要的是，中宗在死之前並沒有確立太子。那麼，李唐這艘大船以後將會由誰來掌舵呢？唐朝又將會發生怎樣的政治變幻呢？動盪的李唐王朝將會駛向何方呢？

請看下回：韋后專權

【第八回】韋后專權

李顯死了，韋皇后晉升為皇太后，她覺得自己離皇帝的位置只有一步之遙，女皇夢就要實現了！那麼要做一個掌權的太后，然後改朝換代，進而當皇帝，是立一個年長的、自己有主見、不好控制的皇帝好呢？還是立一個年幼的、可以任由自己發號施令的小皇帝好呢？當然是立年幼的皇帝，這樣好控制，有利於母后專權。可是，廢長立幼不合法理，在名分上不好交代，怎麼辦呢？

景龍四年（七一〇年）五月，長安城突然出現了五萬多軍隊。士兵們都穿著黑色的制服，排成肅穆的長隊，無聲地行走在天街上，非常引人注目。長安畢竟是天子腳下，百姓們政治敏感度很高，看到這種情形，人們不免三五成群湊在一起議論，朝廷裡又出什麼事啦？一時間人心惶惶。朝廷裡到底出什麼事了呢？這就得先從唐中宗之死講起。

一、立儲難題：中宗暴崩後，韋皇后為了女皇夢，決定廢長立幼

就在景龍四年的六月，唐中宗李顯暴崩。他這一死，對於好不容易才平靜下來的李唐王朝來說，那可又是一次大地震。馬上，一個問題就擺在所有人面前——接下來，到底該由誰當皇帝呢？按照中國古代的政治傳統，皇帝駕崩，肯定應該是太子接班。可是唐中宗李顯是暴崩的，也就是突然死亡，死之前他沒有來得及立定太子。事實上，自從太子李重俊政變被殺之後，唐中宗因為種種干擾，對於再立太子一事一直猶豫不決。再說，他才五十多歲，總以為自己還有好多年的壽數，因此立太子的事情一拖再拖，一直拖到死也沒有解決。換句話說，當時根本就沒有一個人能夠名正言順地接班。這該怎麼辦呢？

這時候所有知情人，都把目光投向唐中宗的皇后——韋皇后身上了。韋皇后是國母，而且號稱順天翊聖皇后，在唐中宗活著的時候，她就長期跟中宗皇帝一起臨朝稱制，唐中宗是老大，她就是老二。現在老大唐中宗死了，她就應該是整個李唐王朝最有權力的人了。誰能接班當皇帝，應該主要取決於她的意見。

那麼在這個關鍵時刻，韋皇后又是怎麼反應的呢？說實話，韋皇后一下子還真是蒙了，慌了神。這李顯怎麼說死就死，也不提前打聲招呼，丟下這麼一個爛攤子，這讓我如何是好啊？那麼，她應該怎麼處理呢？按照中國古代的政治傳統，如果皇帝死了沒有立太子，皇帝和皇后又沒有活著的親生兒子的話，應該讓皇帝所有活著的兒子之中最大的那個人來接班，這是最合情合理的，也是最不會引起爭議的。

那麼在這個時候，唐中宗李顯活著的兒子之中，最大的是誰呢？這就得把李顯的所有兒子羅列一下了。唐中宗李顯一輩子一共生了四個兒子，老大和老三都已經死了，活著的是老二和老四。老二名字叫做李重福，當時已經三十一歲了；老四叫做李重茂，當時只有十六歲。李重福和李重茂都是宮妃——也就是皇帝一般的嬪妾所生，身分上沒有區別。那在三十一歲的李重福和十六歲的李重茂之間，應該選擇誰當皇帝呢？按照傳統，應該選擇這三十一歲的李重福當皇帝。

但實際情況卻是，韋皇后沒有做出這樣的選擇，而且也絕不打算這麼做。韋皇后執意挑戰慣例自然也有她的原因：第一，她跟李重福有仇；第二，她有自己的政治野心。韋皇后又怎麼會跟李重福有仇呢？說起來，那可不是一般的仇，簡直算得上是血海深仇。韋皇后認為，李重福是殺死自己唯一親生兒子李重潤的罪魁禍首。為什麼她會這麼想呢？這還要追溯到武則天當政的年代。武則天晚年不是寵信小白臉張易之兄弟嗎？李重潤和他的妹妹永泰郡主以及妹夫武延基一起議論二張兄弟干政，被張易之知道了，告到武則天那裡。武則天哪能容忍別人對她的生活指手畫腳啊？一怒之下，責令李顯逼死了重潤兄妹，這可是韋皇后一輩子最大的一件傷心事。那麼，李重潤之死又跟李重福有什麼關係呢？原來，韋皇后懷疑李重潤私下裡議論的事之所以被張易之知曉，就是李重福告的密。因為李重福的妃子恰恰就是張易之的外甥女。她覺得，肯定是這對小夫妻出於嫉妒老大嫡長子身分的陰暗心理，就把老大出賣了，來換取自己的前程。這個懷疑是否屬實我們不得而知，但是不管怎麼說，韋皇后始終堅信，就是李重福害死了她的寶貝兒子，讓她絕了後！所以她一當皇后，馬上就把李重福流放了，貶到均州，就是今天湖北省的丹江口市。現在唐中宗死了，韋皇后怎麼能再把這個她認定的殺子仇人請回中央，讓他當皇帝呢？這是她不選擇李重福的第一個原因。

另外，就算李重福跟韋皇后沒有仇，她也不會讓李重福當皇帝。這就是我們說的第二個問題。韋皇后自己有野心，她的野心就是當皇帝。武則天開了一個女人當政的先河，她的成功讓當時的許多宮廷貴婦都躍躍欲試——既然武則天能當皇帝，我為什麼不能？我的本事也不差啊。韋皇后也是這些野心勃勃的宮廷貴婦之一。正是出於這種政治野心，所以在唐中宗李顯還活著的時候她就效法武則天，跟他一起臨朝稱制。現在李顯死了，她由皇后晉升為皇太后，她覺得自己離皇帝的位置只有一步之遙，自己的女皇夢就要實現了！那麼要做一個掌權的太后，然後改朝換代，進而當皇帝，是立一個年長的、自己有主見、不好控制的皇帝好呢？還是立一個年幼的、可以任由自己發號施令的小皇帝好呢？當然是立年幼的皇帝，這樣好控制，有利於母后專權。其實這種情況在中國歷史上可謂屢見不鮮，早期如東漢的竇太后，晚近如清朝的慈禧太后，都是廢長立幼，自己專權。所以即便僅從這個因素考慮的話，韋皇后也不想讓三十一歲的李重福接班。既然不立李重福，就只能立十六歲的李重茂了。可是，廢長立幼不合法理，在名分上不好交代，怎麼辦呢？

二、婉兒草詔：韋皇后授意婉兒起草詔書，婉兒陷入兩難

韋皇后思慮再三，最後還是決定，乾脆利用一下死皇帝唐中宗，以他的名義頒布一份遺詔，讓小兒子李重茂接班，不就可以解決這個問題了嗎？畢竟皇帝的遺命是無上權威呀。另外，自己以皇太后的身分臨朝稱制，也最好寫進遺詔之中，這才名正言順，當年武則天不就是這麼幹的嗎？所以，當務之急就是給中宗炮製一份遺詔，只要遺詔一出來，一切問題都好辦了。那這個遺詔怎麼撰寫，由誰來主筆呢？韋皇后把當時的第一才女，同時也是機要祕書上官婉兒找來了。跟她如此這般地說了一通，讓她草擬一份所謂的中宗遺詔，拿這份遺詔說事兒。

朝中文人學士不少，韋皇后為什麼一定要讓婉兒來起草遺詔呢？這也是有所考慮的。首先，偽造遺詔是個陰謀，是不能拿到光天化日之下曝光的，因而最好在內宮悄悄解決，而婉兒的身分比較符合要求。其次，婉兒也是韋皇后的心腹，中宗一朝長期在後宮幫忙起草詔書，為人既老練又謹慎，韋皇后相信她能把事情辦好。

韋皇后把事情交給婉兒，這可到了婉兒一生的一個大關節上了。這個遺詔怎麼個擬法呢？婉兒開始開動腦筋了。按照韋皇后的授意，這個遺詔無論如何得包含兩個方面的內容：第一，讓十六歲的李重茂接班當皇帝；第二，讓韋皇后輔政，就像當年的武則天一樣，裁決軍國大事。

關於第一點，婉兒覺得沒什麼問題。既然唐中宗死了，繼承人當然要從中宗活著的兩個兒子中選擇。當時老二李重福已經被流放外地，素不得寵；身邊就這十六歲的李重茂，就算是中宗活著，也很有可能選擇李重茂接班，所以讓他當接班人，不會有太大的爭議，可以寫。可是關於第二點，讓韋皇

后像當年的武則天那樣臨朝攝政，這就有點麻煩了。婉兒覺得這樣寫不行，為什麼呢？首先是韋皇后遠遠沒有武則天當年那麼大的政治影響力。武則天在當皇太后之前已經當了二十八年的皇后，臨朝參政也已經有二十三年的歷史了。在這二十三年之中，她有長遠的政治綱領，有具體的政治行為，在廣大官民之中都建立了崇高的威望，老百姓已經習慣武則天的領導了，這時候唐高宗再在遺詔中寫上一筆「軍國大事有不決者，兼取天后進止」，並不讓人覺得觸目驚心。可是韋皇后就不同了，她才當了五年的皇后，這五年還磕磕絆絆，並沒有多大的政治建樹，人們對她並不熟悉，也不太認可。要是在遺詔之中也寫一筆「軍國大事有不決者，兼取順天翊聖皇后進止」，實在難以服眾。

其次，李唐皇族的力量相當強大，未必容許韋皇后翻天。因為有武則天的經驗在先，所有人都明白，這個時候如果先立一個十六歲的小皇帝，再讓韋皇后臨朝攝政，那就等於默認讓韋皇后走武則天的老路了。過不了幾年，韋皇后就會把皇帝廢掉，自己稱帝。到那時，李唐皇族可就又要倒楣了。要知道，武則天稱帝后，把李唐皇族貶的貶，殺的殺，因此到中宗朝仍能倖存下來的李唐皇族，都是九死一生。好不容易翻過身來，他們對那段悲慘歷史記憶猶新。這時候再出現一個武則天第二，他們不僅心理上很難接受，恐怕在行動上也很難乖乖就範。何況在所有的李唐皇族之中，還有兩個政治強人，一個是安國相王李旦，另外一個就是鎮國太平公主。

這兩個人雖然平常是不聲不響，韜光養晦，但實際上都有很大的隱性實力，能量不可小覷。先看太平公主。太子李重俊政變之後，太平公主看到韋皇后母女權勢太盛，也暗自發展勢力，在朝廷裡拉幫結派，為此還和安樂公主沒少鬧糾紛。按照《資治通鑑》的說法，叫做「太平、安樂公主各樹朋黨，更相黨毀」。事情都不大，影響可不小，連唐中宗都覺得頭疼。再看相王，雖說相王身分比太平公主更敏感，平時做事也更低調，但他有五個兒子，而且個個生龍活虎，就憑這一點也讓人不敢小覷。唐中宗時代，相王的五個兒子集中居住在長安城東的隆慶坊，坊裡本來有一口水井。也不知是地下水位上漲，還是什麼別的原因，反正後來這井裡的水就溢出來了，越溢越多，慢慢積成一個水池。自從相王的兒子住進去之後，這水池裡的水就更大了，成了方圓幾十頃的一片湖泊。古代老百姓迷信，認為這個地方有龍氣，管這個水池叫龍池，叫來叫去就傳到了唐中宗的耳朵裡。唐中宗非常鬱悶，心想，我才是真龍天子啊，相王兒子住的地方怎麼能叫龍池呢？不會是相王這一支要發旺的徵兆吧。他越想心裡越不是滋味，就在死前一個月還帶著大批人馬來到隆慶坊，在相王兒子的宅邸之前搭建彩樓飲酒，又到隆慶池裡泛舟，還拉了幾頭大象沿著湖水踩了一圈。表面上是來看親戚，其實是在搞厭勝，想壓住隆慶坊裡的龍氣。從這件事我們也可以看出來，別看相王不聲不響，但是無論老百姓還是中宗，都很把他當一回事。景龍三年，中宗派金城公主和吐蕃和親，吐蕃使者送給唐朝四份厚禮，一份給中宗，一份給韋皇后，另外兩份送的就是相王和太平公主。可見這兩個人實力之強，聲威之盛，已經遠播到周邊民族那兒去了。而他們能夠容許韋皇后再次推翻李唐王朝當皇帝嗎？婉兒覺得，他們沒這麼好欺負。

第三，婉兒本身也不看好韋皇后。她不是韋皇后的心腹嗎？韋皇后不僅在政治上信用她，還在生活上關心她，別的宮廷貴婦都得老老實實待在宮裡頭，婉兒卻可以住在宮外，自由出宮入宮，這是多大的恩情啊，她怎麼會不喜歡韋皇后呢？沒錯，上官婉兒在相當長的一段時間內既是唐中宗的心腹，又是韋皇后的心腹。但是，在太子李重俊政變之後，她的態度變了。發生什麼變化了呢？她聽人勸了。當初，武三思還活著的時候，婉兒在中宗皇帝和權臣武三思面前都很吃得開，對朝廷有很大的影響力。中國古人最講究「一人得道，雞犬升大」，婉兒既然發達了，也不忘拉扯親戚，就把她姨媽的兒子王昱安排到朝廷裡當了左拾遺。王昱頭腦很清醒，得到提拔後並沒有沾沾自喜，反而勸說婉兒的母親鄭夫人說：「則天之後，武家已經被上天所厭棄了，不可能再當皇帝。如今，婉兒姊姊一心依附武三思，總有一天會有滅族之災，請姨媽好好想想，也勸勸姊姊吧！」鄭夫人把王昱這番話婉轉告訴婉兒，當時婉兒還不以為然，但等到太子李重俊起兵，居然打出殺死武三思和上官婉兒的旗號後，她終於開始害怕了，果然被王昱不幸言中！聰明人都會舉一反三，既然武三思作為外戚干政不討人喜歡，韋皇后干政又怎麼樣呢！婉兒覺得，他們倆半斤八兩！武三思、韋皇后這些外姓勢力這麼招人恨，又沒什麼真正的能力，自己跟他們綁在一起可不會有什麼好結果。所以重俊政變結束後，婉兒倒是有意識地疏遠韋皇后了。

既然開始疏遠韋皇后，那麼她想要親近誰呢？她想親近李唐皇室，因為婉兒覺得，既然像武則天這樣的政治強人，最後都選擇了回歸李唐，可見李唐王朝復興是大勢所趨。這是一個大是大非的問題，在這個原則問題上，自己絕不能站錯了隊。可是，在此之前她跟韋皇后走得太近了，想要親近李唐皇室也不好轉圜。現在，機會終於來了，何不利用起草遺詔這個機會，向李唐皇室伸出橄欖枝*呢？可是，怎麼才能讓這份遺詔既符合韋皇后的設想，又能體現李唐皇室的利益，還能讓人明白她的功勞和用心呢？

就在這個時候，上官婉兒想起一個人，就是大名鼎鼎的太平公主。當年上官婉兒和太平公主是打過交道的，在扳倒武則天的神龍政變之前，太平公主曾經找過上官婉兒做內應，兩個人關係親密，有過良好的合作。從那時候開始，上官婉兒就知道太平公主既有謀略又有膽略。現在事態既然發展到了這一地步，何不跟她商量商量呢？事關她自己的切身利益，她應該感興趣，不妨聽聽她的想法。更重要的是，有她在旁邊見證自己是一心一意為李唐皇室著想的，以後李唐皇室一旦得勢，自己這個人情才不會白做——由此也可見出，上官婉兒著實是一個極聰明的女子。就這樣，上官婉兒連夜請太平公主入宮協商。太平公主也是個足智多謀之人，而且唐朝的公主跟自己娘家的感情非同尋常也是不爭的事實，所以婉兒把事情經過一講，太平公主馬上心領神會。兩人連夜起草好了一份遺詔。遺詔重點內容一共三條。第一條：立溫王重茂為皇太子；第二條：韋皇后知政事；第三條：相王李旦參謀政事。

通盤考慮一下遺詔就會發現，前兩條都是完全符合韋皇后的設想的，關鍵是增加了第三條。毫無疑問，太平公主和上官婉兒想要讓相王李旦代表李唐皇族，平衡、牽制韋皇后的勢力。這情形有點像清朝咸豐皇帝駕崩時留下詔書，一方面讓慈禧和慈安這兩宮皇太后替小皇帝掌印，另一方面又讓肅順等八大臣輔政，讓他們互相制衡。當時上官婉兒和太平公主也是出於這種考慮。

那麼我們怎麼評價這個方案呢？我想，這個遺詔可以從三個角度評價。首先，它是一個折中方案，兼顧韋、李雙方利益，非常符合婉兒一貫的騎牆風格，兩邊都不得罪。其次，這也是一個日後必然引起麻煩的方案，既然天無二日，國無二主，如果這個方案執行，為了奪取最高權力，在韋皇后和相王之間必將有一爭。最後，這也是一個傾向於相王的方案。雖然誰勝誰負難以預料，但以相王為首的李唐宗室至少取得了在同一個平臺上和韋皇后競爭的資格，所以這個方案又是親相王的。擬定這個

*伸出橄欖枝：在聖經〈諾亞方舟〉的故事裡，待在方舟上的人們看到鴿子銜著橄欖枝飛回來時，便認為大地已恢復生機，一切又將和平，因此，橄欖枝象徵著和平。後來，引申為示好、友好的意思。

方案，當然太平公主沒少出力。按照婉兒和太平公主的想法，是先拿這個遺詔行緩兵之計，讓相王有個正式參政的名分，然後再慢慢考慮將來。這個遺詔能夠考慮得這麼八面玲瓏，也算是煞費苦心了。上官婉兒在中宗朝號稱「女中宰相」，這恐怕也是她發揮作用最大的一次了。那麼，這份精心炮制的遺詔能夠順利執行嗎？

三、韋后坐大：封鎖中宗逝世的消息，先為自己當皇帝做準備

然而這份遺詔並沒有得到順利執行，因為剛一拿到外廷宰相那兒，馬上就有人出面否決了。誰膽子這麼大，敢否決遺詔呢？就是當時的首席宰相——中書令宗楚客。他是武則天堂姊的兒子，也就是武則天的堂外甥，長得英俊瀟灑，個子高挑，膚色白皙，掛著幾縷長髯，非常符合我們心目中諸葛亮的形象。遺憾的是，宗楚客空有諸葛亮般的相貌，卻沒有諸葛亮那樣的明智和節操，是一個不折不扣的小人。他先是依附武三思，武三思死後又依附韋皇后，靠著武家的背景和不斷巴結當權派的手腕當上了宰相。此人野心極大，曾經跟朋友說過一句名言：「開始我當小官的時候，一心想當宰相；現在當了宰相呢，又想當皇帝，哪怕讓我過一天的癮也好呀！」這個野心家雖然想當皇帝，可是他也知道自己離這個位置太遙遠了，不過退而求其次，能給以後的皇帝當一個佐命功臣也是個不錯的選擇。那麼誰會是未來的皇帝呢？有了武則天的先例，宗楚客覺得非韋皇后莫屬，於是他就鐵了心力挺韋皇后。本著維護韋皇后利益的想法，再來看遺詔，宗楚客馬上就發現問題了——遺詔怎麼能這麼寫呢？明顯對韋皇后不利呀。於是，宗楚客拿著遺詔找另外一個宰相韋溫去了。韋溫是韋皇后的堂兄，也是

當時在宰相之中位高權重的一個人物。宗楚客給遺詔挑毛病說，太子年輕，讓他的母親韋皇后輔政，這是理所當然的，但是相王參謀政事算什麼呢？名不正言不順呀！再說了，相王和韋皇后是小叔子和嫂子的關係，古禮講究「叔嫂不通問」，按照規矩，互相之間連話都不能講，現在讓他們兩個同時輔政，這在朝廷上怎麼辦呢？遇到問題，這兩個人到底是說話還是不說話呀？所以這個遺詔不能執行！

韋溫是韋皇后的親黨，當然支持宗楚客。兩個人一商量，乾脆咱們這些宰相一起聯名上疏，要求廢除現在這份遺詔，直接請韋皇后臨朝稱制，不要讓相王李旦參謀朝政好了！想清楚之後，兩人馬上就動員身邊的宰相們簽字，他們這麼一折騰，有的宰相可就不幹了。宰相蘇瓌嘀咕了一句：遺詔也能改嗎？剛這麼質疑了一下，就見宗楚客和韋溫都惡狠狠地盯著他。蘇瓌一看，得了，咱們胳膊擰不過大腿，趕快按他們的意思來吧，也就不敢說話了。就這樣，在宗楚客和韋溫等人的威逼利誘之下，所有的宰相就都簽了字，聯名上書要求改掉遺詔的有關條款，直接讓韋皇后攝政。那這樣一來，上官婉兒和太平公主苦心起草的遺詔就失去了作用。原來遺詔中的三條方案重新變回了兩條，就是李重茂接班和韋皇后輔政。這對於韋皇后和李唐宗室可都是意義重大。對李唐宗室而言，他們失去了政治上的話語權，處境不利；但是反過來看，篡改遺詔也給了他們一個日後打擊韋皇后的口實。那對於韋皇后呢？她作為唯一的輔政者固然勢力大增，但是，她輔政的權力既然是通過遺詔確認下來的，現在否決遺詔，其實也就否定了自身的合法性。換言之，篡改遺詔實際上是一柄雙刃劍。不過，當時她可沒有想到這些。

得到了宰相們的支持，韋皇后一下子信心十足，馬上行動起來，準備走當年武則天的老路，開始為當皇帝做準備了。她把中宗死亡的消息暫時封鎖了起來，先辦幾件大事。

第一件事是派五百兵丁到均州防範李重福，以鞏固太子的地位。既然選擇李重茂當皇太子，就得看好李重福，防止他反叛作亂。這就猶如當年唐高宗死後武則天立三兒子李顯當皇帝，先要派人嚴加看管被流放的前任太子李賢一樣。

第二件事是派兩個心腹宰相裴談和張錫到東都洛陽，穩定東都形勢。唐朝實行兩都制，東都是洛陽，西京是長安，現在一切大的政治決策都在西京長安進行，東都洛陽也要派人防範，以控制事態，防止東方生變。

第三件事是安撫以李旦為首的李唐宗室，防止變生肘腋。既然廢除了遺詔，就等於取消了李旦參謀政事之權，損害了李旦的利益。為了給李旦一個圓滿的交代，韋皇后把李旦升為太尉。太尉是一品官銜，做到一品官，官已經做到頭了。除了升官之外，她還要再給他封爵。李旦本身已經是安國相王了，也已經到了頂點，還能怎麼籠絡呢？那不難。韋皇后又封李旦的長子李成器為宋王。按照她的想法，李旦一家出了兩個親王，也應該知足了，李旦應該被安撫下去了，不會鬧事了。

第四件事是控制政府，取得宰相集團對韋皇后的支持。這個環節對韋皇后穩固位置意義重大，但是當時似乎並不難解決，因為韋皇后早就做好準備了。自從武三思死後，韋皇后就開始逐漸在宰相之中滲透自己的力量，所以政府裡支持者不少，大部分或是像宗楚客這樣的鐵桿支持者，或是像韋溫這樣的娘家人。現在正是用人之際，韋皇后不吝官賞，又火速提拔了吏部尚書張嘉福、中書侍郎岑羲、吏部侍郎崔湜當宰相，這幾個人久經考驗，政治上也非常可靠，有他們在，韋皇后也覺得很放心。

第五件事，也是最重要的一件事，就是掌握槍桿子，解決軍隊問題。李唐王朝的軍隊分為府兵和禁軍兩個系統：府兵是民兵，是從各地抽調來的，任務是輪流到京城值勤，保衛中央；禁軍是職業兵，常駐京城，專門負責保衛皇帝。現在韋皇后要想掌握槍桿子，就必須兩個系統都要抓。她先召集五萬府兵到長安集合，分成左右兩個營，讓她的兩個娘家堂姪掌管。這兩個小夥子既是韋皇后的娘家人，又都是中宗的駙馬，政治上非常可靠，這是府兵的系統。再來看禁軍，當時禁軍系統內部又分成兩支力量，一支叫做飛騎，另一支叫做萬騎，這兩支隊伍都是各分左右，所以禁軍實際上是四支隊伍，一共需要四個統帥。韋皇后安插了兩個韋家子弟，一個娘家外甥，還有一個就是自己的親生女兒安樂公主的丈夫武延秀。這四個人也都是韋家親信，政治上就更沒得說了。府兵和禁軍的六個最高將領都安排了韋家幫，她再任命自己的堂兄韋溫總知內外兵馬，總負責。這就好比今天讓韋溫擔任國防部長，然後讓其他的韋氏子弟去擔任海陸空軍司令、衛戍區司令、民兵預備役司令，全面控制武裝力量。就這樣，在韋皇后的安排下，長安城一下子成了一個大兵營。這時候雖然中宗還沒有發喪，可是老百姓一出門就看到這麼多士兵出入，也就知道，國家恐怕又出事了。

把這五件事都部署完畢之後，韋皇后才昭告天下，沉痛宣布唐中宗李顯不幸因病逝世。給中宗發喪後，再立十六歲的李重茂為太子，接著馬上安排他登基當皇帝，改元唐隆。很明顯，韋皇后這一系列部署和當年唐高宗死後，武則天的安排幾乎一模一樣。武則天當年這樣部署，不久就當了皇帝，韋皇后也這樣搞，她的真實想法如何，其實也就是司馬昭之心，路人皆知了。事實上，經過這樣一番安排，韋皇后自己也覺得勝利在望了，當年婆婆不就是這麼幹的嗎！

西方哲人曾說過，所有偉大的歷史事件總是會重複出現的，只不過第一次是以正劇的形式出現的，而第二次再出現，那就是鬧劇了。換言之，看起來相似的歷史事件，在不同的歷史背景下，結局可能完全不一樣。韋皇后和武則天的關係也正是如此。事實上，韋皇后大權獨攬，磨刀霍霍，馬上激起了李唐皇室的強烈反彈。那麼，李唐皇室會採取怎樣的行動呢？韋皇后的皇帝夢到底又會經歷怎樣的變故呢？

請看下回：山雨欲來

【第九回】山雨欲來

韋皇后的女皇夢立刻惹怒了一個人，誰呢？太平公主。她決定跟韋皇后拼了，但怎麼拼呢？怎麼能既找到合作夥伴，又保證自己的優勢地位呢？正在太平公主反覆謀劃、一籌莫展的時候，有一個人來找她了。這人是誰呢？相王李旦的兒子李隆基。

唐隆元年（七一〇年）六月的一天，長安城裡的寶昌寺忽然來了一位神祕的客人。這個客人穿得普普通通，但是氣宇軒昂，不像一般的香客。進入寺院大門之後，此人既不燒香，也不拜佛，徑直走到一間僧房裡。跟一個和尚一陣竊竊私語之後，和尚匆匆忙忙地走了出去。眼看著和尚走出寺門，此人這才折回大殿，跪在佛像面前。這個神祕的客人究竟是何許人也？他跟和尚之間有什麼交往？要想知道這些事情，還得從唐中宗死後的政局講起。

一、姑姪聯手：韋皇后咄咄逼人，李隆基與太平公主計劃政變

唐中宗死後，韋皇后在大臣的蠱惑之下，廢棄了太平公主和上官婉兒苦心起草的遺詔，扶立小皇帝李重茂，排擠相王李旦，自己臨朝稱制，做起了女皇夢。為了早一點當上女皇，她效法武則天，緊鑼密鼓地採取了一系列措施，整個長安城也是戒備森嚴，殺氣騰騰。這些措施一出臺，馬上惹怒了一個人。

誰呢？太平公主。本來，太平公主是個適應性很強的人，無論是李家當皇帝還是武家當皇帝，她都能接受，因為一個是她的娘家，一個是她的婆家。只要她自己小心謹慎，無論在哪一朝都能安享榮華富貴。可是如果韋氏當皇帝，她可就十三不靠了，而且以她的身分，肯定無法見容於新政權！怎麼辦呢？坐以待斃，這可不是太平公主的性格；向韋皇后獻媚討好，苟且偷生，這也不是心高氣傲的太平公主能做得出來的事。那剩下的只有一條路，就是跟韋皇后拼了吧，置之死地而後生。

跟韋皇后拼，怎麼拼呢？派個武藝高強的刺客搞暗殺？那是現代電影裡才會出現的情節。太平公

主可不是電影導演，她是一個老謀深算的政治家。從武則天晚年開始，她看的最多的事情就是政變了，政變思維在太平公主的腦子裡可以說是根深蒂固。現在形勢危急，要想挽救李唐王朝，只有搞一場政變，把韋皇后幹掉算了。搞政變是項複雜的工作，光靠太平公主一個人可不行，她還得找幫手。誰能當她的幫手呢？有一個幫手大家立刻就能想到，那就是相王李旦。李旦的處境跟太平公主是一樣的，如果韋皇后的野心得逞，倒楣的不僅是太平公主，還會有李旦。李旦實力強，又利益攸關，應該是太平公主最合適的合作夥伴。那麼，她是不是會去找李旦商量呢？她沒有去找。為什麼呢？首先，現在正是政治敏感時期，相王目標太大，肯定是韋皇后的重點監控對象，如果此時她和相王聯繫的話，容易曝露目標，引起猜忌。

另外，太平公主她有自己的野心。自從武則天樹立了女人也能當皇帝的榜樣後，李唐的宮廷貴婦個個胸懷大志，都夢想能在政治舞臺上擔當主角，太平公主當然也不例外。如果她和李旦一起搞政變，兩個人誰主誰次啊？當然是李旦為主，她為輔。因為李旦是男，她是女；李旦是兄，她是妹；李旦是太尉，正經的一品大員，朝廷命官，有公權力，而她只是一個公主。無論憑性別還是憑實力，她都無法和李旦抗衡。如果她跟李旦合作，人家李旦就是老闆，她只是打工妹，無論出多大力都改變不了這個局面。既然政變之中李旦處於主導地位，那麼政變成功之後李旦當了皇帝，她也就是一個功臣而已。這和唐中宗時期有什麼區別呢？當年她輔佐中宗李顯策劃神龍政變，政變成功後，她這個功臣不是處處受猜忌、遭打壓嗎？現在再跟李旦合作，一旦政變成功，李旦當皇帝，她的處境比現在好不了多少！辛辛苦苦給別人做嫁衣裳有什麼意思呢？太平公主也是個有理想的人，她可不只想當一個參與者，這次她要當主導者。可是，只要跟李旦合作，她就成不了主導者。怎麼辦呢？怎麼能既找到合作夥伴，又保證自己的優勢地位呢？正在太平公主反覆謀劃、一籌莫展的時候，有一個人來找她了。

這人是誰呢？相王李旦的兒子李隆基。李隆基是相王的側妃竇氏所生，是庶出，在家排行老三，人稱「三郎」。他可從小就是個牛人。天授三年（六九二年），李隆基剛剛七歲，有一天帶著自己的衛隊去朝堂拜見武則天。當時在殿上值班的將軍是武則天的堂姪武懿宗。此人生得矮小猥瑣、獐頭鼠目也就罷了，偏偏又膽小如鼠。武則天派他率軍和契丹人作戰，他倒是雄赳赳、氣昂昂地去了，一路上還在演習操練，耀武揚威。可是，剛到前線，連敵人的影子還沒看見一個，只聽探馬通報一聲：「契丹人來了！」武懿宗就嚇得屁滾尿流，撥轉馬頭向南落荒而逃。當時的詩人看他這副窩囊相，氣不打一處來，就寫了一首打油詩諷刺他，說他「突然逢著賊，騎豬向南竄」。「豬」又名為「豕」，「豕」、「屎」同音，這是在諷刺武大將軍看見敵人就嚇得大小便失禁。就這麼個極品人物，沒什麼別的本事，論心理陰暗程度倒是超一流的。仗著自己是武則天的姪子，很是瞧不起李家人，老是想找機會找茬*。但是他懦弱啊，對李家的成年人還真不敢怎麼樣，現在一看才七歲的李隆基帶著隨從過來了，他覺得自己可算找到機會了，就欺負欺負這小孩，抖抖威風！於是武懿宗就對李隆基的隊伍瞎指揮：「有你們這麼排隊的嗎？到那邊去！」擺出一副沒事找抽**的傲慢樣子。沒想到年紀小小的李隆基不吃這套，他轉過身來，威嚴地看著武懿宗說：「這是我家的朝堂，跟你有什麼關係？我的衛兵輪得著你來教訓嗎？」頓時就把武懿宗嗆得臉紅脖子粗，一句話也說不出來。武則天一看自己的小孫子如此了得，不由得哈哈大笑，一點兒也沒替武懿宗撐腰。這件事一下子就讓李隆基名聲大噪。俗話說「三歲看大，七歲看老」，李隆基從小性格剛強，長大之後當然就更加英武了，而且還是一名運動健將。咱們前面講過，他非常擅長打毬，唐中宗的時候曾作為王牌球員，以四敵十大勝吐蕃隊，當時在長安城裡引起了相當的轟動，人氣絕不亞於現在的小巨人姚明。

不過，李隆基可不僅僅是個光會打毬的小夥子。他雖然年輕，但畢竟從小就在政治漩渦中摸爬滾打，早就深知其中三昧。當年武則天在位的時候，他的媽媽竇夫人離奇慘死，屍骨無存，他自己也和爸爸相王李旦一起被軟禁了好多年，整天擔驚受怕，真是想想都不寒而慄。現在眼看著韋皇后又咄咄逼人，臨朝稱制，他坐不住了，難道李唐宗室又要倒楣了？怎麼才能拯救李唐王朝呢？左思右想，李隆基也覺得，只有政變一條路可以走了。搞一場政變，既可以挽救李唐王朝，對自己也不無好處。可是政變這條路怎麼個走法呢？李隆基思前想後，偷偷溜出家門，直接跑到姑姑太平公主這兒來商量了。

一看見李隆基，太平公主就動腦筋了。政變這麼大的事兒，李隆基不去和自己的爸爸商量，倒來找自己，肯定是另有所圖啊。他到底有什麼想法呀？這李隆基是庶出的老三，在講究嫡出庶出、長幼排行的古代，他在相王的兒子中並不占優勢，無論自身條件有多優秀，都輪不到他接相王的班，更不用說當皇帝之類的好事了。可現在他看出時局有變動的可能，想要瞞著爸爸，自己建立奇功，混一個皇帝當！想到這裡，太平公主的眼睛一亮，思忖著：這不正是我要找的人嗎？就跟這個年紀輕輕、沒有什麼名分的三郎合作謀劃一場政變吧！這樣一來，我是姑姑，他是姪子，我是政壇老手，他是初出茅廬，無論是身分還是威望上，我都可以占主導地位啊。另外，他既然是相王的兒子，拉上他還可以

---

* 找茬：大陸用語，意指「找碴」。

** 沒事找抽：大陸用語，意指「沒事找事做、沒事討打」。

利用相王李旦的隱性實力，這不是兩全其美嗎？一旦政變成功，擁立根本不知情的相王李旦當皇帝，再讓這個沒有什麼名分的三郎當太子，就如同平白送給相王父子一個大禮包，他們豈能不感恩戴德，讓自己隨心所欲呢？太平公主姑姪雖然各懷心事，但是兩個人需要相互借力，所以一拍即合，馬上達成一致，姑姪聯手搞政變！

二、運籌帷幄：太平公主幕後策劃，李隆基負責聯絡軍隊

那麼這姑姪倆怎麼聯手呢？太平公主說：咱們兩個各自發揮優勢，我主管幕後策劃，你主管聯絡軍隊。為什麼這樣分工呀？這個不難理解，太平公主參加過神龍政變，經驗豐富，而且早在武則天時代就以謀略和謹慎見長；另外，她地位尊貴，身分敏感，不能輕易出頭露面，所以非常適合做幕後策劃工作。而李隆基是貴族公子哥，平時就愛玩兒，就算是呼朋喚友也不會引人注目，適合做具體的動員組織工作。

一聽姑姑的這個分工，李隆基馬上拍胸脯保證說：「沒問題，組織軍隊的事情包在我身上，我早就跟禁軍有聯繫了。」咱們說過，當時的北衙禁軍統稱羽林軍，下面又分為飛騎和萬騎兩個子系統。李隆基到底跟哪支軍隊關係好呢？他跟萬騎的交情好，和萬騎的兩個中級軍官葛福順與陳玄禮都是鐵哥兒們。

可能有人會有疑問，李隆基當時只是一個小王爺，怎麼會和軍人關系這麼好呢？這還得從景龍三年（七〇九年）中宗李顯搞的南郊祭天大典說起。李隆基在中宗一朝官拜潞州別駕，從潞州回到長安

是為了參加這場祭天大典。就在這次大典上，韋皇后擔任亞獻，還讓宰相的女兒擔任齋娘，顯得風頭很勁。這讓李隆基倒吸了一口冷氣——難道皇后篡權的歷史又要重演了？從這以後，李隆基就暗暗多了個心眼，開始加強跟軍隊的交往了。可是，長安城裡的軍事系統有好幾個，他為什麼唯獨選擇了萬騎呢？

說起來，萬騎在唐朝軍隊中的地位非同一般。它本來是唐太宗組織的一支貼身騎射部隊，最初只有百十來人，號稱百騎。這些人都是從官奴隸和少數民族中精挑細選出來的，打扮得與眾不同，平時穿著虎皮紋衣服，跨在豹紋裝飾的馬鞍上，整天跟在皇帝身邊，專門負責在皇帝出門打獵的時候隨行左右，捕殺獵物。後來隨著皇權逐步加強，這支隊伍的規模也日漸擴大，達到了一千人左右，當年太子李重俊政變，用的就是這支隊伍。後來，中宗站在玄武門樓上喊話，這支隊伍陣前倒戈，中宗這才度過危局。為了表彰他們的功勞，中宗又把隊伍的規模擴大到一萬人左右，所以號稱萬騎。儘管規模由小變大，但這支軍隊和皇帝的親密關係並沒有改變，所以雖然當時長安城裡同時存在著幾支軍事力量，但只有萬騎才是真正的貼身護衛，也是皇帝身邊的最後一道防線，地位最為重要。因此如果控制了萬騎，在很大程度上就等於控制了皇帝。正是出於這個緣故，李隆基老早就盯上這支軍隊了。那麼李隆基怎樣和萬騎搭上關係的呢？他們之間的交往是通過一個內線進行的。

這個內線姓王名毛仲，是李隆基的私人奴僕，也是貼身侍衛。王毛仲為什麼能夠成為內線呢？因為他和萬騎有著相同的出身。王毛仲本來是高麗人，祖上在唐高宗時期當了戰俘，成為唐朝的官奴隸，所以王毛仲也是官奴隸出身。後來因為為人機靈，又會武功，被李隆基看中，挑出來成了他的私人侍衛。萬騎本來也是從官奴隸之中挑選出來的，所以當時很多的萬騎將領，其實都是王毛仲小時候的夥伴。這時，李隆基想要跟萬騎聯絡，就先派王毛仲前去敘舊。王毛仲雖然是個奴才，但也是個聰明人，很快就領會了李隆基的心思，馬上跟一批萬騎的中層將領打得火熱。王毛仲對這些將領既友善，又恭敬，既透著過去的老交情，但是也時時刻刻不忘彼此現在的身分差別。很快，這些軍官都非常喜歡他，漸漸都覺得離不開他了。王毛仲便抓住時機，再把他們引薦給自己的主人李隆基。李隆基也是個會玩兒的人，鬥雞、走狗、打毬，樣樣都來得，因此和這些小軍官頗有共同語言。再加上李隆基為人慷慨豪爽，萬騎的軍官們都覺得這個王爺沒架子，所以特別擁護他。有了與萬騎的這層親密關係，李隆基對於組織「栽好梧桐樹，引得鳳凰來。」就在太平公主姑姪暗暗為政變做準備的時候，有兩個人主動向他們靠近了。哪兩個人呢？第一個叫劉幽求。劉幽求在武則天年間制舉出身，當了縣尉。這個人很聰明，但是心高氣傲，因為本州刺史對他言語之間不大客氣，他不為五斗米折腰，一氣之下就不幹了，辭官歸隱。就這樣，蹉跎了很多年，雖然後來再度出山，可依然當著小小的縣尉。當初張柬之等五個大臣搞神龍政變，劉幽求曾經遊說他們徹底剿滅武三思的勢力，結果五個大臣沒有採納他的意見，後來很快就被武三思陷害致死。而劉幽求想要通過這幾個功臣建立奇功的願望也沒有實現。一直到唐中宗去世時，他也早過了五十歲這一所謂的知天命之年，但是天命在哪裡，還是模糊一片。反正劉幽求的現實身分就是個小縣尉，大材小用，這讓他非常鬱悶。

另一個叫鐘紹京。小吏出身，擅長書法，武則天時期有名的匾額都是他題的，也算是一個挺有本事的人。在唐朝時，官和吏之間等級森嚴，鐘紹京既然出身小吏，也就很難獲得高升。他雖然有些才氣，但到中宗一朝，自己的職位只是苑總監，主管長安城北面的皇家禁苑，雖說是個五品官，可是管物不管人，實際上沒多大權力。把兩個人的背景一交代，大家就明白了，劉幽求和鐘紹京這兩人其實都是野心家，都覺得自己很聰明，但就是不得志，懷才不遇。於是整天盼望政局出現變動，他們好大展拳腳，出人頭地。

野心家一般喜歡投靠當權派還是在野派呢？他們喜歡站在在野派一邊。道理很簡單，因為誰都知道，當權派身邊往往是謀臣如雲，猛將如雨，沒有這些野心家的餘地。而在野派則不同，為了獲取支持，往往更容易禮賢下士，更願意不拘一格延攬人才。如今中宗一死，韋皇后自然是當權派，而太平公主和李隆基雖然暫時屈居在野派，但是潛在能量很大，以後很有可能會大有作為。分析了未來政治走向之後，這兩個野心家決定要冒一把險，加盟太平公主和李隆基的陣營。

這兩人的加盟對於太平公主他們謀劃政變起到什麼作用呢？劉幽求和鐘紹京都是文人，他們的加入，自然可以充實智囊團。另外，鐘紹京入夥還有一個好處，他是苑總監，長安城的禁苑就在皇宮的北面。從禁苑的最南端出來就是宮城的北門玄武門，而進入玄武門，就到了皇帝的後宮了。這玄武門可是唐朝歷次政變的必爭之地，因此鐘紹京一入夥，太平公主和李隆基這一陣營就占盡了地理優勢。到此為止，整個政變的組織準備和軍隊動員都已經基本就緒，可以說是萬事俱備，只欠東風，就差一根具體的導火線了。

三、引爆政變：唐隆元年六月二十日夜，唐隆政變啟動

那麼政變最後的導火線是怎麼被引燃的呢？當時剛好有兩件事湊到一塊了。一件事是當時韋皇后集團內有一個高官反水了，另一件事是有幾個萬騎士兵挨了打。先看第一件事。當時，韋皇后集團中

有一個人叫崔日用，此人出身名門望族博陵崔氏，本來是宰相宗楚客的老朋友，兩人無話不談。有一天，宗楚客跟崔日用說：「韋皇后現在萬事俱備，只等掃清相王和太平公主兩個障礙，馬上就可改朝換代，到時咱們都會大有作為。」崔日用是個聰明人，雖然喜歡巴結權貴，但是看人的眼光還是挺準的。他其實冷眼觀察韋皇后和太平公主兩方勢力已經很久了，也知道太平公主他們正在醞釀政變。現在聽宗楚客這麼一吹牛，他忽然覺得自己站錯隊了，就憑宗楚客這樣的人也能當佐命功臣？崔日用無論如何也不相信。冥思苦想了一整夜之後，他決定反水，形勢嚴峻，不能再跟著韋皇后他們一條道走到黑了，投奔太平公主和李隆基這方更有前途。

可是反水就得立功呀，否則如何能取信於人？怎麼才能立功呢？這一天，退朝之後，崔日用換上一身便裝，直奔寶昌寺。在這個寺廟裡，有一個可靠的和尚，也熱中政治投機，平時經常幫他辦一些機密的事情。這就發生了在本章開頭講的那一幕。崔日用告訴這個和尚：「你趕緊去找李隆基，告訴他，韋皇后很快就要對李唐宗室動手了，讓他們早做打算，我可以在內部幫忙。」和尚這一報信，李隆基他們這邊也就加緊行動，準備政變了。

正好在這時，又發生了第二件事，就是所謂萬騎士兵挨打的事件。這又是怎麼回事呢？前面說過，中宗剛死，韋皇后就空降了兩個人來控制左右萬騎。這兩個人一個是韋皇后的堂姪韋播，另一個是韋皇后的外甥高嵩。這兩個小夥子在政治上倒是靠得住，但他們都是少年紈褲子弟，從來沒在軍隊待過，不知道怎麼和軍人打交道。另外，因為是空降兵，在軍隊裡沒根基，所以唯恐軍人們不服氣。怎麼才能讓人服氣呢？這兩個人覺得，自己得顯得厲害一點。於是，他們無事生非，故意找茬，有事沒事就找幾個萬騎士兵打一頓，想靠打人立威。幾天下來，萬騎裡不少人都挨過他們的鞭子。這一下可炸開鍋了。這萬騎好歹也是皇帝的貼身侍衛部隊，本來就比較心高氣傲，根本沒看上這兩個空降的將軍。現在這兩個毛頭小夥子居然敢打他們，真是「是可忍，孰不可忍」！於是，他們就找自己的隊長葛福順和陳玄禮訴起苦來。葛福順和陳玄禮看著自己的弟兄無故挨打，也很鬧心，索性去找他們平時就很信任的王爺李隆基，想聽聽他的主意。

李隆基一聽葛福順他們的說法，心裡不禁一動：何不趁此機會激他們一下呢？於是便試探著說：「韋家子弟這麼欺負你們，你們真想這麼忍下去嗎？他們有什麼了不起的？雖說名義上是將軍，其實還不就是幾個光桿司令*！只要你們二位發話，還怕弟兄們不聽你們的嗎？」葛福順和陳玄禮這兩人也是明白人，一聽李隆基話裡有話，馬上就說：「只要王爺您肯出頭，我們肝腦塗地也在所不惜！」軍隊將領這麼一表態，李隆基負責組織與動員軍隊的工作就算完成了。

李隆基這邊的軍事動員一結束，太平公主那邊的政變方略也出爐了。按照太平公主的想法，政變應該分五步走。

第一步，李隆基提前進入禁苑，先在鐘紹京家埋伏起來。這是為了就近安排政變事宜，以免臨時慌亂，錯失良機。

第二步，由葛福順率領手下將士殺死韋皇后派去的統帥，奪取禁軍指揮權。這一步可以確保軍隊完全掌握在自己手中，不至於內部分化，腹背受敵。

第三步，在禁軍奪權後，李隆基親自到玄武門坐鎮指揮，葛福順和陳玄禮分別率領左右萬騎突入

*光桿司令：沒有任何手下（兵力），只有自己一個人。

宮城，在淩煙閣前會合。之所以兵分兩路，是為了防止萬一哪個環節出現問題，不至於全軍覆沒。而李隆基坐鎮玄武門，從好的角度考慮，是為了接應；從最壞的角度考慮，是還可以逃跑。

第四步，在接到葛福順等人會合成功的信號後，李隆基再率軍突入宮城，指揮捕殺韋皇后、安樂公主等人，徹底肅清宮內的政敵。這一步考慮得也非常細緻，李隆基在確保安全的情況下再正式走上前線，這既可以有效地組織軍隊殲滅敵人，又在最大限度內減少了風險。

第五步，崔日用率軍肅清宮外的韋氏勢力，防止韋氏勢力從外面反撲。

政變的整個過程安排得環環相扣，非常穩健，很能體現太平公主的謀畫水準。

唐隆元年六月二十日入夜，政變正式啟動。可是，誰也沒想到，計畫剛剛進行到第一個環節，就出問題了，而且還是兩個問題同時出現。先是王毛仲逃跑了，緊接著，苑總監鐘紹京也害怕了，臨時打起了退堂鼓。我們說過，王毛仲是李隆基的貼身護衛，也是李隆基和萬騎將士之間聯絡的仲介，原本是李隆基的得力幹將。可是，就在發動政變的這一天，王毛仲忽然玩失蹤，人間蒸發了，哪兒都找不到。很明顯，這一舉動表明他對政變並不看好。還沒出師，身邊的親信就已經臨陣脫逃，不禁讓李隆基非常喪氣。沒想到，更讓他鬱悶的事情還在後頭呢。

這一天黃昏時分，李隆基按照計畫，換了一身普通工匠衣服，和劉幽求一起來到禁苑之內，打算在鐘紹京家和葛福順、陳玄禮兩個將軍會合。到了鐘紹京家門前，李隆基舉手敲門。就在這個當口，鐘紹京突然害怕了。自己好歹也是五品官，衣食無憂，還能靠書法特長賺點兒潤筆費。可一旦參加政變，成功了固然好，萬一失敗了，豈不是現有的一切都要失去了嗎？這麼一想，他就臨時變卦了，任憑李隆基在外面怎樣敲門，他裝聾作啞地就是不開門。這可是李隆基萬萬沒有想到的事情，急得他在外面直跺腳。這該怎麼辦才好？

就在這危急關頭，屋子裡面，一位巾幗英雄說話了。此人是誰呢？鐘紹京的妻子。她開始給鐘紹京做思想工作。她說：「你輔佐皇室，這是為國家出力，神仙會保佑你的！再說了，你已經和他們同謀，就算現在反悔，日後調查起來也難逃一死，還不如冒險拼一把呢。」這一番話把鐘紹京給點醒了。是呀，我臨陣退縮，豈不是兩頭不討好嗎？於是，趕緊打開房門，把李隆基恭恭敬敬地請了進來。大敵當前，李隆基也表現得相當大度，一點都沒有抱怨他，還緊緊拉著他的手坐下來。一場足以令整個政變胎死腹中的危機這才算最終化解。這件事說明什麼問題呢？其實，通過這件事，正好可以看出唐朝婦女的風度、膽略和家庭地位。如果沒有千千萬萬個鐘紹京妻子這樣的女人在平時的生活中當家做主，巾幗不讓鬚眉，怎麼能夠湧現出太平公主、韋皇后、上官婉兒等一批政治女強人呢？

李隆基在鐘紹京家等到二鼓，也就是晚上九十點鐘，出門一看，正好天降流星雨。眼看著碩大的流星閃著白光紛紛從夜空劃過，站在一旁的劉幽求覺得這是個吉兆，趕緊說：「天降流星，這是天意，我們趕緊動手吧。」

李隆基這邊一點頭，葛福順那邊馬上就開始行動了。他率領一隊萬騎將士，沒費任何周折，就大搖大擺地進了北衙禁軍的營房。韋皇后不是派了四個人控制禁軍嗎？兩個韋家子弟，一個外甥，還有一個女婿武延秀。當時，只有武延秀和安樂公主一起住在宮裡，其他三個都住在營房，已經睡著了。葛福順和他的一幫士兵進去之後，手起刀落，頃刻之間，幾個人的腦袋就被請了下來。葛福順拎著幾顆血淋淋的人頭在營房裡大叫：「韋皇后毒死先帝，想要篡權。今夜我們要殺死韋氏，奉相王當皇帝！只要是韋家的人，比馬鞭子高的，一個都不留！誰要是懷有二心，幫助逆賊，日後定株連三族！」萬騎士兵早已經恨透了韋家的這幾個將軍，當即紛紛表態，堅決追隨葛將軍！北衙禁軍的另一支隊伍飛騎，一看韋氏將軍的腦袋都已經在葛福順手裡了，也趕緊表示服從。安撫完士兵之後，葛福順把那幾顆人頭拿給李隆基，李隆基舉著火把湊近一看，沒錯，就是這幾個人！把這幾個人都幹掉了，等於軍隊都掌控在我們手裡了。既然已經殺人，那就是開弓沒有回頭箭了。

如今，無論勝敗，只能是拼命向前。那麼，唐隆政變到底能否成功呢？野心勃勃的韋皇后又會面臨怎樣的結局？

請看下回：唐隆政變

【第十回】唐隆政變

唐隆元年（七一〇年）六月二十日入夜，政變正式啟動。李隆基就率領著自己的貼身隨從，親臨玄武門，坐鎮指揮。在玄武門聽到這陣歡呼，李隆基馬上率領衛隊殺進宮來，三路人馬會合，直奔韋皇后的寢宮。聽到外面殺聲震天，韋皇后嚇醒了，怎麼辦呢？

韋皇后準備效法武則天當皇帝，激起了李唐皇室的反抗。太平公主和相王李旦的三兒子李隆基姑姪聯手，殺死韋皇后派到禁軍系統的四個將軍，發動了唐隆政變。那麼，這場政變能否取得成功呢？滄海橫流，野心勃勃的韋皇后、美麗驕縱的安樂公主和秀外慧中的上官婉兒又會顯示出怎樣的英雄本色？

一、玉殞香消：韋皇后、安樂公主與上官婉兒成為刀下亡魂

其實，一場政變能否取得成功，取決於兩個因素。一個是政變發動者的素質，一個是政變物件的素質。如果發動者的素質高於政變物件的素質，就會取得成功；反過來，就會失敗。那麼，唐隆政變的發動者素質如何呢？他們的素質太高了。太平公主是政變老手，心思縝密，策劃周詳。唐隆政變經她一策劃，可以說是有板有眼，環環相扣，一點紕漏都沒有。李隆基雖然年輕，但是臨事不亂，頗有大將風度。萬騎將士更是百裡挑一的勁旅。這三方力量湊到一起，真是戰無不勝。殺掉韋皇后派出的禁軍將領後，很快，李隆基就率領著自己的貼身隨從，親臨玄武門，坐鎮指揮；而葛福順和陳玄禮兩個人則帶領左右萬騎，兵分兩路殺入宮城。十二點鐘整，兩路人馬在淩煙閣前勝利會師，發出一陣巨大的歡呼聲。這淩煙閣原本是皇宮內一個不起眼的小樓，六四三年，唐太宗李世民為紀念當初一同打天下的眾位功臣，命著名畫師閻立本在閣內描繪了二十四位元功臣的圖像。從此，淩煙閣名聲大噪，成了功臣的代名詞，也是李唐王朝開國英雄的歷史象徵。如今政變將士在此地會合，不也正是為了維護先輩們當年奮鬥的成果嗎？

但是，對李隆基而言，現在可還不是抒情的時候。這歡呼聲其實是他們安排好的信號，在玄武門聽到這陣歡呼，李隆基馬上率領衛隊殺進宮來，三路人馬會合，直奔韋皇后的寢宮。聽到外面殺聲震天，韋皇后嚇醒了，怎麼辦呢？她一下子想到上次太子李重俊政變，那時候，她和中宗不是登上玄武門樓，靠著禁軍的保護才倖免於難嗎？現在故技重演吧。一路小跑來到玄武門。一看，門開著，空無一人；再一看，外面飛騎兵營居然也大門洞開，怎麼回事呢？韋皇后也覺得不太踏實。但是畢竟追兵在後，只能橫下一條心往前走了。再說，她也不知道自己派去的兩個將軍已經死了，心裡還暗暗慶幸呢，可算來到自己人的地盤了，不管出現什麼情況，只要有武力後盾，就還有希望捲土重來！靠著這樣的信念支撐，韋皇后急急忙忙走進了飛騎兵營，沒想到「星星還是那顆星星，月亮也還是那個亮」，士兵可不是當年的支持者了，有一個留守的飛騎士兵看到韋皇后進來，心想我立功的機會到了！迎面就是一刀，韋皇后馬上身首異處。

解決了韋皇后，還有安樂公主。安樂公主夫婦這天也住在宮裡。看到外面火光沖天，喊聲動地，安樂公主的心一下子沉下來了。她意識到，自己皇太女的夢算是做過頭了。跑，看來是跑不掉了，她穿上美麗的百鳥羽毛裙，走到鏡臺面前，開始精心化起妝來。她怎麼這時候還有心思化妝啊？大家知道，安樂公主是唐代第一美女，號稱姝秀辯敏，光豔動人。現在死期到來，尊貴的身分、飛揚的權力恐怕都只能是過眼雲煙了，但是，動人的容貌是別人永遠也奪不去的吧。無論如何，她想給世間留下一個最美麗的印象。不過，萬騎將士可都是當兵的粗人，哪有什麼憐香惜玉之情！安樂公主剛剛拿起眉筆，一個士兵已經跨進房門，一刀下去，安樂公主美麗的頭顱立刻歪向一邊。安樂公主死了，她的丈夫武延秀呢？俗話說「夫妻本是同林鳥，大難臨頭各自飛」，武延秀此刻可顧不得安樂公主，他早一溜煙地跑出去了，可是，沒跑多遠，也被一個萬騎士兵結果了性命。到此為止，政變的兩個主要敵人——韋皇后和安樂公主都已經被消滅了。

中宗去世之後，上官婉兒也住在後宮。她可是冰雪聰明，聽到外面的喊殺聲，她馬上明白過來，李唐宗室果然造反了。怎麼辦呢？婉兒可是八面玲瓏的人，早就給自己留了後路。她命令宮女點起蠟燭，找出當時和太平公主一起擬定的那份中宗遺詔，主動打開大門，率領宮女列隊迎了出去。她這邊大門剛打開，李隆基和劉幽求也帶著兵殺了過來。一看到劉幽求，上官婉兒叫了一聲將軍，呈上遺詔。按照她的想法，這份遺詔足以表明她心向皇家，應該可以免罪。劉幽求看了一眼遺詔，果然啊，上面正是婉兒的筆跡，白紙黑字寫著讓相王參謀政事，說明婉兒確實是心向皇家。殺還是不殺呢？心裡還真是猶豫。乾脆，請示一下主帥李隆基吧，就把婉兒帶到李隆基面前。李隆基看了看遺詔說：「上官昭容果然聰明！可惜現在是非常時期，人心不穩，我要是不殺妳，別人就該心生疑惑了！殺！」一聲令下，婉兒也倒在了大旗之下，血泊之中。

至此，三個唐中宗時期最重量級的政壇女性全部香消玉殞。

二、薄命紅妝：三個性格不同的女人，面對死亡時的容顏

這三個政壇女強人的死真是各具特色，非常鮮明地反映了三個人不同的性格和能力。現在我們就來一一分析。

先看安樂公主。安樂公主的死最具有審美意味，但是，最沒有強者風度。為什麼呢？從一般意義

上說，安樂公主也算是從容赴死了，臨死還不忘修飾打扮，我們在好多文學作品裡都看到過這樣的形象。比如《紅樓夢》裡的尤二姐，她在吞金自盡之前不是也要梳妝打扮嗎？這種悲劇女性特別打動人心，反映出女性在柔弱之中蘊涵的內在力量。但是，作為政治人物，安樂公主的作為就顯得太軟弱了，大難臨頭，她甚至都沒有努力掙扎一下，只會引頸就戮。這和她平時的橫行霸道形成了鮮明的對比。為什麼會這樣呢？我想，首先是安樂公主太順了，沒有抗壓能力。雖然她小時候曾經和父母一起吃過苦，但是，這對她來講，早已經是陳年舊事，自從長大以後，她就生活在父母補償性的溺愛之中，要星星不敢給月亮，這使得她特別缺乏抗壓能力。雖然平時看起來很剛硬，但是遇到挫折時又會特別脆弱。換言之，她缺乏苦難生活才能錘鍊出來的柔韌性。而柔韌，也是一個政治家所必須具備的素質。這樣看來，她是最不具備政治家素質的了。

另外，我們也要看到，安樂公主雖然叫囂著要當皇太女，但是她在朝廷裡其實並沒有任何正式的名分，也沒有任何真正的勢力，這使得她在災難面前不僅沒有反抗意識，也沒有反抗能力，只能充當一個悲劇角色。

相反，同樣是大難臨頭，韋皇后和上官婉兒的表現就成熟得多，也堅強得多。先看韋皇后，她在叛軍入宮的情況下怎麼辦的呢？她是以力圖存，尋求軍隊保護。這是一個很積極的想法，而且，因為她事先已經安排韋家子弟控制軍隊，所以這時到軍隊避難也算是比較穩妥的行為。這種反應體現出她剛強的性格和臨危不亂的素質。當年，她能扶持中宗度過艱難的流放歲月，靠的就是這種性格和素質。那麼，既然她素質不錯，為什麼還會失敗呢？我想，直接原因就是韋家子弟並沒有能真正控制住軍隊。雖然韋皇后早就空降了幾個親信到軍隊裡去，讓他們占據了禁軍的最高領導層，但是，他們在軍隊的時間還太短，根本不足以建立起自己的權威，所以只能是光桿司令，得不到部下的支持。不僅沒有辦法帶領整個軍隊維護韋皇后的統治，甚至自己也早早地成了刀下之鬼。

但是，除此之外，韋皇后的失敗還有更深刻的根源。這根源主要有三點。首先，韋皇后的資歷太淺了。她的丈夫唐中宗一共當了五年的皇帝，她也只當了五年的皇后。這對她的政治生涯相當不利。當年，武則天在唐高宗去世以前已經當了二十八年的皇后，長期協理朝政，既有長遠的施政綱領，又有現實的政治手腕。用人有道，惠民有方，在官民之中早已建立了崇高的威望。所以無論是唐高宗還是文武大臣，都覺得非她不足以穩定局勢。而韋皇后僅有五年參與朝政的時間，而且，就這五年時間裡，先有張柬之等五大臣專權，後有武三思勢力崛起，真正容她發揮作用的餘地也並不大。在這種情況下，儘管韋皇后處處模仿武則天，但是人們對她的認可度並不高，由她攝政，不足以服人。

其次，韋皇后的個人能力也無法和武則天相提並論，最明顯的表現是她對敵對勢力太缺乏警惕了。唐中宗死後，有大臣就曾經向韋皇后建議，讓她立刻控制相王的勢力。但是，韋皇后天真地以為，只要讓相王當大官就可以了，沒有採取任何監控措施。結果相王的兒子和太平公主聯合造反，韋皇后一點心理準備也沒有，這樣缺乏危機意識，怎麼能當一個合格的領袖呢！

另外，韋皇后對己方勢力的控制力也不夠。直接的證明就是連她的親信崔日用在關鍵時刻都會背叛她，而她對此居然一無所知。可見無論是對官員的吸引力還是掌控力，她跟武則天都有很大的差距。沒有武則天的能力，光有武則天的野心怎麼能成事呢！

第三，韋皇后沒有自己的親生兒子。中國古代講究母以子貴，是否有兒子常常決定皇后的命運。韋皇后唯一的親生兒子早在武則天晚年就因為議論二張兄弟喪命，而在中宗死後接班的小皇帝李重茂跟韋皇后並沒有血緣關係。這就使得人們對她輔政充滿懷疑。換言之，因為沒有親生兒子，韋皇后作為太后的地位也並不穩固。這兩大劣勢決定了韋皇后在中宗死後攝政的根基相當薄弱，唯一的依託就是中宗皇后的身分。而在政變中，李隆基方面首先就把一頂毒死中宗的大帽子扣過去，這樣一來，韋皇后攝政的最後一點依據也就不存在了，這也就注定了她失敗的結局。

再看上官婉兒。上官婉兒面對政變是最沉著的了，事實上，她在政變前已經做了充分的準備，這個準備概括起來就是以智自保。隨時手握一份中宗遺詔，一旦李唐宗室政變，這遺詔就是她「身在曹營心在漢」的鐵證。

毫無疑問，上官婉兒是這三個女人之中最聰明的一個。她的聰明，在當時可以說是盡人皆知。唐中宗一朝附庸風雅，專門成立了由才子組成的修文館，在宮廷裡整天作詩。偏偏韋皇后、安樂公主等人又沒有這方面的才華。怎麼辦呢？就讓上官婉兒捉刀吧。婉兒也確實厲害，同時替幾個人作詩，而且都能夠做到符合各自身分，文采斐然，在當時傳為文壇佳話。因為婉兒太有才了，所以宮裡每次搞賽詩會，都讓婉兒當裁判，儼然就是文壇女祭司。

婉兒判詩，最有名的一次是在景龍三年（七〇九年）正月，那次爭奪第一、二名的兩個人恰恰是以五言詩名噪天下的宋之問和沈佺期。這次賽詩會是在昆明池舉行的。時值正月三十日，已經是早春時節。唐中宗在昆明池玩得高興，不由得詩興大發，親自賦詩一首，讓群臣唱和。皇帝都帶頭了，大臣們當然是踴躍參加，都希望給皇帝留下個好印象。沒過多久，參賽交稿的就有一百多人。唐中宗趕緊讓上官婉兒來當評委，說好第一名有重獎。只見婉兒坐在高高的彩樓上，拿著各路詩人的稿子，一邊看一邊把淘汰掉的直接扔下來。一時間，詩稿就像雪花一般紛紛飄落，最後只剩下大才子宋之問和沈佺期的了，這兩個人在詩壇長期不分高下，所以合稱「沈宋」。眼看著老對手又湊到一塊兒了，大臣們簡直就像如今年輕人看超女比賽一樣緊張，畢竟是二進一的決賽啊！這時候，沈佺期悄悄對宋之問說，我看，咱們倆就以今天這首詩決定高下，以後也不必再爭了。正說著，又一張詩稿飄然而下。眾人一看，原來是沈佺期的，他被淘汰了。為什麼揚宋貶沈呢？婉兒的評價是：「二詩文筆相當，但沈詩結句『微臣雕朽質，差睹豫章才』，辭氣已竭，而宋詩結句『不愁明月盡，自有夜珠來』，陡然健舉，若飛鳥奮翼直上，氣勢猶在。」一下子，所有人都心服口服。

民間還有一則傳說，在婉兒還沒出生的時候，她的母親鄭夫人夢見一個金甲神人送給她一桿秤說：「妳的孩子以後可以稱量天下。」鄭夫人醒來之後很高興，覺得自己肯定能生兒子，以後當宰相。可是等孩子生下來一看，居然是個女孩，鄭夫人大失所望。有一天，實在無聊，就逗這個小女嬰說：「稱量天下的人就是妳嗎？」沒想到懷裡的小女嬰居然發出咿咿呀呀的聲音，好像說：「就是我呀！」這個傳說當然是後人附會的，但是可以看出當時人對婉兒品評天下才子的能力相當認可，簡直視為天意。

當然，婉兒更聰明的地方還在於她的政治心機。每次遇到政治變革，她總能狡兔三窟，左右逢源。當年，神龍政變以前，她一方面是武則天的貼身祕書，一方面又是武三思的情婦，同時還通過太平公主和太子李顯一方暗通聲氣。所以政變後搖身一變，從武則天的心腹馬上變成唐中宗的心腹。中宗暴崩後，她還打算這麼辦。一方面繼續給韋皇后出主意想辦法，另一方面又和太平公主起草遺詔，讓相王參謀朝政，體現她對李唐皇室的擁護。按照婉兒的如意算盤，無論哪邊得勝，她都是有功之臣。

那麼，上官婉兒算計得如此周密，為什麼也會失敗呢？我想，首先是這次政變的指揮是李隆基，而不是太平公主。婉兒和太平公主相互合作，政變以後很可能發展成太平公主的心腹。但是，她和李隆基並沒有這樣的交情。對於唐隆政變，李隆基和太平公主本來就是各懷心事，李隆基可不想留下這麼一個聰明人去提高太平公主的實力。當然，更重要的原因是她聰明過頭了。一次又一次地左右逢源，固然說明她心思的聰明，但也暴露了她道德的弱點。她是一個沒有任何政治節操和政治立場的人，跟她不能侈談忠誠。而任何一個皇帝都是希望臣子絕對忠誠的，如果沒有忠誠作保證，臣子越聰明只能意味著越危險。所以，在這次政變中，婉兒手中的遺詔非但沒有成為救命稻草，反倒成了刺向她自己的一把利劍。這就叫做聰明反被聰明誤。

但是，我們再往深裡想一步，上官婉兒這麼做，是不是意味著她本性就是水性楊花呢？中國古代講「女子無才便是德」，是不是有才華的女子真的就更輕浮一些呢？不能這麼說。婉兒生下來不久，就受到爺爺上官儀的牽連，被武則天的強權沒入掖庭，成了萬人之下的官奴婢。後來，又因為武則天的賞識，成了萬人之上的皇帝貼身祕書。這樣的經歷讓她明白了，她無從主宰自己的命運，但是權力可以主宰她的命運。權力可以讓人死，也可以讓人生；可以讓人賤，也可以讓人貴。這種對權力的崇拜，使得婉兒完全忘記了武則天的殺父之仇，心甘情願地為她服務；也使得婉兒在武則天晚年生命垂危、權力不保時，毫不猶豫地拋棄她，投奔下一個權力主宰。這是婉兒在險惡的政治鬥爭中形成的生存哲學。從這個意義上講，上官婉兒和韋皇后母女有著本質的區別，韋皇后母女都是為了實現自己的野心主動投身戰鬥，而上官婉兒捲入高層的政治鬥爭，很多時候只能叫做「人在江湖，身不由己」。作為一個身處高位而又沒有任何依傍的宮廷弱女子，她除了利用才智自保之外，還能怎麼辦呢？

正因為如此，在三個女人中，上官婉兒得到的同情最多。政變結束一年之後，她恢復了上官昭容的身分，而且被追諡為惠文。後來，李隆基當了皇帝之後，還給她出版了詩集，並讓大政治家同時也是大詩人的張說為她作序。張說在序言裡說，上官婉兒「敏識聆聽，探微鏡理」，既有文章之道，又有輔佐之功，對上官婉兒的文學才華和政治才幹做了由衷地讚美。死後能夠得到這樣的評價，也算是對這個曠世才女的一點告慰了。

三、追殲餘黨：崔日用完成追殲韋皇后餘黨的任務

除掉韋皇后、安樂公主和上官婉兒，政變的主體部分基本結束，剩下的就是追殲韋皇后餘黨了，這一步是由崔日用完成的。就在李隆基還在宮裡廝殺的時候，崔日用已經帶兵出發了，他的任務是清理支持韋皇后的幾個宰相和韋氏宗族。別看宰相們平時都是儀衛森嚴，一旦發生政變，筆桿子可就不如槍桿子了，有的在家裡就做了刀下之鬼，有的被殺死在逃命的路上。讓人覺得可笑的是竇懷貞，他眼看著乾坤已然顛倒，韋皇后的黨羽都要被一網打盡，不由得害怕起來。他不是娶了韋皇后的奶媽嗎？還曾經洋洋得意地自稱「皇后阿□」。現在朝中政變，自己跟韋皇后有瓜葛可不是好事，要是被株連怎麼辦？想想自己的前程，竇懷貞心一橫，快刀斬亂麻，親手斬了自己的老妻、曾經的老奶媽，提著她的頭獻給了李隆基。人格的卑劣展現得淋漓盡致。竇懷貞做出如此醜事固然讓人不齒，不過，他這番表演畢竟還保住了自己的性命，更可悲的是趙履溫。我們講過，他為了討好安樂公主，在為公主修建府邸的時候，曾經把駕牛車的轠繩挽在自己的脖子上，替安樂公主拉車。現在聽說安樂公主被

殺，他騎著馬一路跑到安福門的城門樓下，歡呼萬歲。沒想到，政變者早就看透了他的醜惡嘴臉，沒等他喊完，一個萬騎士兵已經走了過去，一刀結果了他的性命。老百姓平時被他沒完沒了地抓去做勞役，早已對他恨之入骨，這時一擁而上，割皮挖眼，把他身上抓得體無完膚，肉都抓沒了，最後只剩下一具骯髒的白骨。韋皇后的兩個男寵，美食家楊均和保健醫生馬秦客也被梟首示眾。

經過一番清點，崔日用發現，主要人物都已經解決了，唯獨跑了一個人。誰呢？宗楚客。這宗楚客可是大名鼎鼎的人物，上官婉兒起草的讓相王參謀朝政的遺詔就是被他否決的。也就是這個否決，最終引發了唐隆政變。他可是大臣裡的頭號政治犯，絕對不能輕饒。李隆基下令，全城戒嚴，搜！另外，關閉所有城門，一個可疑分子也不能逃跑！萬騎將士也挨家挨戶地盤查，可是盤查了好長一段時間，宗楚客就像是施了隱身術一樣，就是不見蹤影。轉眼已經到了六月二十一日清晨，天剛濛濛亮，就在長安城的通化門，有一個人騎著一匹青驢從城裡出來了。此人披麻戴孝，到門衛旁邊還在掩面痛哭，說是家裡死了父親，要趕緊出城奔喪。中國古代講以孝治天下，奔喪可是硬道理，屬於特殊情況，應該放行。可是，守門人上上下下打量了他一番，冷笑一聲說：「你別演戲了，我認得你，你就是宗宰相宗楚客吧？我們等的就是你！」話音剛落，左右幾個人一擁而上，把宗楚客斬了。

解決完宰相，還要把皇后韋氏的家族斬草除根。韋氏在當時也是一個大族，當時和杜家一起，舉族居住在長安城南，時稱「城南韋杜，去天五尺」，說他們兩家勢力很大，離權力核心近。可是，大兵一到，真是玉石俱焚，不要說身高在馬鞭以上的小夥子，就連吃奶的嬰兒都未能倖免。更倒楣的是杜家，本來沒做錯什麼，就因為和韋家毗鄰而居，好多士兵走錯了門，進到杜家一陣亂殺，好多杜家人都不明不白地死於非命。

這樣，經過一夜廝殺，到六月二十一日，唐隆政變勝利結束。唐隆政變是唐朝歷史上規模最大的一場宮廷政變，動用的兵力比玄武門之變還要多。同時，它也是一場非常成功的政變，因為太平公主策劃高明，李隆基指揮得力，主要敵人被一舉殲滅。這場政變成功地清除了韋皇后的勢力，解決了皇位繼承問題的困擾，避免了李唐王朝再次從中斬斷，對於唐朝的正常發展具有非常重要的意義。

毫無疑問，雖然政變的直接指揮者是李隆基，但是，李隆基當時畢竟還是一個二十幾歲的青年人，無論在智力還是威望上都不足以服人。因此，太平公主的通盤策劃之功恐怕更大些。正是這場政變，奠定了太平公主拯救李唐的功業，也奠定了她日後權勢的基礎。儘管如此，這場政變並沒有解決所有的問題，它只是把不該當皇帝的人殺掉了，並沒有解決誰該當皇帝的問題。當時法定的皇帝是已經登基的李重茂，而政變軍隊又打出了擁立相王的口號，可是，在這場政變中，相王自始至終就沒露面。那麼，接下來掌握政權的，到底是已經當了皇帝的李重茂，還是另有其人呢？

請看下回：睿宗登基

【第十一回】

睿宗登基

唐隆政變後，由誰當皇帝出現了兩種歧見，政變集團的既定方針是相王，但根據法統，李重茂才是實至名歸。到底誰有資格當皇帝呢？事實上政變之後不久，小皇帝李重茂就表示要傳位給相王。面對李重茂的傳位之舉，相王李旦是不是就欣然接受了呢？

唐隆元年（七一〇年）六月二十一日早晨，政變剛剛結束，大街上還殘留著一灘灘的血跡，整個長安城的市民也正驚魂未定。這時候，相王李旦忽然帶著小皇帝李重茂出現在安福門的門樓。就在這個門樓上，李重茂頒布大赦令，說韋皇后篡權作亂，已被剷除。這是國家平定內難的正義之舉，跟百姓無關，請百姓放心。為了表示普天同慶，皇帝決定大赦天下，文武百官加官晉爵，所有老百姓都免掉全年一半的賦稅。

大赦令一頒布，當然是萬眾歡騰。但是，有些政治敏感度比較高的人內心不免產生疑問，既然是皇帝頒布大赦令，為什麼相王也跟著出來？政變結束後，相王到底會扮演什麼角色呢？

一、皇位歸屬：政變集團的既定方針——擁立相王

前一回提到，唐隆政變只是解決了誰不應該當皇帝的問題，把韋皇后母女給幹掉了，但是，它並沒有解決誰應該當皇帝的問題。有人要問，當時皇帝不已經是李重茂了嗎？怎麼還要再解決誰當皇帝的問題呢？不錯，唐中宗死後，韋皇后選定了十六歲的李重茂做接班人，到政變發生時，他已經當了幾天的皇帝了。但是，政變之後，扶立李重茂做皇帝的韋皇后都被殺了，之前由她安排的事情當然就得一件一件推翻重來。哪次發生政變都會如此。事實上，就在政變還在進行的過程中，關於誰繼任皇帝，就已經有兩種方案提出來了。哪兩種方案呢？

一種是讓李重茂接著當皇帝，這是一群宦官和宮女提出來的。當時，劉幽求不是擔任作戰參謀嗎？跟政變有關的詔令都是他起草的。在太極殿裡，一群宦官和宮女就把他圍住了，請求他起草制

書，改立太后。那麼，要求改立太后與讓李重茂當皇帝之間有什麼關係呢？顯然，在這些宮女和宦官看來，李重茂當皇帝走的是合法程式，又沒犯什麼錯誤，自然還是要繼續當的。既然你們政變者說韋皇后謀殺親夫，危害社稷，那就把韋皇后殺掉，換李重茂的生母做太后好了。不過換太后就意味著保皇帝，也就是說，太后可以換，但是中宗的法統不能改變，李重茂這個小皇帝還可以照樣當下去。

另一種方案就是讓相王李旦當皇帝。這個方案有兩個人曾提出來。一個是武將代表葛福順，他在政變剛剛開始的時候就說：「今夕當共誅諸韋，馬鞭以上皆斬之！立相王以安天下。」明確表態，政變的目的就是擁立相王。另一個提出這個動議的則是文官代表劉幽求。政變剛一結束，他就對李隆基說：「眾約今夕共立相王，何不早定！」從這兩個人一前一後的表態中，我們就可以看出來了，擁立相王是政變集團的一個既定方針，是政變之前就已經規劃好的。

相王和李重茂到底誰更有資格當皇帝呢？客觀地說，他們各有優勢，也各有劣勢。李重茂的優勢在哪裡呢？他有法統的優勢。他是唐中宗李顯的兒子，唐中宗死了，應該由他的兒子繼承皇位，這是由中國古代父死子繼的繼承傳統決定的，李重茂符合這個條件。那麼他的劣勢在哪里呢？首先，他是韋皇后所立。唐中宗的死是暴卒，還沒來得及立太子就一命嗚呼了，所以李重茂無論是當太子，還是當皇帝，都是韋皇后一手策劃的。而韋皇后現在已經一敗塗地，那她所扶立的皇帝也就沒有法律效力了。另外，李重茂當時只有十六歲，尚未成年，此前也沒有任何優秀的政治表現。此時唐朝內難不已，他能否掌控得了這樣複雜的局面，大臣們心裡並沒有把握。

再來看相王李旦，他的優勢在於他得到政變集團的擁護。李旦當時是唐高宗和武則天唯一在世的兒子，是中宗的親弟弟，官居太尉，爵封安國相王，是李唐宗室中當之無愧的老大。李旦位尊權重，所以政變集團一開始就把他當作一面旗幟。政變集團的鼎力支持就是他最強有力的籌碼，在實力上，他比李重茂強。另外，此刻的李旦五十上下，正是政治經驗豐富、年富力強的時候，由他來撥亂反正，人們更加放心。那他的劣勢是什麼呢？李旦最大的劣勢就是他並沒有法統的依據。父子相承好過兄終弟及，這是人們在商朝就已經明白的道理。在前任皇帝還有兒子的情況下由弟弟繼位，無論如何，在名分上都會有所欠缺。

那麼在現實政治鬥爭中，法統和實力到底哪個更重要呢？當然是實力更重要。俗話說，槍桿子裡面出政權，誰有實力誰就能占上風。所以，雖然還有些理論難題需要解決，但在當時，讓李旦當皇帝幾乎不存在什麼懸念。事實上，小皇帝李重茂雖然年輕，但也明白這個道理。所以政變之後不久，他就表示要傳位給相王。那麼，面對李重茂的傳位之舉，相王李旦是不是就欣然接受了呢？

二、父子相峙：三郎李隆基發動政變的政治盤算

相王沒有接受。按照《資治通鑑》的記載，他是「固辭」，堅決推辭不幹。那麼李旦為什麼一定要推辭呢？傳統的解釋是李旦性格太恬淡了，見困難就上，見榮譽就讓，任何時候只要可能，他都要把當皇帝的機會讓給別人。當年武則天立他當皇帝，他當了三年，不是就把天下讓給母親了嗎？後來唐中宗當皇帝，立他當皇太弟，等於讓他當接班人，他也推辭掉了，甘心當安國相王。連母親和哥哥讓他當皇帝他都不願意，怎麼會忍心從姪子手裡奪取天下呢？史書上說這是他的一貫性格，說他是個真正的君子，所以他當然不能接受李重茂的禪讓。還有人認為，中國古代講禮，即使心裡願意，表面

也要推辭，實在推不掉了，再羞答答地接受下來，這不就叫「三讓而後受之」嗎？李旦是不是也有這方面的考慮？

我覺得，不論是李旦的性格，還是傳統禮法，都會對他的行為產生影響，但是，在現實政治利益面前，這些絕不是最關鍵的因素。關鍵因素是相王的處境太尷尬了。怎麼尷尬呢？儘管我們說唐隆政變是有唐一代規模最大的一場宮廷政變，但是，在整個政變過程中，相王李旦完全是個局外人，根本沒露過面，沒立過功。大家知道，中國古代當皇帝無非就是兩種途徑，一種是繼承來的，一種是奪取來的。而相王李旦呢？按照繼承的原則沒他的份，按照奪權的原則他又沒參與，忽然黃袍加身，這種處境非常尷尬，讓他覺得這個皇位不能輕易接受，不如先推讓一下，以觀後效。

可是，大家肯定會奇怪，既然政變一方已經決定擁立相王，為什麼沒有讓他參與政變呢？讓李旦領導政變，政變後再讓他應天順人當皇帝，不就順理成章，可以避免尷尬嗎？當年神龍政變要擁戴李顯當皇帝，不是就讓李顯參加了嗎？為什麼到李旦這兒，非要把他蒙在鼓裡呢？這個問題的癥結不在別處，就在李旦的三兒子，也就是政變的軍事總指揮李隆基身上。是李隆基堅決主張瞞著他爸爸，不讓他知道政變的消息。

為什麼說是李隆基幹的呢？有兩條史料可以證明。在政變之前，有人就提醒李隆基，是不是應該跟相王通一下氣。結果李隆基說：「我曹為此以徇社稷，事成福歸於王，不成以身死之，不以累王也。今啟而見從，則王預危事；不從，將敗大計。」我們為了李唐江山拋灑熱血，不成功則成仁。如果成功了，相王坐享其成便可，不必讓他冒風險。一人做事一人當，哪能讓父親擔驚受怕呢？所以不能告訴李旦。第二條史料說的是在政變主要環節已經基本完成，韋皇后和安樂公主都已經被萬騎殺死的情況下，劉幽求對李隆基說，現在應該定下讓相王接班的事了。結果李隆基立刻制止了他，並說，此刻還不是時候，一定要集中全力，繼續追殲殘餘力量！直到把所有的敵人都一網打盡，李隆基這才來到相王府邸，叩見相王，向他稟告，我剛剛發動了一場軍事政變，把韋皇后、安樂公主等人統統結果了。事先沒跟您打招呼，請您不要見怪，現在已經沒什麼危險了，我想請你出來主持一下局面，安撫眾人之心。從這兩件事可以看出來，李隆基從頭到尾就沒想要讓爸爸參與政變。

那麼，李隆基為什麼一定要瞞住李旦呢？是不是像他自己說的那樣，是因為他太孝順了，不肯讓爸爸冒政變的風險呀？我們不能相信，因為這個理由不成立。李隆基和李旦可是父子至親，按照古代刑法株連親屬的原則，一旦政變真的失敗，即使相王沒有參與，難道就不會受牽連嗎？這樣看來，所謂「事成福歸於王，不成以身死之，不以累王也」純屬騙人的鬼話，不足採信。既然李隆基不讓相王參與兵變，不是出於對他人身安全的考慮，那又是因為什麼呢？一言以蔽之，是因為他自己也想當皇帝。

我們說過，相王李旦是當時李唐皇室最有號召力的人。如果他參加政變，那麼這場政變就變成李旦和太平公主兩個人的事了，李隆基在政變中的地位就要大大降低。如果這樣，政變一旦成功，李旦自然是順理成章地當皇帝，但李隆基可就慘了，無論他在政變中出過多少力，也不會輪到他接班。為什麼呢？因為李隆基不是嫡長子。他號稱三郎，是李旦的三兒子，上面還有兩個哥哥。而且，他的母親竇氏在世的時候不過是李旦的一個側妃，也就是妾。古代講究子以母貴，所以李隆基的先天出身實在不怎麼樣。那麼李旦的兒子中有沒有出身比他好的呢？當然有了。李旦的嫡妻所生的長子李成器當時還活得健健康康，而且已經受封為宋王，平時老成持重，人緣也相當不錯。李隆基既不是嫡子，也不是長子，而嫡長子實力又比較強，所以無論怎樣都不會輪到他接班。在這種情況下李隆基投身政變，豈不就是為他人作嫁衣裳嗎？自命不凡、雄才大略的李隆基當然不甘心。所以，他索性就對相王封鎖消息，自己建立奇功，作為日後出頭的資本。因為他有這樣一番心思，就把相王晾到一邊去了。

可能有人要問，李隆基這麼做，難道他的姑姑太平公主不反對嗎？太平公主當然不會反對，因為她也想要權力啊。如果李旦參與了政變，那麼太平公主再有聰明才智，她在這場政變之中，也只能處於輔助者的身，是個配角。而如果她把相王蒙在鼓裡，然後再擁立他當皇帝，那她就是擁立者的角色。輔助者在政變之後的利益怎麼能比得上擁立者呢？有了這樣的私心，太平公主也就默許了姪子的做法，姑姪兩人心照不宣，雖然表面都說擁護相王，但實際上誰也不願意真的讓相王參與，這也使得相王在政變之後的處境非常被動。在這種情況下，李旦索性擺出一副高姿態，拒絕接受小皇帝李重茂的禪讓，想要看看妹妹、兒子以及政變功臣的反應。

相王李旦拒絕在政變後當皇帝，可以說是反將了一軍，把難題拋給了政變組織者。那麼，面對他的推讓，政變功臣是如何反應的呢？負責起草詔書的劉幽求首先說話了，他跟李隆基說：「相王疇昔已居宸極，群望所屬。今人心未安，家國事重，相王豈得尚守小節，不早即位以鎮天下乎！」現在國難家難一波連著一波，相王過去就當過皇帝，現在眾望所歸，希望相王趕快出來收拾局面，鞏固勝利成果。那麼，李隆基是怎麼回答的呢？他說：「王性恬淡，不以代事嬰懷。雖有天下，猶讓於人，況親兄之子，安肯代之乎！」我爸爸非常恬淡，不想當皇帝，特別是不想取代姪子當皇帝。根本不跟爸爸商量，直截了當就替爸爸拒絕了。

李隆基這番表態太有趣了。我覺得，這其實是他的一個試探，想要看看劉幽求的反應，我爸爸不幹，你們能不能直接推戴我當皇帝呀？可是，劉幽求雖然號稱聰明能幹，政變當天晚上就起草了一百多份詔書，但是，他一時還真沒明白李隆基的意思，只是說：「眾心不可違，王雖欲高居獨善，其如社稷何！」一聽「眾心不可違」，李隆基覺得沒戲了，看來現在讓大臣直接推戴他，還為時尚早。只好和大哥，也就是李旦的嫡長子李成器一起去找相王，勸他說，天下現在翹首以待，還得您出來收拾殘局，穩定江山。相王李旦本來對兒子的用心看得一清二楚，現在兒子既然已經妥協，也就放心多了。太平公主呢，本來政變前也並沒有當皇帝的野心，只是想擁立相王，然後自己掌握一定的實權而已，所以也不會有什麼意見。政變的兩個最主要的功臣都首肯了，相王也就不再清高，半推半就地接受了下來。但是，前面也說過，相王當皇帝畢竟沒有法統的依據，怎麼樣才能從姪子手裡合理地接受皇位呢？這時候，太平公主出面了。

三、李旦即位：國家多難，政局不穩，李重茂傳位相王

自從政變結束後，太平公主就住在宮裡，陪著小皇帝李重茂，跟他講經說法，做思想政治工作。李重茂要傳位相王，在很大程度上就是她教育的結果。此時眼看大局已定，太平公主就又導演了一場戲。

唐隆元年（七一〇年）六月二十三日，李重茂又被她脅迫著上朝了。這一次上朝可是與眾不同。一般來說，皇帝是坐北朝南的，御座放置在最北邊。此時還處在中宗的國喪期，所以皇帝的御座從北邊挪到了東邊，而且是在東南角，面朝西放著。小皇帝李重茂就坐在上面，瑟瑟發抖。大殿西邊，正

對著御座的位置，停放著一口巨大的棺材，中宗就躺在裡面。棺材旁邊站著相王李旦。大殿之上就這麼兩個活人一個死人，殿下是烏壓壓的文武大臣。不過這一天，大臣的最前列還站著一個高大豐滿的中年女人，此人就是太平公主。看到君臣都已經各就各位，太平公主就像司儀一樣開口了。她說：「國家多難，政局不穩，皇帝要把位子讓給自己的叔叔相王，大家覺得如何呀？」滿朝文武多數還不知道具體情形，都面面相覷，不敢說話。

這時候，劉幽求出列了，他說：「國家有難，皇帝能夠大公無私，讓位給相王，這是可以和堯舜禪讓媲美的高尚行為啊！相王在這個危急關頭替姪子主持大政，這才是真正的慈愛！皇帝一家叔慈姪孝，這是天下百姓的福氣呀！」說完之後，劉幽求也不管別人做出怎樣的反應，就拿起傳位詔書宣讀起來，顯然早就做好了準備。

可是，他們都準備好了，小皇帝李重茂還沒準備好呢！雖然政變之後他也覺得凶多吉少，但是沒想到這一天這麼快就到了，所以當即嚇傻在那裡，坐在御座上，起不來了。新皇帝等著接班，他還不趕緊讓位，場面一時有些尷尬。朝堂之上，一片靜寂。這可如何是好呢？這時候，太平公主三步兩步走到了御座前，對著呆若木雞的李重茂說：「天下已經歸心相王，這個位置不是你的了！」說完一把揪住他的領子，就像老鷹抓小雞一樣，把李重茂給揪下來了。然後又走到棺材面前，把李旦拉到龍床前，按在御座之上。接著，返身下殿，率領滿朝文武跪倒在地，山呼萬歲。當時，還有誰比她更有身分和資格這麼做呢！就這樣，李旦在太平公主的直接操縱之下，正式登基，這就是歷史上的唐睿宗。

這可是李旦一生中第二次當皇帝了。第一次還是在六八四年，當時，武則天廢掉了他的哥哥李顯，讓他當了皇帝。傀儡皇帝當了沒幾年，就懾於武則天的壓力，把皇位讓給自己強勢的母親。現在時隔二十多年，他又一次接哥哥的班了。那麼，這一次當皇帝是不是比上一次的處境好一些呢？很難說。第一次當皇帝，他是受制於母親；第二次登基，他還是非常被動。他是被兒子和妹妹推上皇位的，在這種狀態下當皇帝，以後難免要受制於人。如果想當穩皇帝，他必須要加強自己的實力。如何加強呢？李旦做了兩件事。

第一，擺平兒子和妹妹的關係。通過唐隆政變，李旦充分見識了兒子的心機，也見識了妹妹的威力，所以，剛一登基，馬上就要考慮如何處理兒子和妹妹了。

對兒子李隆基怎麼辦呢？對這個立了大功的兒子，李旦採取了打壓的態勢，利用立太子問題打壓。按照慣例，李旦當了皇帝，馬上就要立太子。本來，既然李旦的皇位有一半是李隆基送給他的，那麼，立李隆基當太子也是必然選擇，這也是李隆基衷心期待的結果。

可是，萬萬沒想到，在這個時候，睿宗李旦擺出了一副很遲疑的樣子，說我沒考慮清楚。怎麼叫沒考慮清楚呢？他同時提出了兩個候選人，一個是他的大兒子，也是當年他和正妃劉氏生的兒子李成器；另一個才是三兒子，庶出的李隆基。而且，他的理由也特別冠冕堂皇。他說，這兩個人一個是嫡長子，另一個立了大功，立哪個都有依據，同時，立哪個也都依據不足。手心手背都是肉，所以我沒法作出決定。李旦這樣做用意很明顯，就是利用李成器給李隆基施壓。

他這一招奏效了沒有呢？沒有。有兩撥人出來反對了。第一撥就一個，太子候選人之一——嫡長子李成器。李成器也不是傻子呀，他爸爸對政變都毫不知情，他就更是被蒙在鼓裡了。政變完全沒有他的功勞，他現在怎麼敢當太子啊？他心裡也非常清楚，爸爸以嫡長子為理由把他提出來，不過就是想拿他當個棋子，他可不願意去兜攬這個燙手的山芋。所以他趕緊表態說：「國家安則先嫡長，國家危則先有功；苟違其宜，四海失望。臣死不敢居平王（李隆基在政變立功之後封平王）之上。」按照他的說法，所謂嫡長子繼承制，那是國家在承平之日的選擇；現在國家正處在多事之秋，凡事可以變通，還是立有功之人更能服眾。反正李成器是堅決不做這個皇帝。

第二撥反對者是以劉幽求為代表的政變功臣。劉幽求說：「臣聞除天下之禍者，當享天下之福。平王拯社稷之危，救君親之難，論功莫大，語德最賢，無可疑者。」他的意思很清楚，誰打天下誰就得天下，是李隆基把政變發動成功了，你李旦才能當上皇帝，現在你怎麼好意思不傳位給他呢？

睿宗李旦一看，大部分人還是傾向於李隆基的，也只好表態，讓李隆基當太子。不過，雖然李旦打壓李隆基並沒有取得完全的成功，但是，他的這番作為也給了李隆基一個下馬威。李旦的意思很明確，三郎啊三郎，別以為你立了大功，就能為所欲為，我才是皇帝，重大的事情還得取決於我。

對太平公主，李旦又是怎麼做的呢？他對太平公主採取了扶持的策略。這裡有感情因素，也有利害考慮。本來，在唐中宗一朝，太平公主和李旦處境相似，站在同一條戰線上，因此也頗有點相濡以沫的感情，兄妹之間關係不錯。中宗死後，太平公主又和上官婉兒一起起草遺詔，讓李旦輔政，雖然最後沒有得以實行，但李旦內心還是充滿感動。更重要的是，在唐隆政變中，太平公主對李旦可是立了大功。雖然政變是李隆基和太平公主一塊兒密謀的，沒有讓他參與其中，但是，政變能夠確立讓李旦當皇帝，這無疑主要是太平公主的功勞。而且，政變後太平公主對李旦還是鼎力支持，要不是她動用姑姑的威嚴把小皇帝李重茂拉下御座，李旦本人還真不知道如何擺平這個局面。所以，李旦對太平公主是打心眼裡感激。

再看利害關係。對於李旦來說，當時最大的威脅就是身邊虎視眈眈盯著皇位的兒子李隆基。誰有能力制衡李隆基呢?只有同樣立了大功的太平公主了。所以,李旦也樂於給太平公主更大的權力。

那麼李旦究竟給了太平公主什麼好處呢?第一,他增強了太平公主的經濟實力,把她的實封提高到一萬戶。神龍政變之後,中宗已把太平公主的實封提高到五千戶,這已經是一個驚人的數字了。而這次,李旦又把它進一步升格,提到了一萬戶。這樣一來,簡直不是太平公主有敵國之富了,而是整個國家財政都要努力向太平公主看齊。

第二,他提升了太平公主的家族實力,讓太平公主三個年紀大點的兒子都晉封為王。自古帝王對異姓封王都很敏感,當年漢高祖劉邦當皇帝時,就定下「非劉不王」的原則,從此之後,異姓封王要麼是改朝換代的前奏,要麼是國家對功格於天、無法按常理獎賞的大臣的最高獎賞。現在,睿宗就把這個獎賞給了太平公主一家。

第三,也是最重要的,他給了太平公主更多的參政權力。當時,凡是國家大事,李旦都要主動和太平公主商量,因此每次太平公主進宮,都要坐上好幾個小時才走。如果哪一天太平公主身體抱恙沒有進宮,李旦就幹脆讓宰相拿著文書,到太平公主家裡辦公。這樣一來,太平公主真是權傾朝野。對太平公主這番處置合起來,就是李旦做的第一件事——讓妹妹制衡兒子。

那麼李旦做的第二件事是什麼呢?培養自己的勢力。唐隆政變結束後,劉幽求、鐘紹京等跟隨李隆基的功臣都掌握了實權,李旦也不能讓自己變成光桿司令啊。怎麼辦呢?他馬上提拔了一個叫薛稷的人。薛稷是個書法家,李旦也雅愛八分書,算是書友。另外,當年在武則天時代,薛稷曾經是李旦的下屬,是他的老部下。後來,李旦把女兒仙源公主嫁給了薛稷的兒子薛伯陽,兩個人又成了兒女親家。三重關係交織在一起,李旦對薛稷特別信任。現在李旦當了皇帝,馬上就把薛稷提拔為宰相了。

可能有人會說，這李旦怎麼和他的哥哥李顯一路貨色呀？李顯當上皇帝就提拔自己的岳父，李旦當了皇帝馬上提拔自己的親家。確實，這兄弟倆的用人方略都讓人不敢恭維，可是，這也不能全怪他們，誰讓他們當皇帝的時候都沒有一點實力呢？

把人事安排清楚後，李旦又向新的領域進軍了。哪個領域呢？天命。當皇帝要奉天承運，這是古代的政治神話。這天命說遠也遠，所謂「天意從來高難問」；說近也近，所謂「天視自我民視，天聽自我民聽」。要想得到天命，似乎既要討好上天，又要討好百姓才行。這難度可太大了。大多數政治家都不願意這麼麻煩，乾脆走捷徑算了！反正天命總得有點具體的表現才行，就從表現下手好啦。所以，各種各樣的人造天命層出不窮，如漢高祖斬蛇起義一類的神話就紛紛出籠。當年武則天當皇帝之前不是搞什麼「河出圖、洛出書」嗎？韋皇后野心膨脹，也在衣服上弄出五色祥雲來。

現在輪到李旦來造神了，怎麼才能證明天目垂青呢？有人來編故事了。說有一個叫杜鵬舉的人突然死了，魂魄悠悠，來到地府。到了閻王面前才發現，原來該死的是另一個和他同名同姓的人，搞錯了。地府雖然陰暗，但是還並不黑暗，勇於承認錯誤，準備幫助杜鵬舉回到陽間。正走在返回陽間的路上，杜鵬舉忽然看見路的左邊有一座新城，散發著奇異的香氣，城周圍都是士兵在把守。杜鵬舉一時好奇心大發，也顧不得返回陽間了，就折到那條路上，問那些當兵的在幹什麼。當兵的回答說：「相王要當天子了，所以按照規矩，應該有四百個神仙來給他送行。」杜鵬舉原來當過相王府的官員，聽見舊主高升，當然更感興趣啦，趕緊趴在牆縫前往城裡看。只見幾百個仙人都圍著相王，滿地彩雲，有如圖畫。忽然，相王前面出現了一個女人，手拿香爐，在前面引路。這女人雍容華貴，但不知為什麼，衣帶好像是破的。再看相王，頭頂著一輪太陽，光輝燦爛，照出一丈多遠。杜鵬舉本來還想接著看呢，可惜當兵的不讓了。杜鵬舉只好原路返回，回到家裡。

隨著靈魂又進入肉體，杜鵬舉的屍體也就從停屍床上一躍而起，又活了。甦醒過來之後，再回味自己的夢境，杜鵬舉是若有所悟。第二天，他趕緊找了一個理由來拜見相王李旦，告訴相王他有天命。相王聽了當然高興了，緊緊握住他的手說，以後如果我真的當了皇帝，一定不會忘記你今天的恩德。果然，沒過三年，唐隆政變爆發，李旦真的當了皇帝。為了表彰杜鵬舉的先見之明，睿宗賜給他一篇題詞，上面寫著：「思入風雅，靈通鬼神。」按說這個表明天命昭昭、分毫不爽的故事到這裡可以結束了，誰知還有一個更神奇的尾巴呢。睿宗重新向杜鵬舉打聽當年的夢境，忽然對所謂的引路女人發生了興趣，就讓身邊的妃子、公主乃至宮女都打扮成引路人的樣子，讓杜鵬舉辨認。杜鵬舉看了一圈之後，果斷地指了指一個女人說：「就是她！」這個女人是誰呢？就是大名鼎鼎的太平公主。再問公主為什麼繫一條破裙帶，公主回憶說，當時我正給皇帝熨龍袍呢，沒想到一個火星子忽然迸到裙帶上，所以就燒破了。幾方面的事情都對上了，這時候，太平公主才流著眼淚祝賀李旦說：「聖人之興，固自天也。」您果然是得天命的啊！

我們為什麼講這個故事呢？很顯然，這篇保存在《太平廣記》裡的故事就是當時睿宗造神運動的一個產物。至於說都有誰在幫他造神，我們看看故事中的出場人物就明白了：睿宗的下屬，太平公主，當然還有睿宗本人。有了這麼一個美麗的故事，睿宗不也就成了天命所歸了嗎？

做了這兩件事之後，李旦稍微安心了一點，他覺得自己的皇帝之路開始慢慢走上正軌了。可是他萬萬沒想到，一個他先前想都沒有想到的事情忽然發生了，而且差一點毀掉他的統治。這究竟是什麼事情，怎麼會造成如此嚴重的後果呢？

請看下回：重福叛亂

【第十二回】重福叛亂

唐隆政變後，相王李旦被擁立為皇帝，但是中宗另一個兒子李重福覺得自己更有資格當皇帝。此時，兩個野心家鄭愔與張靈均適時出現，在李重福的身邊慫恿，於是李重福當即下定了決心，心動就要行動！到東都洛陽造反，把應該屬於自己的天下奪回來！怎樣才能使造反獲得成功呢？

景雲元年（七一〇年）八月的一天，也就是唐睿宗李旦登基兩個月之後，唐朝的東都洛陽忽然全城緊急戒嚴，士兵把守在各個路口，盤查行人。正在這個時候，有一駕馬車疾馳而來，車裡坐著一個貴婦人。這個貴婦頭盤高髻，身著盛裝，臉上遮著一塊面紗，看上去既雍容又神祕。貴婦出門，用面紗遮臉，這在唐朝前期是比較流行的裝束；而且根據中國男女授受不親的古訓，既然車裡坐的是女眷，士兵一般也不會盤查得太過仔細。所以，這輛車本來準備放行了。可是，正在這時候，忽然一陣風吹過來，把貴婦人的面紗掀起了一角，有一個士兵忽然覺得自己看到了幾根鬍子。這是怎麼回事？難道是自己眼花了嗎？士兵不放心，為了保險起見，走過去，說聲得罪，把面紗給掀開了。這一掀開不得了，士兵嚇了一大跳。緊接著又回過神來，馬上哈哈大笑起來。這面紗後面哪裡是什麼貴婦呀，分明是個要多醜、有多醜的男人，下巴上還殘留著幾根沒有剃乾淨的鬍子。就這形象還好意思花紅柳綠地扮貴婦？這士兵再看看自己手中的通緝令，連忙衝上去一把揪住這個冒牌貴婦的衣領，把他從車上拖了下來，對他說：「您就是鄭愔鄭大人吧，我們在此恭候多時了！請您換一輛車坐吧！」馬上，一輛囚車駛過來，把這個冒牌貴婦給帶走了。

那麼，這個冒牌貴婦到底是何許人？此人名叫鄭愔，當初曾是二張兄弟餘黨。神龍政變後，二張黨羽紛紛遭貶官流放，鄭愔也被貶至南方。可他是一個有野心的人，不甘從此落寞，於是便尋找機會偷偷跑回洛陽，投靠了當時頗有勢力的武三思，重新回到中央。那麼，鄭愔既然是個朝廷命官，為什麼要男扮女裝出逃呢？他化妝出逃，是因為他參與了唐中宗的兒子譙王李重福發動的一場叛亂。這場叛亂是唐睿宗李旦登基之後遇到的第一場政治危機。

一、真命天子：中宗最年長的兒子李重福伺機而動

唐睿宗李旦剛剛登基才兩個月，怎麼就會爆發叛亂呢？說起來，很大程度上還是在於他的統治並沒有得到當時朝廷內外廣泛的認可，缺乏名正言順的法統依據。唐隆政變後，相王李旦被擁立為皇帝，取代了中宗的兒子——小皇帝李重茂。不過，我們也說了，這次權力轉移雖然符合「槍桿子裡出政權」的原則，但實際上並不符合古代一般的法統原則。因為李旦當皇帝是接中宗的班，而根據中國帝制時代的繼承法則，皇帝之間的繼承應該是遵循父死子繼的原則，一般只有在前任皇帝沒有兒子的情況下，才會考慮讓弟弟繼承皇位。可是這時候，中宗還有兩個兒子活著呢。一個是剛剛被推翻的小皇帝李重茂，另外一個則是李重茂的哥哥李重福。李重福在中宗一朝受封為譙王，後來因為得罪了韋皇后，被貶到均州（今湖北丹江口）去了。從法統上講，這兩個人比李旦更有資格繼承皇位。對此，李旦自己也是心知肚明的，所以他剛一上臺，馬上就採取了防範措施。他首先是把小皇帝李重茂降為溫王，放到宮裡軟禁起來了，以防有人打著他的旗號興風作浪。接著，他又讓李重福從均州遷到集州（今四川南江）擔任刺史，這是為了防範他在一個地方待的時間過長，發展起地方勢力。但是無論如何打壓，只要李重茂、李重福這兩兄弟還活著，隱患就一直存在。這是引發這場叛亂的第一個原因。

第二個原因是李重福覺得自己更有資格當皇帝。他為什麼會這麼認為呢？我們還得先交代一下李重福身世的來龍去脈。李重福是唐中宗的二兒子。唐中宗一生一共有四個兒子，老大李重潤是韋皇后所生，老二是李重福，老三就是前面講過的造反的太子李重俊，老四則是剛剛被廢掉的小皇帝李重茂。老二、老三、老四都是侍妾所生，出身差不多。

可能有人就好奇了，既然後面三個兒子出身都差不多，那麼為什麼老三、老四都當過太子，甚至當過皇帝，唯獨老二只是個王呢？一切結果皆有原因，這老二李重福當年把韋皇后給得罪了。韋皇后不是生了老大李重潤嗎？李重潤可是她的心肝寶貝，但是，這個寶貝兒子在武則天晚年被逼死了。當年，李重潤和他的妹妹、妹夫一起背後議論武則天的男寵二張兄弟，不知怎麼被二張知道了。這兄弟倆不依不饒，到武則天那裡告狀。武則天一氣之下，逼死了李重潤。

李重潤之死對於韋皇后來說，可是重大損失，唯一的親生兒子沒了，她怎能不挖心挖肝地悲痛欲絕呢？事後韋皇后反覆琢磨，覺得這事情太蹊蹺了，李重潤和妹妹說的私房話怎麼就被二張兄弟知道了呢？思來想去，她覺得肯定是李重福告的密。因為李重福的妃子剛好是張易之的外甥女。這對小夫妻為什麼要害死李重潤啊？按照韋皇后的推測，理由很簡單，老大李重潤一死，老二李重福就搖身一變為老大了，可以名正言順地接爸爸的班當皇帝呀。這麼一番推理之後，韋皇后就像智子疑鄰*，怎麼看李重福都像那個告密的，所以不由得對他恨之入骨。因而在韋氏當了皇后以後，就利用自己手中的權勢，對李重福百般迫害，不僅把他貶到地方當刺史，還嚴令任何情況下都不許他回長安。

景龍三年（七〇九年）的時候，唐中宗不是在南郊舉行祭天大典嗎？當時，所有的地方刺史都到長安參加這盛大的典禮了，唯獨李重福不許離開本州半步。李重福覺得挺委屈的，為此他還寫信給唐中宗，說陛下為了祭天，大赦天下，所有的百姓都能得到雨露之恩，為什麼我作為您的兒子，反倒得不到這種恩賜呢？難道我連回京城看您一眼也不行嗎？說得非常淒涼。但是韋皇后絲毫沒有被打動，還是不肯原諒他。甚至到了唐中宗死後，韋皇后也沒有讓李重福回來奔喪，而是特意派了五百個強健的兵士到均州去對他嚴加防範。本來，只要有韋皇后在，恐怕他此生就沒有出頭之日了，可是現在韋皇后在唐隆政變中已經被殺了，韋皇后一死，就沒人迫害他了，他就可以名正言順地回到長安，接他爸爸的班了。按照李重福天真的想法，他是現在活著的老大，根據繼承原則，他是當時皇帝的第一候選人，比弟弟李重茂都更有資格當皇帝，怎麼會輪到叔叔相王李旦呢？

第三個原因則是野心家的攛掇。當時，有兩個野心家在李重福的身邊經常出沒。這兩個人是誰呢？一個叫鄭愔，一個叫張靈均。鄭愔我們前面曾講過，是個勢利小人。當年，就是他跑到武三思面前先是號啕大哭，然後再哈哈大笑，把武三思搞得莫名其妙，然後他說：「我哭，是哭您要被滅族了；我笑，是恭喜您得到我這麼一個高人。」通過一番花言巧語，鄭愔贏得了武三思的信任，當了官。武三思死後，他又轉而巴結吹捧韋皇后，在中宗一朝仕途走得很順利。但是，鄭愔雖然擅長討好巴結，可是他也有一個很大的毛病，就是他太愛錢了，老是貪污受賄。當時流傳一個關於鄭愔貪財的著名笑話。說他在吏部主管選官的時候，有個候選人在靴子帶上掛了一百文錢朝他走了過來。鄭愔很好奇，就問他：「你在靴子上掛錢幹什麼呀？」這個候選人回答道：「當今選舉，非錢不行。」諷刺鄭愔貪戀錢財，以權謀利，讓鄭愔很是尷尬。

到了中宗後期，鄭愔因為經濟方面出了問題，被從中央貶到地方去了。可是，奮鬥的心始終不會停止跳動，鄭愔可是個徹頭徹尾的野心家，他哪能耐得住寂寞呢？於是乎，人在江湖，心在廟堂，他馬上開始尋找新的下家。經過一番搜索，鄭愔慧眼識珠，覺得李重福這個人奇貨可居，就找到李重福說：「大王您是中宗的皇子中最年長的，如果不是韋皇后阻撓，早就應該當太子了！如今活得這麼窩

＊智子疑鄰：出自《韓非子‧說難》的故事，後人比喻為以主觀的臆測，做出不切實際或錯誤的結論，反而可能傷害到自己。

囊，我都於心不忍，還不如舉兵造反，把韋皇后一黨一舉幹掉算了！」李重福也早就恨透了韋皇后，這個壞女人處處為難他，讓他沒好日子過，所以一聽鄭愔的慫恿，也頗為心動。兩人一拍即合，就開始暗地裡謀劃組織政變。結果還沒等他們謀劃好，唐隆政變就爆發了，幹掉韋皇后的任務也由李隆基和太平公主完成了，他們根本沒得到機會，真是好生悵惘。如今睿宗李旦登基，又把李重福調到集州當刺史，李重福對此安排也很不滿意。正在這忿忿然的時候，鄭愔又跑去遊說他說：「按照繼承原則，應該由您接中宗的班，哪裡輪得著他李旦呀？」這話說得很合李重福的心思，他當然更是蠢蠢欲動，按捺不住了。

正在這時候，第二個野心家張靈均也出現了。張靈均可是個奇人，他沒有擔任任何官職，只是洛陽城的一個普通老百姓。但是此人心比天高，總念叨著「燕雀安知鴻鵠之志哉」，不好好安分守己，整天琢磨著怎麼才能出人頭地。此時，張靈均也找到李重福，跟他說：「大王地居嫡長，當為天子。相王雖有功，不當繼統。東都士庶，皆願王來。王若潛入洛陽，發左右屯營兵，襲殺留守，據東都，如從天而下也。然後西取陝州，東取河南北，天下指麾可定。」意思是說，大王，按照法統應該是您接班呀，相王雖然有功，但他沒有資格接班。現在您與其去集州赴任，不如到洛陽來，以洛陽為根據地，再向東西兩側發展，天下就是您的了。這番建議不僅有理論，還有實踐方案，說得頭頭是道。因為張靈均的身分是洛陽的普通老百姓，這就讓李重福恍惚覺得，他的想法代表著民心。這可是來自草根集團的呼聲啊。李重福大受鼓舞，天下老百姓都在翹首以待呢，我才是真命天子！他當即下定了決心，心動就要行動！到東都洛陽造反，把應該屬於自己的天下奪回來！

二、洛陽起事：李重福、鄭愔、張靈均三人，計劃回東都洛陽造反

怎樣才能使造反獲得成功呢？李重福和他的兩個高參制定了周密的計畫。這個計畫分為三個步驟。

第一步，由鄭愔趁工作之便先到洛陽打前鋒，同時替李重福起草制書，確定名分。這個制書的大體內容包含如下幾點：首先，李重福自立為皇帝，改元「中元克復」；其次，尊睿宗李旦為皇季叔，以溫王李重茂為皇太弟；第三，任命鄭愔為左丞相。制書把該安排的都安排好了，當然不忘了最重要的一條，讓鄭愔自己做宰相。這一步是給政變作輿論準備。

第二步，由鄭愔在洛陽建立前敵指揮部，同時，李重福也派親信到洛陽，一起籌劃政變的具體事宜。鄭愔怎麼行動的呢？他還真有能耐，找到一個名叫裴巽的駙馬，想要借用駙馬的宅院。這裴巽在當時可是一個名人，是唐中宗的女兒宜城公主的丈夫。這宜城公主也是個厲害角色，以好嫉妒而聞名。當年，裴巽有一個寵妾，長得非常漂亮，把裴巽迷得神魂顛倒，兩人終日廝混在一起，把宜城公主冷落在一旁。這下宜城公主可生氣了，你不把本公主放在眼裡，以為我是吃素的嗎？一聲河東獅吼，她拿著一把刀子殺氣騰騰地去找這個妾，三下五除二就把這個妾的鼻子和耳朵給割下來，扔在裴巽面前。然後提著刀子乘勝追擊，把裴巽的頭髮也割掉了一大截，這可把裴巽嚇個半死，再也不敢尋花問柳了。這件事情讓中宗知道了，皇室中傳出這種事情也著實不好聽，他當然非常生氣。不過生氣歸生氣，他並沒有懲罰自己的女兒，反倒遷怒於裴巽，把他貶官了。所以裴巽對唐中宗多少是有點怨恨的，不過如今，唐中宗已經死了，無論如何，宜城公主和李重福都是中宗的兒女，這個時候應該同

舟共濟。既然李重福派人來找他，裴巽當然也願意幫一把忙，於是便答應把自己的宅子借給鄭愔當前敵指揮部。所以，鄭愔就在裴巽家安頓下來。與此同時，李重福派出了自己的特使，也是一個家臣，跟隨鄭愔一起行動。

第三步，李重福和張靈均假傳聖旨，謊稱他們奉皇帝命令，不用去集州了，而是一起到洛陽。當時擔任洛陽城守衛工作的是左右屯營，他們準備就利用這兩支軍隊造反。

整個政變策畫看起來也還不錯。那麼，他們的計畫是否能夠成功實施呢？這個計畫進行得一點也不順利，因為他們遇到了三個高人。

哪三個高人呢？第一個高人是當時的洛陽縣令。此人沒留下名字，但卻是個情報高手。看著鄭愔在裴巽的宅子裡出出進進，這個縣令就感覺不太對勁，心想這其中是不是藏著什麼陰謀呢？於是他便不動聲色地偷偷觀察。觀察了幾天之後，縣令發現了一個驚人的祕密，從這個宅子裡進出的，不僅有鄭愔，還有譙王李重福的人！這縣令也知道，李重福當時已被貶官，他無論如何也不應該到洛陽來開展活動啊，他們是不是想造反呀！一想到這兒，縣令心裡的那根弦就開始繃了起來，他決定親自去裴巽的宅子盤查一番。這一天，他剛剛趕到裴宅，還沒等發問呢，忽然，李重福帶著幾十個隨從過來了，兩隊人馬狹路相逢！縣令一看，勢頭不妙，趕緊衝出門外一路狂奔，到洛州長官那裡報信。東都這幫官僚聽到縣令的彙報是什麼反應啊？他們都嚇得面如土色，這沒有任何思想準備，怎麼說政變就政變了呢！再說了，誰知道李重福他們會不會成功啊，他確實是前任皇帝的大兒子，咱們可別站錯了隊伍！怎麼辦呢？乾脆，別管了，多一事不如少一事，逃命吧，於是官員紛紛四散而逃。這官員們都撤走了，還怎麼組織鎮壓反叛呢？如果州裡沒有人組織抵抗，那李重福的計謀不就要得逞了嗎？形勢相當危急。

就在這千鈞一髮的時候，第二個高人出現了。這個人叫崔日知，是唐隆政變之前給李隆基通風報信的那個崔日用的哥哥。此人當時是洛州長史，也就是東都的副長官，他一看自己的同事那麼窩囊，還沒怎麼樣就都跑光了，心中非常憤怒，心想，養兵千日，用兵一時，如果靠這些傢伙，國家早完了！我崔日知可不會像他們那樣沒骨氣。於是，在這危急時刻，崔日知慨然擔當起大任，調動兵力，組織抵抗。

正當崔日知調兵遣將之際，李重福已經率領一群黨羽，打出旗幟來了，沿途發動群眾說：「我是唐中宗李顯的兒子，並且我是老大，最有資格當皇帝，所以現在我們要打到屯營去，然後動用兵力，包圍洛陽城。現在你們如果願意跟隨我，待我當上皇帝之後，都可以跟我共用榮華富貴。」經過他這麼一番遊說，還真的把一些老百姓給忽悠了，都想借此升官發財，所以追隨他的隊伍就像滾雪球一般，變得越來越壯大，很快就聚集了好幾百人，浩浩蕩蕩地直奔右屯營而去。這對政府來說可太危險了，因為屯營就是洛陽守備部隊，如果李重福他們巧言令色，贏得了屯營士兵的同情和支持，那洛陽城就要落到他們手裡了。而洛陽是唐朝的東都，在軍事、經濟、文化上都是重鎮，是首都長安的依託，是萬萬不可以失守的。

就在這時候，第三個高人出現了。此人名叫李邕，是中國歷史上的一個著名書法家。大家都知道，唐朝是一個重視書法的時代。唐太宗不是還把王羲之的《蘭亭序》作為陪葬了嗎？因為社會風氣使然，唐朝人是當官練字兩不誤，出了不少既是書法家又是直臣的官員，李邕就是其中之一。李邕當時擔任侍御史，是個六品的文官。這一天，他正好騎馬出門辦事，剛一出來就和李重福的隊伍撞了一個正著。李邕是個有見識的人，一看他們這架勢，馬上就明白發生了什麼事，看來李重福想奪取洛陽屯營的軍隊！這可是非同小可的事情，身為一名拿國家俸祿的官員，為國立功的時候到了。李邕看到李重福的人馬比較雜，主要都是步兵，行走緩慢。他靈機一動，乾脆，打一個時間差吧！他立即掉轉馬頭，快馬加鞭地趕到右屯營，召集士兵，大聲高呼動員他們，他說：「譙王得罪先帝，今無故入都，此必為亂，君等宜立功取富貴。」意思是說，譙王李重福在先帝的時候就已經犯下罪行了，現在他無緣無故地進入我們東都，這肯定是要犯上作亂。你們這些屯營將士，應該趁此機會立下大功，以後不愁沒有榮華富貴啊。

李邕的這番動員意味深長，它至少包含兩層含義。第一，李重福是在唐中宗時候就已經獲罪的人，因此，他沒有權力繼承中宗的皇位，希望屯營將士不要受他蠱惑，亂了軍心。第二，既然李重福沒有資格當皇帝，作為一名士兵，就應該義無反顧地支持現任皇帝。如果效忠現任皇帝平定叛亂，那就會因功得賞，光耀門楣。這番思想動員說得不但明白而且貼切，馬上把右屯營的人心穩定下來了。

從右屯營出來後，李邕又趕緊找到負責皇城門戶守衛的皇城使，說李重福要叛亂，很可能往城裡打，搶占地理優勢，所以請皇城使趕快緊閉城門，嚴密防守，無論如何都不要開啟大門。在皇城使這裡交代完以後，他又飛馬來到左屯營，也進行了一番思想動員。而這時候，李重福的人已經到右屯營了。

到了營前，李重福這邊就開始呼喊，說他按照繼承順序，應該當皇帝，希望屯營士兵深明大義，看清形勢，積極回應，以後定有榮華富貴等等。可是，李邕之前不是已經給右屯營士兵作過形勢分析和思想動員了嗎？所以右屯營士兵根本就把他的話當作耳旁風，紛紛往外射箭，一時間，箭鏃像雨點一樣落下，讓李重福他們完全無法靠近。形勢非常不利，李重福的軍隊毫無進展，兵貴神速，不能老在這兒虛耗下去啊，實在沒辦法，臨陣改方案吧，放棄奪取右屯營的兵力，直奔皇城的城門，想要強攻入城。可是，皇城使不是已經提前得到李邕的通報了嗎？大門早給關上了，李重福幾次強攻也攻不進去。屢次受挫，李重福可太生氣了，馬上命人點火，想借熊熊大火把城門攻下。可是，火還沒有點著呢，左屯營的士兵已經奉崔日知的命令出來討伐他了。這麼一來，李重福陷入了腹背受敵的局面，他可是徹底沒轍了。前有城門，後有大軍，怎麼辦呢？三十六計，走為上策。李重福一路狂飆，奪路而逃，躲到山谷裡藏起來了。崔日知還等著拿他的那顆腦袋立功領賞呢，豈能饒得了他！馬上發兵，展開拉網式的搜捕。到第二天，眼看搜捕大軍越來越近，李重福走投無路，投水自殺，時年三十一歲。

李重福死了，他的黨羽當然也四散逃命。於是就出現開頭的那一幕：鄭愔男扮女裝，想像恐怖分子賓・拉登那樣，通過易容，蒙混過關。沒想到士兵的眼睛是雪亮的，一下子就認出了這個冒牌貨，很快就把他捉拿歸案了。別看鄭愔一輩子搞陰謀，而且又是吹牛大王，跟誰都說你能有我幫忙真是三生有幸。可一旦真的被抓起來，人馬上就萎靡了，兩條腿軟得像麵條一樣。平常是巧舌如簧，可如今連一句完整的話都說不出來。當時，李重福的另一個高參張靈均也被抓起來了，和鄭愔關在一起。一看鄭愔這副窩囊相，張靈均是連連嘆氣說：「我和這樣的人一起辦事，怎麼可能不失敗呢？」事實上，張靈均說得也沒錯，鄭愔最先依附酷吏來俊臣；後來，來俊臣死了，轉投張易之麾下；張易之死後，又投靠武三思門下；武三思死後，趕忙去巴結韋皇后；韋皇后死後，則力挺李重福。真是挺誰誰死，也不知道是他倒楣，還是這些人倒楣。但是，無論在法庭上表現如何，反正抓住了就要法辦。鄭愔和張靈均兩個人都被斬首，而且是滿門抄斬。李重福叛亂徹底失敗。

李重福本來確實有資格繼承皇位，在政變前也制定了詳細的計畫，但政變剛剛發動就失敗了。那麼，他為什麼會落得如此結局呢？我想，這其中有三個原因比較重要。

第一，唐中宗本人皇帝當得很失敗，沒有給老百姓留下什麼特別好的印象。所以，打著他兒子的旗號來反對睿宗政權，並不能得到太多的擁護。再說，李重福在唐中宗一朝就已獲罪，被貶地方，以戴罪之身來奪取皇位的繼承權，老百姓也不太認可。

第二，李重福一方實力太差。搞政變拼的就是實力，而這個實力既包括軟實力，如智力因素，也包括硬實力，如武力因素。李重福的叛亂具備哪一種實力呢？哪一種都不具備。論武力因素，他沒有取得任何一支軍隊的支持；論智力因素，他只有鄭愔和張靈均這樣成事不足、敗事有餘的野心家做參謀。這兩個人根本沒有考慮過軍事保障問題，只是天真地認為，只要打出中宗兒子的旗號，就能夠天下響應，這當然只能是癡人說夢了。

第三，洛陽的幾個官員進行了高效率的反應。本來，李重福叛亂屬於突發事件，誰都沒有思想準備，但是，無論是洛陽縣令的情報，還是崔日知與李邕的反應，都非常及時，而且非常到位。正因為有了這樣一些盡職盡責的官員做中流砥柱，才使得洛陽在沒有中央指揮的情況下，能夠迅速組織自衛，平定了這場叛亂。這就叫做「魔高一尺，道高一丈」。

因為有這樣卓有成效的平叛工作，所以李重福叛亂並沒有給睿宗的統治帶來特別嚴重的衝擊。相反，通過這次叛亂，睿宗還把法統問題給解決了。政變結束後，睿宗下令把李重福的屍體一寸寸地斬斷，作為懲戒，以儆效尤。不久之後，十六歲的小皇帝李重茂也被發配到地方羈押，一年之後，不明不白地死在拘留所裡。

到此為止，唐中宗所有的兒子都已經被一網打盡，睿宗當皇帝就不再存在這方面的擔憂，可以名正言順了。那麼，睿宗的統治會從此一帆風順嗎？在朝野動盪的餘波裡，他還會面臨何種棘手問題呢？

請看下回：姑姪鬥法

【第十三回】

姑姪鬥法

唐隆政變前，太平公主和李隆基的前期合作還算愉快，可是李隆基當上太子之後，太平公主看出這個太子沒有她想像地好控制！這三郎不是個弱太子，以後可能是一個強有力的敵人！怎麼辦呢？太平公主決定亡羊補牢，將太子撤掉，換一個聽話的上來！但是李隆基新立了大功，人望又高，怎麼才能把他扳倒呢？

俗話說，一山難容二虎。睿宗李旦登基後，大唐帝國還真就出現了一山二虎的局面。哪兩隻老虎呢？一隻是太平公主，另外一隻就是太平公主的姪子，同時也是睿宗李旦的兒子，太子李隆基。這兩個人都是唐隆政變的功臣，是他們把睿宗李旦扶上了皇帝的寶座，所以到了李旦登基之後，這兩個人都掌握了巨大的權力。權力大到什麼程度呢？從一件事就可以看出來，當時李旦無論是遇到什麼事情，都不敢自己決定。每次宰相奏事，李旦總要先問兩句話，第一句是：「嘗與太平議否？」這事兒你跟太平公主講過了嗎？如果人家說已經講過了，李旦再問第二句話：「與三郎議否？」你跟我三兒子李隆基商量過沒有？如果宰相說都請示過了，他們兩位都點頭了，這時李旦才敢簽字。但是，這樣的局面維持久了，不僅皇帝李旦不自在，太平公主和李隆基也不舒服。兩個人都覺得自己應該有更大的權力，都把對方當成了眼中釘、肉中刺。在這種情況下，姑姪二人展開了激烈的鬥爭。

一、第一回合：太平公主亡羊補牢，決定撤掉太子李隆基

姑姪鬥法的第一回合，從睿宗景雲元年（七一〇年）十月就開始了。要知道，景雲元年距離剛剛發生的唐隆政變才僅僅過去四個月。鬥法的挑起者是太平公主。她到處散布流言說：「太子非長，不當立。」說現在這個太子李隆基不是嫡長子，不應該由他來當太子，想要把李隆基從太子的位子上拉下來。可能有人會有疑問，太平公主要是不願意讓李隆基當太子，為什麼不在睿宗還沒立太子的時候就提出來，非要等到李隆基當上太子之後再搞小動作呢？其實，這是因為太平公主剛剛發現，自己看走眼了，過去把李隆基給看扁了。唐隆政變的時候，李隆基年方二十六歲，還是個年輕人，又是庶出

的兒子，還是老三，身分不占優勢。而且太平公主也觀察過這個小夥子，覺得他除了打毬好以外，似乎也沒有什麼特別的本事。太平公主當時很輕視他，這才願意跟他一起搞政變。按照太平公主的想法，和這個庶出的三郎聯手搞政變，自己可以全權擔任幕後策畫，讓他到前面衝鋒陷陣。等到政變成功後，先擁立那個沒有任何功勞的李旦當皇帝，再立這個沒任何正經名分的三郎當太子，父子兩代人都得感激她。這樣就形成了一個弱天子和一個弱太子的組合，非常有利於她攬權。就算是以後李旦死了由李隆基來當皇帝，只要她還活著，姪子恐怕還得聽她這個姑姑的話。總之，按照太平公主當時的如意算盤，只要操作得當，她在父子兩代都可以大權獨攬。

因為有這樣的想法，所以太平公主和李隆基的前期合作還是相當愉快的。從李隆基的角度來說，政變之前必須取得太平公主的縱容才能瞞住李旦，自己立功；政變之後也必須在太平公主的支持下才能被立為太子。總之，自己名不正言不順，無論如何得依附太平公主才能站穩腳跟。所以李隆基在這一時期也表現得特別乖巧順從，對姑姑言聽計從，讓姑姑覺得自己選對了人。可是李隆基當了太子之後，太平公主就慢慢看出來了，這個太子沒有她想像的那麼好控制！再聯想到他在政變之中有板有眼的指揮，太平公主逐漸覺出危險來了：這三郎不是個弱太子，以後很可能是一個強有力的敵人！怎麼辦呢？所以，到這時候，太平公主決定亡羊補牢，把這個太子撤掉，換一個聽話的上來！可是，在古代社會，太子號稱「國本」，更換太子可是一件大事。李隆基新立了大功，人望不錯，怎麼才能把他扳倒呢？太平公主採取的第一個手段就是製造流言，說現任太子不符合嫡長子繼承的原則，應該換人！本來，李隆基的出身就是他的軟肋，再加上太平公主在當時舉足輕重的地位，她這麼一說，朝野上下自然也是議論紛紛。中國有個成語叫做「眾口鑠金，積毀銷骨」，本來睿宗李旦對這個太子就心存芥蒂，現在太子的處境就更艱難了。

當然，太平公主也明白，在政治鬥爭中，輿論只能起輔助作用，因此，光靠製造流言還不行。太平公主是個擅長謀畫的人，她還進一步採取了三方面的措施來打擊太子。

第一，監控太子的私生活，企圖從中找出漏洞。中國有道德至上的思想傳統，所以，私生活也是一個敏感問題，太子的私生活就更為敏感。隋朝的時候，隋文帝的大兒子楊勇不就栽在私生活上嗎？他寵愛小妾勝過嫡妻，被信奉一夫一妻制的老媽獨孤皇后知道了，非要逼著隋文帝把他從太子位置上拉下來，換上小兒子楊廣，也就是後來的隋煬帝。另外，唐高宗晚年，章懷太子李賢不也是因為寵愛孌童，被武則天抓住把柄廢掉了嗎？太子失德，本來就是一件可大可小的事情，是可以上綱上線的。此時，深得母親真傳的太平公主，也安插了親信到太子身邊充當臥底，每天拿顯微鏡去觀察太子的生活。太子每天都幹了什麼？是不是沉湎女色？是不是騎馬打獵不務正業？一旦發現太子有什麼不妥當的地方，太平公主就會趕緊彙報給睿宗李旦，加深李旦對這個兒子的壞印象。

第二，發動大臣，讓他們提出更換太子。太平公主也知道，廢立太子這樣的大事，光靠自己一個人唱獨角戲可不夠。皇帝畢竟是和大臣共治天下，應該讓大臣敦促一下李旦。為了取得大臣的支持，太平公主把自己的兒子和女婿都派了出去，讓他們一個一個聯繫關係好的大臣，請他們到家裡來聊天、吃飯。太平公主有錢啊，唐睿宗給了她一萬戶的實封，因此她有的是辦公經費招待客人。這些大臣來到她的府邸，不僅吃好喝好，走的時候還有豪禮奉送，一定讓來人滿載而歸，不虛此行。經過太平公主這麼一番拉攏之後，確實也有一些大臣被她說動了，加入到她的陣營中來。不過，這樣一個一個發動大臣實在是太慢了，太平公主可是個講究效率的人，怎麼樣才能一下子解決問題呢？到了景雲二年一月，太平公主換方法了，成批次處理。這天她估計宰相們該退朝了，就自己坐著車來到他們下班的必經之路上候著。一會兒，看著宰相們出來了，太平公主主動迎了過去，跟他們講：「太子不是嫡長子，由他接班不合禮教。古人云：『不知禮，無以立。』諸位宰相都是飽讀詩書之人，難道不應該幫助皇帝遵循禮教嗎？請你們務必跟皇帝表一表態，換掉太子！」顯然，這是在對大臣施壓，企圖讓他們從君臣關係這個角度迫使皇帝改變決定。

更厲害的是第三種措施：恐嚇唐睿宗，讓他感覺到李隆基對自己的統治形成了威脅，從而主動產生廢掉太子的念頭。前兩個措施都是動用外部力量，外力敦促雖然也有作用，但是哪有讓睿宗自己直接在靈魂深處爆發革命來得直接啊！本來在中國古代，因為皇權獨尊，皇帝和太子之間的關系就非常難處，常常讓太子覺得左右為難。當太子的管多了，皇帝就會覺得恐懼，怕太子有野心，想提前奪權；當太子的管少了，或者乾脆什麼事都不敢做，則又會讓皇帝覺得太子窩囊，不是當皇帝的材料。

到了李旦和李隆基這一對父子這兒，關係就更微妙了。為什麼呢？因為李旦當皇帝是被兒子李隆基推上來的，而兒子在搞政變的時候，為了自己的政治前途，居然選擇把老爸蒙在鼓裡！這讓李旦覺得兒子心機太深了，總懷疑他以後還會圖謀不軌，搶班奪權，所以對這個兒子防範特別重。現在，太平公主就利用了睿宗的這種恐懼心理，讓他覺得兒子確確實實想要提前接班了！怎麼恐嚇李旦呢？她派了兩撥人到睿宗面前去造謠。第一撥是大臣，他們跟睿宗說：「朝廷裡的人都很傾心於太子。」言下之意很明顯，李隆基在朝廷裡的人緣比你這個皇帝還好呢！這當然讓唐睿宗很鬱悶，也很緊張，這小子整天在朝廷裡收買人心，他想幹什麼呀？他是不是哪天要把我搞掉啊？

緊接著，太平公主又派了一撥術士去遊說唐睿宗。所謂術士都是能掐會算、號稱能預知未來的人，在當時也算是專業人士，他們就利用自己的專業知識說話了：「五日之內當有急兵入宮！」（《資治通鑑》卷二一〇）也就是說，根據他們的推算，五天之內又會有大兵到宮裡來作亂了！睿宗早就被各種各樣的宮廷政變嚇破膽了，現在一聽，當然會緊張啊。誰會在這時候興兵作亂呢？那肯定是太子等著當皇帝等得不耐煩了，想要逼宮，提前接我的班啊！這樣一來，唐睿宗整天惶惶不可終日，怎麼看李隆基都覺得他像是要奪權的樣子。在太平公主這三方面措施的共同作用之下，李隆基的壓力可就大了。身邊有太平公主的人，朝廷裡有太平公主的人，睿宗也整天被太平公主的人包圍著，從各個角度說他的壞話，他這太子還能當長久嗎？怎麼辦呢？李隆基也不是好欺負的，論心機絕對不比太平公主少，看到太平公主這麼步步緊逼，他馬上也針鋒相對，開展反擊措施了。那麼，他採取了一些什麼樣的行動呢？

第一是檢點自己的言行，不讓太平公主抓住把柄。太平公主不是整天盯著他的私生活嗎？李隆基這時候就小心翼翼，不惹麻煩。《太平廣記》記載了這麼一個故事。就在太平公主和李隆基鬥法的時候，李隆基的一個妃子懷孕了。添丁進口，這本來是件好事啊，可是李隆基當時根本高興不起來。為什麼呢？因為他覺得現在妃子有孕，固然意味著人丁興旺，但也可以說他整天沉湎於女色啊？這是失德行為，該怎麼辦呢？想來想去，李隆基覺得孩子不能留，乾脆讓這個妃子打胎算了。可是打胎這事也不能大張旗鼓地去做，如果讓外人知道了，就失去了打胎的意義。那到底該怎麼辦呢？這時候，李隆基就求自己的心腹大臣張說，讓他替自己偷偷買點打胎藥來。藥買回來之後，李隆基還不敢讓身邊的奴婢熬藥，怕他們傳話給太平公主。於是，他就把身邊的人都支開，乾脆自己動手！可是，也不知道是這藥熬得太慢，還是李隆基這麼長時間一直心力交瘁，疲憊不堪，反正熬著熬著他就睡著了，還做了一個夢。他夢見一個金甲神人走到藥銚子旁邊，繞著藥銚子轉了三圈，然後這個藥銚子就翻到了地上。李隆基一激靈，自己也被嚇醒了，睜開眼睛一看，藥銚子居然真的翻倒在地。這是怎麼回事呢？子不語怪力亂神嘛，李隆基想來想去，覺得還是應該相信科學，不能信夢裡那些事情，一定是自己睡著的時候不小心一腳把藥銚子踢翻了！所以他換了一服藥接著熬。沒想到熬著熬著，這藥銚子無緣無故又翻倒了，反覆三次都是如此。這時候李隆基明白了，這就是天意，上天不願意讓我失去這個孩子。於是，也就不再想打胎的事了。

那麼，《太平廣記》這個故事是真的還是假的？我相信肯定是虛構的，但是它也確實反映出李隆基當時艱難的處境和他那種小心翼翼、唯恐出錯的心態。正是因為這種態度，所以雖然太平公主派人嚴密監控，但是現存的史料中還確實沒有哪一條記載李隆基有什麼不妥的言行被發現，自我保護做得不錯。

第二條措施是在大臣中培植力量，讓他們替自己回應、反駁太平公主的誹謗。只要太平公主發難一次，李隆基這邊的大臣就回應一次。前面不是說過太平公主製造謠言說太子不當立，而且還攔住宰相，讓他們同意換太子嗎？那時，一個重量級的宰相宋璟馬上替李隆基說話了，他說：「東宮有大功於天下，真宗廟社稷之主，公主奈何忽有此議！」說太子那是立了大功的人，是我們國家未來的好主人，公主您怎麼會說出換太子這樣的話啊？義正詞嚴地反駁了太平公主。宋璟在武則天統治時期就以為人耿直、不畏強權著稱，也算是幾朝老臣，久居高位，在大臣之中享有很高的聲望。他這麼一發話，其他宰相也就不敢再說什麼了。這是支持李隆基的大臣第一次和太平公主交鋒。

第二次不是太平公主派大臣造謠，說朝廷都傾心於太子嗎？睿宗很鬱悶，沉不住氣，就找到自己素來信任的老臣韋安石討主意。這韋安石雖然也姓韋，但跟李隆基關係不錯。他聽到睿宗這麼一說，馬上反駁說：「陛下安得亡國之言！此必太平之謀爾。太子有功於社稷，仁明孝友，天下所知，願陛下無惑讒言。」陛下您可千萬不要說這種亡國的話啊，這一定是太平公主在調唆您吧？咱們現在的太子有功於國家，而且又孝順又友愛，陛下您怎麼能夠聽信讒言呢？這話說得一針見血，一下子就把背後的主謀太平公主點出來了。經韋安石這麼一分析，睿宗也不得不承認，此事八成就是太平公主搞的鬼。

第三次不是太平公主讓術士放話說五天之內會有大兵入宮嗎？睿宗又非常緊張，馬上跟幾個身邊的大臣布置任務，讓他們都警醒一點，早作防範，千萬別讓壞人鑽了空子。這時候，李隆基的心腹張說又站出來反駁了。他說：「此必讒人欲離間東宮。願陛下使太子監國，則流言自息矣。」現在顯然有壞人在挑撥離間，在這個時候您作為皇帝不僅不能防範太子，反而要給太子更大的權力，讓他監國。這樣一來，別人一看你們父子兩個人關係這麼和諧，也就再也不敢向您進讒言了。張說這番話也是分量十足，不僅揭露了太平公主的陰謀，而且勸說睿宗給太子更大的權力，簡直是以退為進，直接幫著李隆基要權力了。

上面所說的這幾條反擊措施雖然管用，但畢竟還是消極防範型的，李隆基自己也很清楚，如果僅僅只會防範，那就會永遠處於被動。要想在鬥爭中取得成功，不能光靠被動防範，而是要做到攻防結合，必要的時候還得主動出擊。所以，李隆基做的第三項反擊措施就是積極進取型的了。怎麼積極進取呢？當時，李隆基的兩個鐵桿支持者姚元之和宋璟主動找睿宗談心去了。這位姚元之就是後來著名的開元賢相姚崇，在武則天時代就已經聲名赫赫，也算是幾朝元老。他和宋璟對睿宗說：「宋王陛下之元子，豳王高宗之長孫，太平公主交構其間，將使東宮不安。請出宋王及豳王皆為刺史，罷岐、薛二王左、右羽林，使為左、右率以事太子。太平公主請與武攸暨皆於東都安置。」

這可不是一般性地為太子辯護，而是針對太平公主和李隆基的矛盾提出的一攬子解決方案。現在太平公主和太子打得不可開交，應該怎麼辦呢？他們認為應該這樣：首先，合理處置能夠對太子位置形成威脅的人。當時，除了李隆基之外，有資格當太子的人還有兩個。一個是宋王李成器，這是李旦的嫡長子，當然有資格接班。另一個是豳王李守禮，他是章懷太子李賢的兒子，也是高宗和武則天活著的最大的孫子。那他為什麼有接班的資格啊？這還是從法統的角度考慮的，皇位從高宗傳到中宗李顯，再從李顯往下一代傳。但是，李顯本人已經沒有兒子了，那麼李顯的下一代皇族之中，年紀最大的是誰呢？就是李守禮，所以他也有接班的資格。這兩個人都有接班的理由，有可能對現任太子李隆基的位置形成威脅，而他們現在受到了太平公主的挑撥，很可能心裡也有波動。因此，應該讓他們離開政治中心長安，到地方擔任刺史，不要捲入紛繁複雜的宮廷鬥爭，以免引起政局不穩。

其次，合理處置李隆基的兩個弟弟。李隆基是三郎，他還有兩個弟弟，一個封為岐王，一個封為薛王，兩人擔任中央禁軍的統帥——左右羽林將軍，掌握禁軍的兵權。他們沒有當繼承人的資格，但是他們有可能被人利用。所以應該解除他們的禁軍兵權，讓他們去擔任太子衛隊的將領——太子左右率，這樣就可以輔助太子，加強太子的力量。

第三，合理安排太平公主。姚元之和宋璟認為，朝廷裡之所以出現這麼多問題，關鍵是有太平公主插手。所以，請求睿宗讓太平公主夫婦離開政治中心長安，到東都洛陽居住，讓他們遠離是非之地。

從上面的分析我們可以看出來，這一攬子解決方案其實是非常到位的，絕對切中要害，清楚地反映出姚元之和宋璟把握大局、解決關鍵問題的能力和水準。這兩個人後來成為開元賢相，確實不是浪得虛名。

這時，太平公主和李隆基都出招了，而且都把矛盾擺到了唐睿宗李旦面前。那麼，他會怎麼處理呢？

景雲元年二月，唐睿宗連下兩道詔令。第一，以宋王成器為同州刺史，豳王守禮為豳州刺史，左羽林大將軍岐王隆范為左衛率，右羽林大將軍薛王隆業為右衛率；太平公主蒲州安置。很明顯，這基本上就是姚元之和宋璟提出來的方案，把李隆基的兩個哥哥都放到地方當刺史，離開中央；把李隆基的兩個弟弟從中央禁軍的領導崗位上撤下來，改任太子衛隊統帥。同時，把太平公主和她的丈夫一塊兒安置到蒲州去了。跟姚元之和宋璟的方案相比，這個詔令只做了一點小小的修正，就是太平公主的安置地點變了，沒有讓她到東都洛陽，而是就近安排在蒲州。唐代的蒲州就是現在山西省的永濟縣，《西廂記》裡張生會鶯鶯的那個地方。蒲州從地理位置上來講，肯定比洛陽離長安要近一些。對於這個修正，睿宗解釋得很清楚，我的一母同胞中，兄弟凋零，就剩下太平公主一個妹妹了，我怎麼忍心把她放到東都洛陽那麼遠的地方去呢？還是把她留在身邊比較近的地方吧。一旦我想她了，還可以召她進宮，或者哪怕我去看看她都行啊。這個理由無人能夠反駁，可以說是一個非常富有人情味的解決方式。

第二，讓太子李隆基監國，六品以下官員的任免和一般輕罪的懲罰都由李隆基全權決定。這其實是實行了張說的方案。張說說過，現在有人調唆皇帝和太子的關係，為了表明態度，應該給太子更大的權力，這樣才能表現對太子的信任，也堵住了小人的嘴。現在唐睿宗李旦採納了他的意見，讓太子監國。到這一步，李隆基反擊太平公主的主要目標都達到了，所以，太平公主和李隆基鬥法的第一回合，應該是以李隆基全面勝利而告終。

二、第二回合：李隆基反告姚元之與宋璟兩人挑撥，離間他與太平公主的關係

可是，事情沒有這麼簡單。睿宗的詔令剛一頒布，太平公主和李隆基鬥法的第二回合又開始了。

這一次，還是太平公主首先發難。這次太平公主可不像以前那樣再搞什麼迂迴路線，而是直接找李隆基去了，質問他，你讓你的心腹大臣去調唆皇帝，讓皇帝把你的兩個哥哥都趕走也罷了，你竟然還讓皇帝把我趕走，你這安的是什麼心？你也不想想，當年如果沒有我幫忙，你能當上太子嗎？現在你的翅膀剛長硬一點，居然就忘恩負義！你難道就這麼容不下我嗎？太平公主這麼聲色俱厲地質問李隆基，一下子讓李隆基感覺事態嚴重，他真害怕了。害怕什麼呢？李隆基不僅害怕這個姑姑，他還害怕犯了眾怒。太平公主畢竟是幾朝元老，皇族領袖，深得睿宗李旦信任，本來就得罪不得。而且又牽扯出宋王成器和豳王守禮來，萬一她和這兩個有名分的哥哥聯合起來怎麼辦？再說了，雖然父親李旦這次是站在自己這一邊，但李隆基也清楚，父親其實一直都在猜忌自己。一旦自己惹了姑姑，再犯了眾怒，就很有可能成為父親廢掉自己的理由啊！果真如此，那以前做的一切不是都白搭了嗎？

想到這些，李隆基決定對姑姑妥協了。怎麼妥協呢？這一次，李隆基只能是對朋友背信棄義了。面對太平公主的責難，他採取死不承認的策略，對著姑姑詛咒發誓，死活不承認他跟姚元之和宋璟有

什麼關係。按他的說法，這兩個人多管閒事，我可是一點都不知道啊！可是光詛咒發誓沒有用，還得消除惡劣影響才能顯示誠意。要想證明自己不是後臺老闆，李隆基只能用實際行動跟這兩個人劃清界限了。他跑到唐睿宗那裡，奏上一本，說姚元之和宋璟這兩個奸臣挑撥離間，企圖用卑鄙的手段破壞我和我尊敬的姑姑以及親愛的哥哥之間的關係，這真是罪大惡極的行為，請陛下對他們處以極刑！

一看李隆基為了自保，把他兩個忠實的支持者姚元之和宋璟都給拋出來，睿宗太高興了，也就順水推舟說道：「既然如此，我尊重你的意見吧，不過處死這個懲罰太重了，我就把他們貶到地方做刺史吧。」馬上把姚元之和宋璟都從宰相的職位貶到地方去了。沒過幾天，李隆基的另一個心腹——政變功臣劉幽求，也被從宰相的位置上趕了下來。這樣一來，李隆基雖然在第一回合小勝一籌，可畢竟自己也損失了三員愛將，真可謂殺敵一千，自損八百，沒少傷元氣。

李隆基這兒已經做出這麼重大的犧牲，那麼，他們提出的方案還執行不執行啊？這時候輪到太平公主做高姿態來了。她找到睿宗說，我乍一聽到太子居然想要把我趕到地方去的時候，我真是太難過了，沒想到太子這麼猜疑我！可是現在我痛定思痛，反思自己，我覺得自己肯定也有做得不好的地方，讓太子生疑。既然太子讓步了，那我也讓一步吧，我還是到蒲州去吧，也做了妥協。

至此，太平公主和李隆基姑姪之間的第二回合鬥法也就結束了。那結果到底是誰勝了呢？很難說。一方面，太平公主離開了政治中心長安，這算是她輸了一招；但是另一方面，太子的黨羽也被剷除了不少，所以太子也沒占多少便宜。可以說，這一局的鬥法兩人打了個平手。

那麼，我們應該怎樣評價太平公主姑姪鬥法的結果呢？我想，能得出兩個結論：首先，太平公主和李隆基兩個人的實力都很強，所謂「棋逢對手，將遇良才」，所以他們才能這樣你來我往，反覆爭鬥。其次，儘管兩者都強，但是，相比之下，還是李隆基略勝一籌。因為兩局下來李隆基一勝一平，太平公主一敗一平。

我們講過，太平公主此刻已經是成熟的政治家了，而李隆基還是初出茅廬的見習生，為什麼會出現李隆基稍占優勢的局面呢？我想，主要有三方面的原因。

第一，睿宗李旦沒有廢掉李隆基的打算。通過睿宗處理太平公主和李隆基之間矛盾的方式，我們可以看出來，雖然睿宗李旦對這個兒子並不滿意，而且打算利用太平公主去制衡李隆基，但是，從李唐王朝穩定發展的大局考慮，他並沒有真的打算廢掉太子，只是不希望太子過於威脅自己的統治。所以，在處理二者矛盾的時候，他看起來是耳軟心活，誰的話都聽，但在關鍵時刻，他還是願意維護太子的利益。這是李隆基能夠略勝一籌的關鍵原因。

第二，李隆基是太子，占有名分上的優勢，這就使得朝廷裡的好多大臣願意擁護他，都歸心於他。這些大臣裡不光包括他過去的心腹，比如跟他一起搞政變的劉幽求等人，還包括一些比較正直的大臣，比如姚元之和宋璟。這些正直的大臣雖然跟李隆基沒有什麼私人交情，但是他們希望政局穩定，這就使得他們願意支援有著正經太子名分、代表政局發展方向的李隆基，而不是沒有名分還要幹政的太平公主。這些重量級大臣對太子的支持，也是太子最後略微取勝的重要因素。

第三，李隆基的優勢也就是太平公主的劣勢，她雖然足智多謀，卻因沒有名分，還缺乏核心大臣的支持。

但是，我們也要看到，雖然太平公主略處劣勢，李隆基稍占優勢，但是總體來講，兩個人還是實力相當，沒有誰能夠占據壓倒性優勢，也沒有誰虛弱到不堪一擊。所以我們可以肯定，這個鬥爭還必將持續下去。那麼，接下來，太平公主會採取什麼樣的措施彌補自己的不足呢？唐睿宗李旦又會做出怎樣的反應呢？

請看下回：睿宗傳位

【第十四回】

睿宗傳位

景雲二年（七一一年）四月的一天，唐睿宗李旦當上皇帝才十個月的時候，他召集三品以上的高官談話，想把皇位直接傳給太子。大臣聽到皇帝這句話真是嚇了一跳。所以，一時間，偌大的朝堂悄無聲息，只聽見大臣們心跳的聲音了。而太平公主與李隆基聽到這個消息時，有什麼反應呢？

眾所周知，中國古代的皇帝位列至尊，擁有至高無上的權力。但是，在禮節和名分上，還有一個職位比皇帝還要尊貴，那就是太上皇。秦始皇統一中國後，追尊父親莊襄王為太上皇，這是太上皇稱號的開始，但是，莊襄王當時已經去世了。真正活著做了太上皇的，漢高祖劉邦的父親劉太公是第一位。此後的太上皇，有的是厭倦大寶，主動傳位於太子；也有的是為形勢所迫，不得不給兒子讓位。因為讓位的原因不同，他們的境遇也就相差懸殊，有的仍牢握權柄，操縱朝政；有的則頤養天年，優哉游哉；還有的被軟禁起來，與囚徒無異。太上皇和皇帝的關係，也因此特別複雜。熟悉清史的人都知道，乾隆皇帝為了表現自己行為低調，在當了六十年的皇帝之後就主動退位了，當了太上皇。不過他當太上皇的時候，還是軍政大權一把抓，讓接班的嘉慶皇帝很是鬱悶。其實，乾隆和嘉慶這種關係，在唐朝歷史上也曾經出現過。李旦就曾經當過一年太上皇，也把皇帝李隆基搞得苦不堪言。這是怎麼回事呢？

一、皇帝難做：睿宗一面借助太平打壓太子，一面防止太子全面失勢

唐睿宗李旦在三兒子李隆基和妹妹太平公主的共同推戴下當了皇帝，所以，朝政也就在這兩個人的把持之中。兩個人都想掌握更大的權力，因此也就展開了激烈的爭奪。在他們的爭奪過程中，李旦一方面想借助太平公主的勢力打壓兒子李隆基，防止太子權力過大，衝擊皇位；另一方面也會在關鍵時刻拉兒子一把，不讓兒子跌入萬劫不復的深淵，保證權力和皇位的傳承不會出現太大的變動。總之，唐睿宗表現的是忽左忽右，一會兒支持這個，一會兒支持那個，在這兩個人中間找平衡。他的初

衷自然是希望能夠好好駕馭這兩個人，讓他們都為自己服務。可是，辛辛苦苦走了一陣子鋼絲之後，李旦發現以自己的能力和實力，根本不足以擺平這兩個人；而且，由於這兩個人的鬥爭，朝政倒是愈來愈混亂，愈來愈複雜。這期間有兩件事讓睿宗覺得特別窩囊，也讓他倍感窩火。一件是斜封官事件，另一件是宰相集體罷免事件。

先看斜封官事件。咱們說過，任命斜封官是唐中宗李顯的拿手好戲。當時不管你是什麼出身，只要能夠拿出三十萬錢來賄賂安樂公主、上官婉兒等宮廷貴婦，她們就有本事在中宗面前給你要一個官當。這種官都是唐中宗自己寫好了名字和官職，斜著封上角交給吏部執行的，所以叫做「斜封官」。斜封官都是花錢買來的，所以大多數素質低下，哪裡懂得為官之道啊。在那個時期，去國家機構看看，進了禦史台，問問這位禦史您是什麼背景啊？他可能說，過去是市場裡殺豬的；走到一個縣衙，問問縣令，您是怎麼走上領導崗位的啊？人家說了，上個月還在街上賣肉呢。就是這樣一些亂七八糟的斜封官在各級官府辦公，搞得到處都烏煙瘴氣。李旦對這個政治弊端看得很清楚，也想扭轉一下政治風氣。所以等他當上皇帝，自然暗下決心，必須廢除斜封官，恢復賢人政治。為了實現這個理想，睿宗上臺後，不僅很快就下令罷免所有的斜封官，並且，還任用武則天時期培養起來的能幹大臣——忠心耿耿的姚元之和宋璟，讓他們主持吏部和兵部的選官工作。這兩個人上任後，不負眾望，很快就出現了選賢任能、賞罰公平的局面，朝野上下秩序井然。人們都說，貞觀之治又重現了。聽到大臣和百姓的誇獎，睿宗本人也頗為得意，沾沾自喜。這也算是皇帝新官上任的第一把火啊，燒得不錯。

可是，當時不是太平公主和李隆基互相爭奪權力嗎？兩個人都想拉攏更多的人充實自己的陣營。現在這麼多斜封官都被罷免，兩個人都看出時機來了。這不正是籠絡人心的好機會嗎？馬上爭先恐後地給李旦提意見。怎麼提呢？李隆基沿襲自己一貫的謹慎風格，不親自出馬，而是讓自己手下的一個五品官員太子中允薛照素出來說話。薛照素說：「斜封官皆先帝所除，恩命已布，姚元之等建議，一朝盡奪之，彰先帝之過，為陛下招怨。今眾口沸騰，遍於海內，恐生非常之變。」這話什麼意思呢？斜封官都是先帝中宗封的，陛下您現在都給罷免了，言下之意豈不是說先帝的政策有問題嗎？您的皇帝位子是從中宗那裡繼承來的，最好不要整天說中宗的壞話。另外，這些斜封官可都是花了重金才當上的，您一旦把他們都罷免了，他們能不怨恨您嗎？如果在他們的鼓動之下，天下騷動，陛下您這個皇帝還能當長久嗎？對唐睿宗李旦，薛照素是曉之以理，動之以情。

太子出手收買人心了，太平公主也不能落後呀！何況有些斜封官就是她推薦給中宗的，當年收了人家諸多金銀財寶，現在說罷免就罷免，怎麼行呢？這也不符合潛規則*啊。所以她也急急忙忙上書唐睿宗，要求他重新考慮。另外，唐朝宗教氣氛很濃，對宗教職業者很看重，所以太平公主不僅自己去說，還讓她手下一個名叫慧範的和尚也去跟睿宗說。這個慧範是個政治和尚，經常出入宮廷，中宗在位的時候，他就能左右逢迎，深得中宗和韋皇后的信任。如今中宗和韋皇后不在了，他又搖身一變，成了太平公主的心腹。為了斜封官這件事，慧範秉承太平公主的旨意，數次進宮遊說睿宗，把天上人間的好活都說盡了。這樣一來，唐睿宗可太鬱悶了。心想，好人都讓你們做了，讓我當惡人！乾脆，我也別得罪人了。沒過多久，睿宗把姚元之和宋璟都罷免了，斜封官也都重新任用。

可是，這樣一來，不僅朝政繼續紊亂，而且皇帝也沒討好。為什麼呀？這不是朝令夕改嗎？大家都覺得皇帝沒有準主意呀！不僅耿介守正的大臣看不起他，連斜封官也絲毫不感謝他。因為他們都知道，能再次當官，不是皇帝的恩典，而是太子和太平公主的功勞。所以睿宗李旦各方面都沒擺平，威望反而每況愈下。

再看宰相罷免事件。本來，睿宗上臺以後，依據妥協的原則，任用了一些具有派系背景的宰相。這些宰相有的是太平公主的人，有的是李隆基的人，分屬不同的陣營，工作上難免扯皮**。時間長了，官越來越多，正經事卻一件也辦不成，簡直跟唐中宗時代沒什麼區別。這也讓李旦很不開心，他是從中宗時代過來的人，目睹了許多動盪和混亂，深知中宗一朝的問題所在。當初他當親王的時候，長夜漫漫，也曾經扼腕嘆息，如果讓我當皇帝，一定要清除這些弊端，勵精圖治，恢復祖宗的功業！沒想到自己如今真的當了皇帝，卻仍然是人心渙散，朝野無序，政令不行，並沒比中宗高明到哪裡去。李旦內心也渴望做個雄才大略的一代明君啊，眼前這種局面，實在太傷自尊了！怎麼辦呢？他怨憤積累得久了，有一天終於爆發了，痛下殺手，對朝臣說，現在國家政治混亂，官員激增，倉庫空虛，水旱災害頻繁，雖然我作為皇帝應該負主要責任，但是你們這些宰相既然號稱輔弼之臣，也得承擔相應責任吧。你們這樣不作為，怎麼對得起天下蒼生！現任宰相一律罷免，重新任命有才之士！一下子，五個宰相都下崗了。

本來，按照李旦的本意，也是想把這些有派系背景的人拿下，換一些既聽話、又能幹的自己人，加強自己的力量。可是，太平公主和李隆基兩個人正在激烈競爭呢，哪能容許李旦發展勢力啊！一看

---

* 潛規則：泛指沒有明文規定，但為一群特定人物所遵循的成規，更白話一些，可以解釋為「不成文規定」，但多少有不合法或不道德的成分在其中。

** 扯皮：大陸用語，意指在工作上正事不辦，只會鬪磕牙或相互推諉。

宰相位置出現空缺，都馬不停蹄地來做李旦的工作，推薦自己的親信。這兩個人當時勢力很大，李旦不是每件大事都得先問太平，再問三郎嗎？也不敢特別違背他們的意思，只好又放棄自我，在他們兩個人中間斡旋，求取平衡。最後，爭來爭去，一共新任命了四個宰相，其中兩個是太平公主的人——崔湜和陸象先；兩個是李隆基的人——劉幽求和魏知古。這和原來又有什麼區別呢！經過這番變故，高睿宗李旦真是心灰意冷。思來想去，他明白了兩個道理。第一，現在太平公主和李隆基勢均力敵，高下難分，但是實力都比自己強。因此想要靠他們鷸蚌相爭，自己坐收漁翁之利並不容易辦到。換言之，自己駕馭不了他們。第二，他們這樣龍爭虎鬥，不僅沒給自己帶來好處，還給國家帶來惡劣的後果，國家不能定於一尊，政局越來越混亂，大唐的國力也在削弱之中。這可不是唐睿宗李旦願意看到的事情啊。怎麼辦呢？

二、讓位太子：「既然天象如此，那我就順應天意，傳位太子好了！」

大家在日常生活中可能都有同感，面對同樣一件事，不同的人會有完全不同的反應。為什麼呢？因為每個人的性格和人生經歷都不一樣，思考問題的角度和方式也會截然不同。現在唐睿宗李旦面對著如此複雜的局面，他會怎麼反應呢？我們先得分析一下他的經歷和性格。

唐睿宗李旦的經歷極端複雜，他曾經兩度當皇帝，但是被廢掉的時間遠比當皇帝的時間更長。在政治漩渦之中反覆沉浮，這會給他的性格造成什麼影響呢？遍翻史書，我們會發現，如果要用一個字形容李旦的性格，那就是「讓」。當年，他本來是皇帝，母親武則天當太后，他覺得母親比自己更強勢，玩兒不過母親，怎麼辦？只好主動把皇帝的位置讓給母親了。這是第一次退讓。後來，武則天當了皇帝，讓他當皇嗣，當了十好幾年後，母親的想法出現了變化，又把三哥李顯從流放地接回京城。李旦一看情況不好，再讓，把太子的位置又讓給了三哥李顯。後來李顯順理成章地當上皇帝，想要答謝他，給他一個皇太弟的名分，他還是讓，堅決推辭不幹，就安心當一個親王。那麼李旦這樣讓來讓去，是不是他性格真的特別恬淡啊？倒不儘然。每次李旦推讓，其實也都是人強我弱，情非得已。可是，這樣一次次退讓的經歷，也就造成了他遇事就退的性格。一旦遇到問題，他可能會稍稍抗爭一下，一看不行，「讓」字馬上就浮現在他的腦海之中。

此時李旦想來想去，終於覺得，要想讓朝政走上正軌，只能是打破目前這種鷸蚌相爭的局面。換句話說，他不能再步履維艱地走鋼絲了。在太平公主和太子李隆基之間，他只能而且必須選擇一個人。選擇誰呢？從李唐王朝的前途命運考慮，李旦決定，加強兒子李隆基的力量，讓政治重心向太子這邊傾斜！可是，怎麼才能加強太子的力量呢？李旦決定，乾脆傳位算了！

景雲二年（七一一年）四月的一天，也就是唐睿宗李旦當上皇帝才十個月的時候，他就召集三品以上的高官談話，他說：「朕素懷淡泊，不以萬乘為貴，曩為皇嗣，又為皇太弟，皆辭不處。今欲傳位太子，何如？」說我素來與世無爭，現在想把皇位直接傳給太子，你們有意見嗎？大臣聽到皇帝這句話真是嚇了一跳。皇帝年富力強，才五十歲，怎麼會想到傳位呢！該怎麼回應他呢？大臣們可犯了難。如果說皇帝您做得對，您確實能力不行，別占著茅坑不拉屎，早點傳位太子吧，這不是明擺著讓皇帝下不來台嗎？但如果說皇帝您可千萬別傳位，我們永遠追隨您一個人，那不是又把太子給得罪了嗎？太子可是未來的皇帝呀！青春大好，前途無限。所以，一時間，偌大的朝堂悄無聲息，只聽見大臣們心跳的聲音了。睿宗一看，沒人理他，那就只好先退朝吧。讓大臣都回家好好想想，明天再做答覆。這些大臣在朝堂上雖然什麼也不說，可是一退朝，馬上都活躍起來，呼啦一下四散而去。到哪兒去了？各找各的主人去了。他們這些人有的是太平公主的黨羽，有的是太子李隆基的心腹，趕緊給自己的主子傳信去啊。於是快馬加鞭，太平公主和李隆基都在第一時間得到了這個消息。這兩個當事人是怎麼反應的呢？李隆基哪敢表現出對權力的渴望啊！茲事敏感，弄不好會惹來殺身之禍，他立刻派了一個手下來找唐睿宗，說我堅決不敢擔當大任，還請父皇以天下蒼生為念，繼續當皇帝。

那太平公主呢？太平公主當時並不在長安，前面不是說，她在跟李隆基互相爭鬥的過程中，被唐睿宗安排到蒲州去了嗎？現在她知道了這個消息，也沒法直接表態。而且從原則上說，睿宗傳位不傳位並不涉及太平公主，她也不方便直接表態。可是她不能不有所作為啊，怎麼辦呢？太平公主安插在朝廷裡的一個親信侍御史和逢堯替她說話了，他說：「陛下春秋未高，方為四海所依仰，豈得遽爾！」這個勸說非常巧妙，不從太平公主的角度入手，而是從睿宗本人的角度入手，說皇帝您還年輕，還遠遠沒到退休年齡呢，天下老百姓都依靠您，您怎麼能隨隨便便說退休呢！誰不願意聽人說自己年輕，誇自己有威望，別人都仰仗自己啊？所以他這麼一番恭維，一下子把睿宗的心說得暖洋洋的。也是，好不容易當上皇帝，江山如畫，美女如雲，自己何必主動退位呢！就這麼私自一閃念，李旦傳位的事情就又擱置下來了。既然不能傳位，只好繼續走鋼絲。左右犯難的李旦，現在該如何是好呢？

李旦首先繼續加強太子的權力。原來許諾人家當皇帝，現在又收回成命了，總得給人家補償吧。本來不是已經讓太子處理六品以下的官員任免和一般刑事犯罪了嗎？現在規定，死刑以及五品以上官員的任免也都先跟太子商量。那太平公主呢？睿宗李旦決定，把她從蒲州召回長安。妹妹已經出去好幾個月了，一日不見，如隔三秋，我這個哥哥無時不在想念著妳呢，還是回到京師吧。於是，太平公主又回到權力核心了。雙方再一次打了個平手。

本來，在這種情況下，雙方這種勢均力敵的狀態還會持續相當長的一段時間，可是，眼看著太子李隆基的實際權力節節攀升，李旦又流露出撂挑子的意思，素來沉著冷靜的太平公主再也沉不住氣了。她做了一件事，一下子把均衡局面打破了。就在這件事之後，時局發生了一百八十度的大逆轉。她到底折騰了件什麼事呢？

先天元年（七一二年）七月，太平公主派了一個術士到睿宗李旦面前說三道四。術士說：「臣仰觀天象，發現大事不好啊，這兩天天空裡出現了一顆彗星。彗星出現可是除舊布新的象徵啊，臣覺得奇怪，又看其他星星，發現帝星和象徵太子的心前星最近都有變動。這樣綜合看來，恐怕太子要當天子了！」這是什麼意思呢？很明顯，太平公主是想用天象來嚇唬睿宗，讓他覺得太子又有新動向了，要篡奪皇權。她希望這樣一來，睿宗就會防範甚至憎恨太子，沒準兒會重新考慮一下太子的人選！那麼，太平公主怎麼會想到這一招呢？其實，這對她來說是故技重演了。在太平公主剛和李隆基開始鬥法的時候，她就曾經讓術士在睿宗前危言聳聽，說五天之內會有大兵入宮，那次可是讓睿宗大大地緊張了一把。按照太平公主的想法，既然那次能嚇唬住唐睿宗，這次也能嚇倒他。因為，這一次術士的預言又加碼了，睿宗應該更緊張吧。到那時，她再適當地進上一言，保證能讓太子吃不了兜著走！那麼事情的發展是不是就像太平公主預料的那樣呢？

這一次，睿宗的態度可大不一樣了。他聽完術士這番高論，一點都沒有驚慌失措，反而呵呵一樂，乾脆地說：「既然天象如此，那我就順應天意，傳位太子好了！」

睿宗這麼一表態，真是政壇地震，石破天驚。這是誰也沒有想到的事情啊。馬上，兩個主要當事人就忙活起來了。太平公主是怎麼反應的呢？按照《資治通鑑》的記載，太平公主和她的黨羽是「力諫，以為不可」。說陛下不要太著急決定，天象這個東西太玄妙了，不是我們一般人能夠解釋得了的，這個術士沒準說錯了。再說天象真的有變，應對的方式很多，不是只有傳位一條啊！可是，無論他們怎麼勸，睿宗還就咬定青山不放鬆了。他說，中宗的時候，小人當道，當時天象也屢次發生變化。那時，我就勸中宗早點兒立定太子，趕快傳位。可是中宗大概覺得我不懷好意吧，不但不聽，還非常不高興。我怕他猜忌，心神不寧，好幾天沒吃下飯，也不敢再建言了。結果中宗果然沒得善終啊！現在天象又發生變化，這是上天在警告我！難道我當年勸別人的時候心中明白，輪到自己頭上就要犯糊塗了嗎？我絕不能重蹈哥哥的覆轍啊。傳位太子，我已經考慮很久，這次是下定決心了！聽完睿宗這番高論，太平公主真是腸子都悔青了，心想我怎麼那麼多事呢？這不是搬起石頭砸自己的腳嗎？

那麼，李隆基又是怎麼反應的呢？《資治通鑑》寫道，他是「馳入見，自投於地，叩頭請曰：『臣以微功，不次為嗣，懼弗克堪，未審陛下遽以大位傳之，何也？』」李隆基主動提到自己的劣勢，說我不是嫡長子，能夠當太子已經很惶恐了。陛下現在居然讓我提前接班，這是為什麼呀？堅決拒絕接受李旦的讓位。當然，李隆基這樣表態我們也能理解，他和父親隔閡很深，摸不透父親的意思，上一次父親就說傳位給他，結果說了兩天又沒動靜了。這一次是在試探他，還是真的想要傳位啊？他拿捏不準，所以不能冒進。在局勢不明朗的情況下，表現出對權力太熱切、太渴望，反而會壞了事，一定要謹慎低調，不然功虧一簣。所以李隆基跪著爬著去見唐睿宗，言辭懇切，說我連太子之位都是勉力為之，現在正在努力學習如何從政呢，還很不成熟，您怎麼能夠放心把江山交給我呢？

那麼，面對李隆基的推讓，李旦是怎麼表示的呢？他語重心長地告誡李隆基說：「社稷所以再安，吾之所以得天下，皆汝力也。今帝座有災，故以授汝，轉禍為福，汝何疑邪！汝為孝子，何必待柩前然後即位邪！」什麼意思呢？有三層意思：第一，李旦肯定李隆基有大功，這個功勞就是唐隆政變。李隆基在政變中的功勞大到什麼程度呢？按照李旦的說法，國家能夠安定，他能當上皇帝，全是拜李隆基所賜。當然，我們知道，事實並非完全如此。無論如何，唐隆政變也應該有太平公主和李隆基兩個人的功勞，甚至太平公主的策畫之功還要更大一些。可是，這時候，睿宗把太平公主的功勞一筆抹殺，都算到李隆基頭上去了。按照傳統觀念，平天下之禍者，享天下之福，所以李隆基有資格當皇帝，這是順人。第二，現在天象有變，所以李隆基不僅有資格當皇帝，還應該提前當皇帝，這是應天。第三層意思就是敲打李隆基了。你要是能夠孝順我的話，何必非要等我死了再接班呢！換言之，現在我排除萬難把皇位讓給你，希望你能夠領我的情，孝順我，具體怎麼做，你心中應該明白。

聽李旦苦口婆心地把這番道理講完，李隆基這時候才覺得，父親這次不是在忽悠他，是真的想傳位，心裡就比較踏實了。他默默無語，「流涕而出」，自然是流著喜悅的眼淚出門去了。即位一事，他就算是默認了。

這樣一來，因為太平公主急於求成，讓術士威脅唐睿宗，反倒讓本來不明朗的局勢撥雲見日了。現在，無論是睿宗讓位，還是李隆基接班，似乎都已經是水到渠成，就差履行一些固定的程式了。

這個局面可讓太平公主太受打擊了。她左思右想，搞不明白，睿宗兩次聽術士彙報，為什麼態度差別如此巨大呢？我想，關鍵是睿宗的心境變了。第一次術士進言的時候，睿宗還想利用太平公主牽制太子，自己坐收漁翁之利。因此，太平公主派術士來說，太子可能要奪位，睿宗就表現出一副害怕的樣子，還大張旗鼓地跟大臣討論對策，給太子造成壓力。可是這一次，睿宗已經基本確定了扶助太子的大方向，而且已經準備讓位了，那麼太平公主再來說太子可能要奪位，睿宗不僅不怕，反倒將計就計，拿天象來堵太平公主的嘴。妳說上天垂象，表明我應該讓位，那我就讓位吧，看妳還說什麼！事情已經到了這一步，太平公主真是啞巴吃黃蓮，有苦說不出。

那我們也要好奇一下，太平公主那麼冰雪聰明，為什麼會在關鍵時刻犯這種錯誤呢？我想主要是她對睿宗判斷失誤，把他想得太傻太天真了，以為自己非常瞭解這個哥哥，能牽著他的鼻子走。可是，李旦一輩子都在學著跟強者打交道，先是強悍的母親武則天，再是猜忌心強烈的中宗李顯，當了皇帝之後又是勢力強盛的妹妹和兒子。跟強者在一起這麼多年，他學得最成功的本領就是韜光養晦、裝傻。因為他裝得太像了，連聰明的太平公主都瞞過了，還以為自己一直在牽著他的鼻子，沒想到最後反被李旦把鼻子牽住了。

就這樣，因為太平公主一招走錯，李旦順水推舟，李隆基不期然得到了一塊天上掉下來的大餡餅。李隆基既然要當皇帝，當然睿宗李旦就要退休了，成為太上皇，頤養天年。只有二十八歲的李隆基，則要成為大唐帝國的新主。這是他夢寐以求的事情啊，他真是覺得世界空前廣闊，陽光也無比燦爛。不過，他這邊與高采烈、如願以償了，太平公主可是陷入了無盡的苦惱之中，苦心經營，都付於流水。可以說，她遇到了從政以來的最大挫折。她和李隆基鬥了這麼久，一旦李隆基接班，肯定和她水火不容，她的權力不就大大縮水了嗎？那麼，太平公主會甘心接受這種局面嗎？她是否還有機會再重振雄風呢？

請看下回：太平重振

【第十五回】太平重振

李隆基當上皇帝後，太平公主看出來了，一到關鍵時刻，父子親情還是比兄妹感情要深一些的。於是，她透過親情攻勢，使得李隆基就只能甘當兒皇帝，處處要受制於太上皇。以這樣一來，太平公主當然又有了弄權的空間，接下來，她要做的，就是掌握的核心大臣，但是如何籠絡大臣呢？

世事如棋。因為太平公主一招走錯，睿宗決心傳位，太子也默認接受。按照常規，雙方再表演兩次推讓，走完「三讓而後受之」的儀式，就可以順利交接班了。這樣一來，睿宗李旦的統治也就徹底結束，他將以太上皇的身分，安心頤養天年；而李隆基也正式接班登基，成為大權獨攬的皇帝。這可是他在唐隆政變之前就日思夜想的事情，現在夢想成真，李隆基當然心情超好，對父親越看越順眼啊。李旦呢，心裡也相當滿足，甚至產生了些許自豪感。雖然當年他自己當皇帝時，兒子有擁立之功，可是，如今兒子能夠坐上皇帝的寶座，也是拜自己所賜啊！如果沒有自己鼎力相助，兒子怎能鬥得過野心勃勃的太平公主呢？兒子應該會領情吧。這樣想一想，也很欣慰。總之，這父子倆的感情從來沒這麼好過。

可是，看到睿宗李旦和李隆基之間父慈子孝，其樂融融，太平公主心裡可不是滋味了，應該說，她一輩子還沒這麼鬱悶過呢。她無論如何也想不通，當初是她和姪子李隆基一塊發動唐隆政變，一起打天下，一同冒風險，怎麼現在到了享受勝利成果的時候，就成了姪子一個人的了，把她這做姑姑的倒給晾到了一邊！這口氣怎麼嚥得下去呢？難道就放任事態發展下去？那可不是太平公主的性格。只要有一分希望，太平公主就要付出十分的努力。所以她還要去繼續努力，把屬於她的東西奪回來。

一、睿宗收權：太平公主盤算，勸說太上皇運用權力，施壓玄宗李隆基

怎樣才能挽救如今的被動局面呢？思來想去，太平公主覺得，既然讓睿宗繼續當皇帝已經不可能，那只能退而求其次，勸說睿宗靈活運用一下太上皇的權力了。太上皇這個職位本來就是最有彈性

的，可以什麼事都不管，安心享受退休生活，像歷史上的唐高祖李淵。但是，太上皇也可以借前任國家領導人和父親的雙重名分來向兒子施壓，以保留一部分權力，後來清朝的乾隆皇帝就是這樣。太平公主盤算，如果能夠勸睿宗保持一部分權力的話，即使李隆基當了皇帝，也不可能唯我獨尊，而只要皇權被兩個人分割，那她就會有活動空間，就還能上下其手！所以，現在當務之急就是勸睿宗不要徹底放權！

怎麼才能說服睿宗呢？這一次，太平公主學乖了。她看出來了，一到關鍵時刻，人家睿宗的父子親情還是比兄妹感情要深一些的。所以，不能再挑撥人家的父子關係了，相反，倒是要用父子天性去打動李旦！她也不再勸睿宗別傳位給兒子了，而是從父子親情出發，遊說睿宗：「隆基畢竟還年輕，驟然接班，他心裡得多緊張啊！你這個做父親的，總得騎上馬再送一程吧。在大事上，還是多幫孩子把把關吧！」

睿宗一聽，這話很有道理啊！俗話說，「打仗親兄弟，上陣父子兵」，我這個做父親的不幫他，誰幫他呀？再說了，權力好比鴉片，只要吃上了，就再難戒掉。哪個皇帝會一點兒都不迷戀權力啊？睿宗當時滿打滿算，才當了兩年的皇帝，本來也不是很甘心退位。所以，一聽妹妹的建議，馬上從善如流。

中國古代講究禮儀啊，皇帝禪位，一般要三讓而後受之，讓一次再讓一次，第三次就差不多了，不能顯得太著急。正好這時候，李隆基例行公事地來做第三次推讓。我們可以想像得到，李隆基這次推讓時，無疑是說，我還年輕，好多事情還不懂，還請父皇以天下蒼生為念，接著當皇帝。誰都知道，這不過是客氣話罷了。可是他萬萬沒料到，李旦笑瞇瞇聽完他這番套話之後，開口發話了：「汝以天下事重，欲朕兼理之邪？昔舜禪禹，猶親巡狩。朕雖傳位，豈忘家國？其軍國大事，當兼省之。」（《資治通鑑》卷二一〇）你是不是認為天下的事頭緒太多，覺得自己管不了，所以對當皇帝有畏懼感啊？不要害怕，有老爸我給你扛著！當年舜把天下都讓給禹了，不是還替他巡行邊疆嗎？我就向舜學習，退位不退休，接著給你幫忙！凡是軍國大事，都交給我來處理好啦！

李旦寥寥幾句話，又把大權給收回來了。李隆基一聽這番話，整個人都蒙了，父皇怎麼不按常理出牌啊？這不是節外生枝嗎？可是，事情已經到了這一步，總不能再說我剛才那番推讓都是應景的，您老還是別多事，趁早歇著吧。所以，他只好含著眼淚接受了睿宗的「好意」。表面上還得說，爸爸您這麼體貼我，我感動得都要哭了。

就這樣，在先天元年（七一二年）的八月，李隆基即位，他就是歷史上赫赫有名的唐玄宗。與此同時，睿宗李旦退位，成為太上皇。不過，李旦可不是一般的太上皇，根據他們父子倆之間的協議，李旦每五天一次在長安城的正殿太極殿上朝，自稱為「朕」，他頒布的命令稱為「誥」，一看就是國家最高權威。而新皇帝李隆基呢？每天只能在偏殿武德殿上朝，自稱為「予」，所頒布的命令稱為「制」、「敕」，明顯比爸爸矮了一頭。存在這種名分上的差別也就罷了，更要命的是，三品以上官員的任免和大刑罰都得由太上皇批准，李隆基真正能管的，不過只是一些雞毛蒜皮的小事！中國古代講究循名責實，有了皇帝的名頭，就得有皇帝的權力。可是落實到李隆基父子這兒，就全亂套了，李旦既然「老驥伏櫪，志在千里」，李隆基就只能甘當兒皇帝，處處要受制於太上皇。這樣一來，太平公主當然又有了弄權的空間，她的第一個目的算是達到了。

可是，僅有這麼一個勝利，對太平公主來說還遠遠不夠。我們前面也說過，為什麼太平公主在和李隆基爭權時總是略占下風呢？一個重要的原因就是，太平公主掌握的核心大臣還不夠。現在從名分上來講，李隆基已經是皇帝了，太平公主和他鬥法就更不占優勢了。堤內損失堤外補，所以，更要抓緊開展爭取大臣的工作。按照太平公主的想法，如果她能夠左右大臣的話，那麼李隆基上有睿宗掣肘，下被群臣架空，他不就是一個光桿司令了嗎？到時，就算他是皇帝，那又有什麼了不起的呢！可是，怎麼來做籠絡大臣的工作呢？

二、男寵登場：崔湜與盧藏用為太平公主獻策

在這當頭，太平公主的男寵粉墨登場了。太平公主的男寵是些什麼人啊？她的男寵可不止一人。太平公主第二次結婚後，對愛情婚姻都看淡了，私生活就開始不大檢點了。武則天晚年最喜歡的「蓮花六郎」張昌宗不就是太平公主推薦的嗎？他本來也是太平公主的男寵。送走了張昌宗之後，太平公主身邊也一直沒缺人。不過，其中大部分男寵對太平公主而言，都不太重要。太平公主最看重的男寵有兩個，一個叫做崔湜，一個叫做盧藏用。

這崔湜是何許人呢？他出身於河北高門博陵崔氏，自己對這個出身很是得意，曾經寫詩說：「余本燕趙人，秉心愚且直。」（《全唐詩》卷五四）意思是說，我是燕趙子弟啊，燕趙自古就出慷慨悲歌之士，所以我也是一個最最忠厚老實的人。不過，詩雖然這麼寫，他的為人可是既不「愚」也不「直」，倒正好是「愚」和「直」的反義詞，非常狡猾善變。

崔湜是進士出身，文采風流，在武則天晚年就嶄露頭角。當時武則天不是讓兩個男寵張昌宗兄弟

編《三教珠英》嗎?崔湜也是小編之一，在二張手下討過生活，也算是二張黨羽。可是，二張倒臺之後，他馬上又投靠了二張的敵人張柬之等五大臣，被他們派到武三思身邊當了臥底。接近武三思以後，崔湜發現，唐中宗李顯並不信任五大臣，反倒是一心擡舉武三思，要跟他結盟，借助他的勢力來遏制張柬之等人。一看形勢如此，崔湜便又見風使舵，轉投武三思，把五大臣都出賣了。而且，武三思對五大臣大開殺戒、斬草除根，就是崔湜的主意。再後來，太子李重俊發動政變，武三思被殺，崔湜又搖身一變，攀附上了才女上官婉兒。婉兒不是擅長作詩嗎?崔湜也是詩人，跟她一唱一和，惺惺相惜，很快便成了婉兒宮外府邸的常客。再到後來，崔湜乾脆登堂入室，從詩友變成了婉兒的情人。因為上官婉兒的提攜，崔湜和韋皇后、安樂公主也頗為熱絡。在這些政治女強人的幫助之下，崔湜的地位扶搖直上，一直當到了宰相。可是，沒想到中宗暴卒，韋皇后、安樂公主和上官婉兒也在唐隆政變中紛紛斃命。崔湜因為跟他們走得太近，難免受到株連，被貶到地方當刺史去了。可是，誰也沒料到，沒過多久，崔湜又回到中央了，而且很快官復原職，又當了宰相。那他為什麼能鹹魚翻身呢?因為他又拜倒在太平公主的石榴裙下，成了太平公主的男寵。

可能有人會產生疑問，像崔湜這樣的人，頻頻「轉會」，挺誰誰死，不是典型的掃把星嗎?而且又是上官婉兒的舊情人，太平公主怎麼這麼沒品味，撿別人的剩啊!其實，這倒不是太平公主沒品味，相反，她太有品味了。她喜歡崔湜最主要的原因有兩個。第一，因為他英俊;第二，因為他聰明。

崔湜是怎麼個英俊法呢?《舊唐書・崔湜傳》說他「美姿儀」，就是長相美，儀態也美。有人覺得這句話描述得也太平常了，看不出崔湜有什麼驚豔的地方啊。可是別忘了，《舊唐書》是正史，正史和小說不一樣，不可能像小說那樣，動不動就來一段什麼「閉月羞花」、「沉魚落雁」、「貌似潘安」一類的話。正史能夠特別提到一個人的容貌，這本身就已經說明這個人的容貌相當俊秀了。當年《舊唐書》評價武則天也就是一句「美容止」，和「美姿儀」基本是同一個意思，可是放在唐太宗的眼裡，不就是「媚娘」了嗎？

美貌當然是當男寵的必要條件，但還不是充分條件。崔湜真正打動太平公主的倒也不是他的英俊，而是他的聰明。崔湜的聰明體現在哪些方面呢？

崔湜是個少年天才，二十歲就中了進士。在唐朝，要想考中進士，可不是一件容易的事，當時號稱「三十老明經，五十少進士」，即使你五十歲能考中進士，別人還說你是少年得志呢。崔湜二十歲中進士，和別人相比，就整整少奮鬥了三十年。他不僅在官場上起步早，而且上升得也相當快，才剛剛三十出頭，就當上了兵部侍郎。吏、戶、禮、兵、刑、工，這六部可是唐朝的機要政府職能部門，侍郎比現在國務院下屬各部的副部長還大。崔湜如此年輕就能占據高位，可謂是大器早成。更妙的是，當時他的爸爸崔挹正在禮部當侍郎，父子同期擔任侍郎，這在唐朝歷史上也是獨一份，讓人羨慕不已。

崔湜在二十七歲的時候，有一天傍晚下班，騎著一匹高頭大馬，緩緩走出洛陽城的端門。極目遠眺，只見滿目春色，崔湜就在馬上閑閑地說了一句：「春遊上林苑，花滿洛陽城。」真是文采風流，出口成章。當時大詩人張說正好在旁邊，看到這一情景，羡慕得眼珠子都要掉下來了，不禁慨嘆：「此句可效，此位可得，其年不可及也。」（《太平廣記》卷四九四）要知道，張說也是少年得志，二十歲就中了制舉第一名，一生三度拜相，而且五言詩成就斐然，號稱「一代文宗」，是唐朝著名的才子型政治家。可是，面對崔湜，連張說都不免自嘆不如。正是因為崔湜有這樣的才華，太平公主既往不咎，向他拋出了繡球。崔湜自然也非常識趣，馬上把太平公主當成了新主人。

另一個男寵盧藏用又是何許人呢？說起這個人，我們今天並不熟悉，但是，有一個成語「終南捷徑」，是我們都耳熟能詳的，這成語說的就是盧藏用的故事。盧藏用出身於范陽盧氏高門，也是年紀輕輕就考中了進士。但是，按照唐朝的規矩，考中進士並不是立刻就能當官，還要到吏部再接受挑選，等官缺。這過程不是太漫長了嗎？盧藏用可等不及了，他是個聰明人，他覺得，去求朝廷當官太難，要讓朝廷主動求你當官才好。可是讓朝廷去求一個人當官，這很難辦到啊。怎麼樣才能讓朝廷發現自己這個非凡人才呢？盧藏用冥思苦想，想出了一個妙招。考中進士之後，他沒幹別的，直接跑到終南山去隱居了。終南山的地理位置特別好，緊挨著長安城，風光秀麗，當時達官貴人都喜歡到這裡搞郊區一日遊。一來二去，都知道這裡住著一個盧高人，很快盧藏用就聲名鵲起，果然被徵調到中央當官了。

盧藏用當官之後春風得意。有一天，一個有名的高道司馬承禎即將離開長安，回到自己修行的天臺山隱居。盧藏用就勸人家說：「這終南山也是個好去處啊！何必非要回天臺山呢？」司馬承禎笑答道：「是嗎？依我看來，終南山只是一個當官的捷徑罷了！」把盧藏用諷刺得面紅耳赤。不過盧藏用雖然工於心計，倒也是個人才，詩文作得好，飛白書法也很有成就，在當時的士人中頗具影響力。現在太平公主急於用人，盧藏用也成了座上客。

太平公主把這兩個士林領袖收在自己的石榴裙下，這可是一招妙棋。一來，她可以得到兩個可靠的高參給自己出謀劃策；二來，崔湜和盧藏用在文人中的影響大，她也可以借助他們來招徠其他的文人官僚；另外，當時太平公主的第二任丈夫武攸暨剛剛去世，有這麼兩個多才多藝的男寵，不是也能在弄權之餘排遣寂寞嗎？

這樣看來，雖然同樣是包養男寵，但是太平公主和武則天的標準可絕不相同。武則天對男寵的要求是「兩好」先生：第一，身體好；第二，相貌好。除此之外，其他的都不重要了。而太平公主的情人卻一定得是「三好」學生。第一，出身好；第二，才學好；第三，容貌好。母女二人在選擇男寵的問題上為什麼有這麼大的差別呀？關鍵是兩人的處境不同，男寵對她們的意義也就不一樣。武則天養男寵時已經到晚年了，功成名就，大局已定，所以她養男寵是娛樂行為，就像養寵物一樣，好玩兒就行。可是太平公主不一樣，她的事業還在奮鬥之中，因此，她的男寵可不能是玩物，倒更像是政治情人、工作助手，是要幫她幹大事的，哪能馬馬虎虎呢？

三、招攬才俊：太平公主勢力重新伸張，「七位元宰相，五出其門」

不過，要想架空已經當了皇帝的李隆基，光靠男寵可遠遠不夠。太平公主得確保她的人在宰相之中占多數才行，只有如此，她才可能左右國家的政治形勢。怎麼才能做到這一點呢？我們不是說過，雖然睿宗當了太上皇，但是還保留著三品以上官員的任免權嗎？宰相正好是三品官啊，那就利用睿宗的這份權力好啦。

睿宗當時的心境是怎麼樣的呢？他能當皇帝，完全是兒子和妹妹共同推戴的結果。現在，他讓兒子當皇帝，犧牲了妹妹的利益，表面雖然不說，但心裡還是有點愧疚的。所以，對妹妹的請求反倒比原來更加難以拒絕了；另外，睿宗畢竟才當了兩年的皇帝，現在早早退休，心裡實在不甘。因此，他也願意扶持一下妹妹的勢力，讓她跟兒子搞搞平衡，省得兒子不聽話。睿宗有這樣的心理，太平公主做工作就容易多啦，經常給他推薦一些自己看中的人，睿宗一般也會滿足她的要求。很快，就在睿宗決定傳位前後，幾個重要人物就被太平公主提拔到宰相崗位上了。那麼，太平公主擡舉的都是些什麼人呢？舉兩個例子就知道了。

第一個人是蕭至忠，這也是個少年成名的人物。他年輕的時候當過洛陽縣的縣尉，主要負責維持治安，相當於現在的警察局局長。當時還是武則天時期，洛陽是都城，天子腳下，五方風土雜陳，老百姓都見多識廣，本來不容易服從權威。因此，好多人一到洛陽做官就栽觔斗，但蕭至忠偏偏在這兒幹出名了。老百姓都服他，不給他惹事。

蕭至忠為什麼能服人呢？一個很重要的原因是他講信用。當年，他跟一個朋友約了在街上見面，可是，到了約定時間忽然變天了，又是颳風，又是下雪，氣溫一下子降到零下了。街上的人都紛紛往家裡跑，可是，蕭至忠偏偏反其道而行之，從辦公室出來，到大街上往那兒一站，跟雕像似的。別人看見都勸他，說變天了，你朋友也未必來了，你還傻站在這裡幹什麼呀？改天再約見面不是一樣嗎？沒想到蕭至忠一臉嚴肅地說：「跟人約好的事情，怎麼能失信呢？」繼續在暴風驟雪中站著等，旁邊的人都佩服得不得了。有人可能懷疑，就算他守信用，這跟當警察局局長有什麼關系啊？孔夫子說得好，「凡人皆有死，民無信不立」。蕭至忠跟朋友交往能守信用，工作上肯定也是公正廉明，這不就能讓老百姓服氣嗎？所以蕭至忠在司法系統節節高升，很快被提拔到了御史台，相當於今天的最高法院。

到了御史台後，蕭至忠還是那麼兢兢業業，認死理兒。有一次，他在滿朝文武百官面前，彈劾大臣蘇味道貪贓枉法。蘇味道可是當時的宰相啊，一個炙手可熱的人物。蕭至忠居然彈劾他，這可把御史大夫李承嘉嚇壞了。退朝之後，李承嘉就抱怨蕭至忠說：「你畢竟是我的手下，彈劾一個高官，總得跟我說一聲吧！」沒想到蕭至忠把臉一板，回答道：「御史都是皇帝的耳目，不分官職，彼此平等，可以各自獨立彈事，互相不必請示彙報。如果每個人彈事要先向御史大夫請示，那麼，請問我彈劾御史大夫您的時候，又該向誰請示呢？」說得李承嘉啞口無言。這樣一來，蕭至忠在御史台的名氣越來越大，大家都去找他處理不好辦的事情。後來在唐中宗神龍年間，不是有人告發相王李旦、太平公主都和謀反的太子李重俊有牽連嗎？這是大案要案，中宗就派了蕭至忠審理。結果蕭至忠並沒有屈從於皇帝，而是曉之以理，動之以情，說服唐中宗，讓他放過了弟弟妹妹。所以，無論是李旦還是太平公主，都對蕭至忠心存感激。

不過，蕭至忠雖然能幹，但在政治大節上卻看走了眼。為了巴結韋皇后，他什麼事兒都做得出。說起來，韋皇后也是個苦命人，本來有四個弟弟，當年受到李顯的連累，年紀輕輕都死於非命，誰也沒有結過婚。韋氏當了皇后之後，很是替死去的弟弟不平，可憐的孩子們，什麼人生樂趣都沒有品嚐過！要不是當初自己嫁給李顯，弟弟們也不至於死得這麼慘。如今自己總算熬出頭了，弟弟卻再也不能死而復生，享受榮華富貴了！怎麼表達姊姊的一番心意呢？韋皇后也沒有別的辦法，就張羅著要給弟弟結一門鬼親。可是，到哪裡去找鬼新娘呢？當時正好蕭至忠也有一個女兒死了，聽說韋皇后要給弟弟結冥婚，蕭至忠也顧不得入土為安的古訓了，到墳地裡就把女兒的屍骨挖出來，跟韋皇后攀了這門鬼親。可是，光結死親家不夠啊，沒過多久，蕭至忠又把一個活著的女兒嫁給韋皇后的表弟，成了韋皇后的「雙料」親家。在婚禮上，他的女兒由中宗李顯主婚，韋皇后的表弟自然是韋皇后主婚，所以號稱「天子嫁女，皇后娶婦」，很是風光了一把。

可是，風水輪流轉，等到韋皇后被殺，睿宗上臺，蕭至忠也就作為韋皇后的黨羽被貶到地方當刺史了。蕭至忠雖然在政治立場上曾經站錯隊，但現在畢竟是用人的時候，太平公主覺得他人才難得。而且還犯過錯誤，我要是能夠棄瑕錄用，他肯定會對我感恩戴德，以後還不得死心塌地為我服務嗎？所以，太平公主馬上把蕭至忠提拔回中央，讓他當了宰相。古代知識份子最講究「士為知己者死」，太平公主如此不念舊惡，禮賢下士，蕭至忠當然感激涕零，為太平公主死的心都有。

太平公主擡舉的第二個人是竇懷貞。這可是我們非常熟悉的人物了。當年他不也是巴結韋皇后嗎？還娶了韋皇后的老奶媽，每次上書都在落款處寫「翊聖皇后阿奢」，還因此被別人譏笑為「國奢」。後來，韋皇后在唐隆政變中被殺，竇懷貞趕緊手刃了老奶媽，表示劃清界限，以換取在新皇帝手下繼續當官的機會。這種見風使舵的技倆，很是讓人看不起。不過，竇懷貞雖然喜歡趨炎附勢，但也不乏幹才。他年輕的時候就以清廉著稱，為官多年，不蓄私財，這樣的幹部任何時候都受人尊重。武則天時期的著名宰相狄仁傑，不就是以善於發現人才著稱嗎？他推薦過的人才不僅有姚崇、張柬之這樣青史留名的賢相，也還有竇懷貞。能夠入狄國老的法眼，可見這竇懷貞也不是一般的人物。現在，太平公主四海納賢，便也把他拉到宰相的位子上來了。如此一來，竇懷貞對太平公主更是感激涕零，每天下班之後，連家都不回，直接先到太平公主家裡報到。朝廷裡的大事小情，都要先跟太平公主彙報一番，等於太平公主在朝廷上安了耳目。

舉了這麼幾個例子，大家肯定可以看出來了，太平公主提拔的這些男寵和宰相都有什麼特點呢？

他們有兩個最顯著的特點。

第一，這幾個人都非常有才幹，既是當時的士林領袖，又是政治精英，具有相當的號召力和代表性。從選人方面，我們也可以看出太平公主的政治眼光和領導水準。

第二，這幾個人都沒有什麼政治節操，太過於急功近利。崔湜有一句名言說：「吾之一門及出身歷官，未嘗不為第一。丈夫當先據要路以制人，豈能默默受制於人也！」（《舊唐書・崔湜傳》）說我們家無論是出身，還是當官，都是要當第一的。大丈夫就應該占據要津來轄制別人，怎麼能夠默默無聞被別人轄制呢？從這句話我們可以看出來，崔湜是一個唯目的論者，他的目的就是要爭第一，據高位，而且為了達到這個目的可以不擇手段。

蕭至忠也是這樣的人。在攀附太平公主的時候，蕭至忠的妹夫也勸過他說：「像舅兄你這樣的才華，不愁沒人賞識，以後肯定會發達的！何必現在急急忙忙去巴結太平公主呢？」可是，蕭至忠根本不聽妹夫的勸告，揚長而去。

如此急功近利的性格，使得他們很難抵制官位的誘惑，進而被太平公主輕而易舉地招至麾下。所以說，這幾個人其實都屬於亦正亦邪的人物，正的一面讓他們可以治理國家，成為能臣；邪的一面又讓他們輕於去就，有奶就是娘，所以能成為太平公主的私黨。曹操曾經有一句名言，叫做「治平尚德行，有事賞功能」。他的《求賢詔》更是號稱要把那些「負汙辱之名，見笑之行，或不仁不孝，而有治國用兵之術」的人才全都網羅麾下，為我所用。想來太平公主也認同這樣的選拔標準吧，事實上，武則天當年奪取權力的時候，又何嘗不是如此呢！

經過這麼一番提拔，太平公主的羽翼一下子就豐滿起來了。豐滿到什麼程度呢？史書記載是「七位宰相，五出其門」，把宰相班子大部分都控制起來了。這樣一來，太平公主上有太上皇李旦撐腰，下有若干宰相維持，她的勢力又重新伸張起來，在一定程度上扳回了不利的局面。

可是，看著太平公主勢力重振，李隆基剛剛開朗起來的心情又低落了不少。他本以為當了皇帝就能擺脫束縛，大顯身手，沒想到上有太上皇壓制，下有太平公主安插的宰相約束，自己要想做點什麼事情，真是難於上青天，處境比當太子的時候也沒好到哪裡去。那麼，李隆基是否能容忍太平公主的勢力繼續發展下去呢？

請看下回：劍拔弩張

【第十六回】劍拔弩張

為了剷除太平公主的勢力，李隆基決定發動政變，卻因為消息敗露，導致政變流產。李隆基非但沒有能夠清除太平公主，反倒給李隆基惹了無窮無盡的麻煩。仔細算起來，這次事件給李隆基至少帶來了三方面的惡果，哪三方面的惡果呢？

唐玄宗先天元年（七一三年）十一月，長安城忽然傳出一條消息，太上皇讓皇帝去巡視邊疆！本來，李唐皇室祖上都是武將出身，皇帝不乏尚武精神，唐高祖和唐太宗都曾經戎馬倥傯，頻頻親征，皇帝出巡並不是什麼稀罕事。但是，聯繫到當時太上皇李旦、玄宗李隆基和太平公主複雜的關係，人們不免還是猜疑，時局不穩，皇帝為什麼離開京城？太上皇李旦為什麼要發布這樣一道誥命呢？

前文提到，李隆基雖然當了皇帝，但是，大權還掌握在太上皇李旦手中，而太平公主則控制了宰相中的大多數，他們倆對政治的影響力很大，李隆基真正能管的只是些雞毛蒜皮的小事。李隆基不服氣啊，為什麼他當了皇帝，卻不能大權獨攬？他年輕氣盛，又富有四海，貴為天子，怎麼能忍受處處受制於人！怎麼才能當一個真皇帝呢？李隆基覺得，要想解決這個問題，關鍵環節在太平公主這兒。太平公主就像強有力的反對黨一樣，太上皇李旦雖然已經退位，但是只要聯合太平公主，他就有和李隆基叫板的資本，就能對朝政處處指手畫腳。如果清除了她的勢力，太上皇李旦沒有了依傍，就好控制了。大臣那邊更是如此，因為太平公主勢力太強大了，因此，他們對皇帝沒有信心，不知道他這個皇帝到底能不能長久，所以跟李隆基離心離德。如果沒有太平公主插手，他們肯定對他死心塌地。

怎樣才能清除太平公主的勢力呢？在李隆基當太子的時候，每次姑姪鬥法，都是太平公主先發難，他被動應對；但現在李隆基已經是皇帝了，無論如何，在名分上更占優勢，這種優勢讓李隆基不禁產生了一點飄飄然的感覺，膽子便也大了很多。就在這樣的心理支配下，登基剛滿一個月李隆基和他的追隨者們就迫不及待了，想要主動衝擊一下太平公主。

一、謀臣現身：化被動為主動，皇帝李隆基出招對付太平公主

怎麼衝擊太平公主呢？當時，有幾個謀臣開始在李隆基身邊活躍起來了。本來，李隆基身邊不乏足智多謀的大臣，姚崇、宋璟、張說，都是百裡挑一的精英。可是，過去的兩年之中，因為和太平公主的幾輪鬥法，這幾個人都受到牽連，先後被貶到地方去了。可是俗話說：「十室之邑，必有忠信；十步之內，必有芳草。」就在這些老臣不在的時候，有一個新人嶄露頭角了。誰呢？此人名叫王琚。他當時也就三十歲上下，雖然年紀不大，但是說起來也是個「老革命」了，他當年參加過反對武三思的鬥爭。

前文講過，唐中宗通過神龍政變當上皇帝，政變之後，他就開始提攜武三思，打壓以張柬之為首的五個大功臣，想要借此穩定皇權。他的所作所為自然引起了功臣集團的強烈不滿。在這些功臣之中，有一個還是中宗的女婿，叫王同皎。當年，神龍政變的時候，還是太子的李顯臨陣掉鏈子，不肯出門，王同皎以女婿的身分又勸說又威脅，這才把李顯哄上戰馬，出來領導政變。所以王同皎既是親人，又是功臣。沒想到中宗當了皇帝之後，翻臉不認人，處處壓制功臣。王同皎雖然身分特殊，也未能倖免，因此特別鬱悶，很想搞一個軍事行動，把武三思暗殺掉。當時，王琚正是王同皎府上的門客，因為精通天文、曆算和占卜，深得王同皎的信任，也參與了謀畫。沒想到事情還在商議之中，就被人告密，王同皎死於非命，王琚也連夜逃跑，流落江湖。他從長安城一直向南跑，跑到了江都，也就是今天的揚州。

揚州在當時可是一個財富聚集之地，繁榮程度和天府之國益州齊名，號稱「揚一益二」，城裡住

著好多富商。王琚逃到揚州之後，隱姓埋名，給一個富商當了傭人，幫人家算算賬，寫寫信，搞點文字工作。一段時間之後，富商看出王琚舉止風雅，談吐不俗，不是平常人。怎麼處置這個傭人呢？這個富商也很有水準，像什麼你從哪兒來，到哪兒去，為什麼流落我家，這些問題一概不問，直接就把自己的女兒嫁給他了。而且還大大地陪送了他一筆資產，讓他過上了衣食無憂的生活。後來，睿宗即位，普天同慶，王琚覺得自己的出頭之日到了。他終於跟岳父說出了自己的真實身分和過去的種種遭遇，這個富翁又再次慷慨解囊，資助他回到了長安，謀求新的前途。

回到長安之後，王琚並沒有急著找睿宗擺功勞，反而拿著老岳父給他的盤纏，就在長安城南出城的交通要道上住了下來，守株待兔，專心等待能讓他出人頭地的達官貴人。他的等待有沒有結果呢？功夫不負有心人，還確實等來了一個貴人。這個人就是李隆基。

有一天，時為太子的李隆基出城打獵，王琚看著他們一隊人馬浩浩蕩蕩地往山裡去了，也知道那個被擁簇著的年輕人正是當今太子。可是，他並沒有上前攔住他們。等到薄暮時分，李隆基他們帶著獵物回來，再走到王琚家旁邊的時候，已經不是早晨那副意氣風發的樣子了，人困馬乏，疲憊不堪，十幾個人就圍在一棵大樹下坐著休息。這時，一身儒士打扮的王琚走過來了，極力邀請李隆基到他家裡坐坐。李隆基看他舉止有禮，氣質不俗，也就接受了邀請。到他家一看，真是家徒四壁，除了一個面黃肌瘦的妻子，剩下的就是一頭毛驢了。李隆基本想坐坐就走，可是王琚苦留吃飯。當時李隆基就奇怪了，就你這生活條件，哪有什麼東西給我吃啊？可是也不好拒絕人家啊，只好重新坐了下來，心中暗想，一會拿上來什麼就隨便吃兩口，應付一下算了。沒想到過了沒多久，飯菜就都端上來了，而且是大塊肉大碗酒，相當豐盛。奇怪啊，這難道是天上掉下來的？不管哪兒來的，先吃吧，於是李隆基美美地飽餐了一頓。邊吃邊和王琚聊天，李隆基很快發現此人言辭犀利，思維敏捷，非同小可。酒逢知己千杯少，兩個人傾蓋如故，相見恨晚。酒足飯飽之後，李隆基告辭，王琚也不再深留。走到門口一看，李隆基愣住了。剛才那頭驢已經躺在地上，成了一堆驢肉了。原來王琚把唯一的財產——毛驢給殺了，這才給他置辦的酒食。真是一番赤誠之心！李隆基不由得非常感動，再想這人確實是個人才，回到宮裡就向睿宗推薦王琚。不過，睿宗對李隆基推薦人才、發展勢力一向持消極態度，但是也不便駁太子的面子，就讓他當了一個縣主簿，相當於縣委祕書長。對於這個結果，李隆基當然不太滿意，但是他也沒什麼辦法。再說，他跟王琚不過是一面之緣，也還犯不上為他得罪父親。這樣又過了幾天，李隆基也就把王琚忘了。

可是，王琚守株待兔，好不容易等到能夠提攜他的貴人，怎麼能輕易再從李隆基的視線中淡出呢？王琚決定再努一把力。正式任命那天，王琚主動到東宮去找李隆基了，名義是感謝太子的推薦之恩。可是，到了李隆基的庭院之中，王琚卻故意左顧右盼，做出一副很傲慢的樣子。這時候，東宮的官員就教訓他說：「你是哪兒來的野小子，不知道這是太子殿下的宅院嗎？怎麼如此無理？太子殿下就在簾子後面，你怎麼能在這兒東看西看的呢？」沒想到王琚把眉毛一挑，眼睛一橫說：「當今之人只知道太平公主，誰知道什麼太子啊！太子本來有大功於天下，怎麼混成了這個樣子，我都替他感到難過！」李隆基在裡面一聽，這人話裡有話呀，而且口氣不小，馬上從屋裡出來了，再一看，記得，就是當日殺驢給他吃的那個王琚。於是，親自把他請進屋內，跟他談目前的形勢。王琚說：「韋庶人見識淺薄，而且謀殺親夫，人心不服，所以殿下要消滅她，真是一呼百應，非常容易。如今太平公主可不一樣了，她是武則天的女兒，本來就詭計多端，現在自恃有功，又有大臣支持，實力相當可觀啊！當今天子又是她親哥哥，對她百般容忍。一旦她發難，我很為太子您擔憂呢。」李隆基一聽這話正中要害，馬上把他拉到身邊說，你說得很有道理啊，但是，父親的同胞兄妹中，現在只有太平公主一個人了，父皇那麼重感情，我要是消滅她，讓父親傷心，豈不是大不孝嗎？王琚應聲答道：「殿下講的是一般的孝道，天子的孝道和一般人可不一樣啊！一個天子，不能只想著讓父母高興，更要想著整個國家，讓國家安定下來，這才是利國利民的大孝呢。太子殿下現在要是在小節上斤斤計較，不敢有所作為，萬一哪天太平公主發難，殿下父子都要吃虧，那時候可就大節小節都顧不到了！」

李隆基一聽王琚分析時局如此透澈，大為高興，心想王琚兵來將擋，水來土掩，我問什麼問題都難不倒他，是一個辯才呢！於是就正色對王琚說，你別去當什麼主簿了，就留在我身邊吧。你有什麼特長沒有，我根據你的特長給你安排一個職位。王琚聽了微微一笑說，我沒什麼特別的長處，但是會煉丹，也會講笑話，而且都達到了很專業的水準。您就給我安排一個弄臣的職位好啦，這樣也好掩人耳目。就這樣，王琚留在了太子府，成為太子的幕僚，算是人才儲備。

沒過多久，李隆基就發現，這個王琚真是個難得的人才，又有見識又風趣幽默，自己簡直離不開他了，於是遇事經常向他問詢，兩個人好得形影不離。等到李隆基當了皇帝，終於有了三品以下官員的任免權，馬上把王琚提拔起來，讓他當了四品的中書侍郎。現在，李隆基想要對太平公主發難，當然要徵求王琚的意見，王琚說，我人微言輕，幫不上陛下什麼大忙，現在的宰相之中，劉幽求可是心向陛下，對您忠心耿耿，陛下為什麼不去問問他呢？

二、政變流產：剷除太平公主的政變消息洩露，太上皇震怒，玄宗自食惡果

誰知還沒等李隆基發問，劉幽求已經產生發動政變的想法了。劉幽求為什麼會想要政變呢？事情還是從劉幽求沒當上理想的官開始的。劉幽求是李隆基的心腹，也是唐隆政變的功臣，李隆基當了皇帝之後，他滿以為以自己的功勞、才幹以及跟皇帝的關係，肯定能當個首席宰相。沒想到李隆基這個皇帝並沒有什麼真正的用人權，宰相的位子都被太平公主的黨羽占去了。像什麼竇懷貞啊，崔湜啊，都當了宰相。而他雖然立了大功，卻在宰相中一直居於下位，這可讓劉幽求太鬱悶了。照他的想法，這些人原來都是韋皇后一黨，政變沒有殺死他們已經夠便宜的了，現在居然在他的頭上耀武揚威，憑什麼啊？不就因為他們是太平公主的黨羽嗎？正因為有太平公主，他這個皇帝的跟班才會沒有地位！所以，一定要把太平公主除掉！劉幽求是靠政變起家的，所以腦子裡有一個固定的政變思維，這時候自然又想搞一場政變了。

劉幽求知道，政變一定要有軍隊的支持。恰好這時候有一個羽林將軍，跟玄宗李隆基的私交非同尋常。這個人叫做張暐，他本來是潞州的一個縣令，家境富裕，為人豪爽，喜歡結交各路豪傑英雄，有點像當年武則天的父親武士彠。武士彠當年高瞻遠矚地結交上大唐開國皇帝李淵，張暐也不含糊，跟李隆基打得火熱。李隆基不是當過潞州別駕嗎？張暐也是傾心結交他，除了陪吃飯、陪打獵這些應酬娛樂活動之外，還特別關心他的私生活。年輕的李隆基一表人才，風流成性，在潞州愛上了一個歌女。他想把歌女帶到自己的府裡，又怕影響不好，所以，他就把她悄悄安置在張暐家裡，隔三差五地來張暐家和她幽會。這個歌女運氣非常好，一年不到就給李隆基生了一個兒子。她後來被封為趙麗

妃，很受寵愛。孩子畢竟是在張暐家生下的，所以李隆基對張暐也頗為感激，平時也對他沒少照顧。當了皇帝之後，也不忘舊情，馬上把他提拔為羽林將軍。讓自己的故人親信管理禁軍，自己不但放心，還可以牢牢控制軍隊以遏制太平公主的勢力。

現在，劉幽求找到張暐，對他說，太平公主弄權，處處壓制咱們這些皇帝的人，心裡真是不爽，不如我們再搞一場政變，把太平公主除掉算了！你手裡有兵，跟皇帝私交又好，不如哪天你去遊說一下皇帝吧。張暐是個粗人，頭腦簡單，想也沒想，馬上答應下來。於是，先天元年的八月，也就是李隆基當皇帝的第二個月，張暐就去找唐玄宗了，他說：「宰相中有崔湜、岑羲，俱是太平公主進用，見作方計，其事不輕。殿下若不早謀，必成大患。一朝事出意外，太上皇何以得安？古人云：『當斷不斷，反受其亂。』唯請急殺此賊。劉幽求已共臣作定謀計訖，願以身正此事，赴死如歸。臣既職典禁兵，若奉殿下命，當即除剪。」這話是什麼意思呢？首先，他說太平公主黨羽眾多，幾個宰相都是她提拔的，他們常常聚會，也不知是不是在一起搞陰謀，恐怕日後生變，不如儘早除掉。第二，劉幽求和我一文一武，都是您的鐵桿忠臣，都願意追隨陛下您。劉幽求有謀，我手裡有兵，只要您下令，我們為您赴湯蹈火，萬死不辭。李隆基聽到這番話是由衷地高興啊，其實，政變的事情他也是日思夜想的，只不過覺得時機還不成熟，不能輕易動手。現在有人主動請纓，真是想君主之所想，急君主之所急，當然要予以鼓勵。於是，李隆基慰勞了張暐一番，又再三叮囑他：這可是要掉腦袋的事情，你千萬不要洩露給別人。如此反覆交代，才放心地讓他離開了。

可是，張暐不是豪爽嗎？朋友多，三教九流的都有。他是個心裡盛不下事的人。沒過幾天，他和一個朋友喝酒，酒過三巡，張暐就又開始吹牛了，說我可是個有本事的人，我正要跟皇帝幹一件驚天動地的大事呢，將來可是要載入史冊的！說著說著，整個計畫都給人家兜了底。酒醒之後，張暐回過神來，天哪，自己都說了些什麼！這下可犯大錯了，後果要多嚴重有多嚴重，不知多少人會受到牽連呢。怎麼辦呢？趕緊找李隆基認錯吧，一見到皇帝，他就磕頭如搗蒜，原原本本地把整個事情都招認了，求他快想辦法。李隆基一聽，嚇得臉都綠了，這可如何是好！八字沒一撇的事情，居然走漏了風聲。雖然不知道張暐的這個酒友是不是已經把他們告發了，但是凡事不可寄希望於僥倖啊！沒辦法，只能是丟卒保帥了！於是他跟張暐說：「張將軍啊，我還特地囑咐你做好保密工作，可是你辜負了我的希望啊。既然你辜負我在先，我也只能對不起你了！」

怎麼才能消除影響呢？李隆基寫了一紙奏書，說劉幽求和張暐兩個人慫恿他提防太平公主。這不是挑撥自己和姑姑的關係嗎？所以，他主動揭發兩個人的罪行，請求太上皇裁決！那麼，李隆基怎麼這麼不地道啊？這不是出賣朋友嗎？事情不能這麼想。其實，李隆基這一招是很精明的。首先，既然張暐已經把這件事洩露出去了，再等待下去，凶多吉少，自己招供總比別人揭發要好一些，這叫爭取主動。另外，自己招供，解釋權在自己，凡事也可以往有利的方面去說。就拿這件事來說，本來是皇帝和大臣一起搞陰謀，想要謀害既是功臣、又是自己親姑姑的太平公主，這樣的事情，從皇帝和功臣這個角度講叫做不義，從姪子和姑姑的角度講叫做不孝，可是到李隆基的奏章裡就成了大臣對皇帝挑撥離間，這就是大事化小。所以綜合起來考慮，李隆基這樣處理，既是丟卒保帥，給自己開脫罪責；同時，也可以給他們倆減輕罪行。

不過李旦也是個老謀深算之人，一聽這事情的來龍去脈，馬上就明白兒子這點鬼把戲。知子莫若父嘛，再說，這麼多年的飯不是白吃的。要不是兒子野心勃勃，想要除去障礙，大權獨攬，這兩個大臣怎麼敢輕易議論皇家的事！還不是他首先看不上太平公主，想要把她的權力奪掉？為什麼想要奪取太平公主的權力啊？那還不是為了把她擺布清楚之後，再來擺布我這個太上皇嗎？本來他就是因為擺不平太平公主和李隆基兩個人的關係才被迫退位的，沒想到自己都已經退位了，兒子還不善罷甘休，自己剛剛傳位給他一個月，就想搞這樣的動作，這小子也太不地道了。看罷奏書，李旦重重地哼了一聲。太上皇很生氣，後果很嚴重。

怎麼辦呢？當然不好法辦皇帝，不過總得敲打敲打他。既然李隆基說是劉幽求、張暐這兩個人挑撥，那就拿他們開刀吧。李旦馬上派人把這兩個人抓起來了，讓法官嚴格審理。法官當然看太上皇的臉色行事，立刻給劉幽求和張暐判了一個「以疏間親罪」，這在講究宗法的古代可是大罪，一審判決兩人死刑，立即執行！這下李隆基可傻眼了。本來自己能夠控制的官員就有限，現在姚崇走了，宋璟走了，張說走了，再損失兩員愛將，自己不是更被動了嗎？趕緊替他們求情。說兩個人好歹也是功臣，還是從輕發落吧。既然皇帝都求情了，那李旦也不好太不給面子，只好改判流放，都打發到南方邊疆去了。

三、形勢陡轉：太平公主慫恿，太上皇命皇帝巡行邊疆，削弱皇帝的控制力

到此為止，這場籌畫中的政變就算流產了，非但沒有能夠清除太平公主，反倒給李隆基惹了無窮無盡的麻煩。仔細算起來，這次事件給李隆基至少帶來了三方面的惡果。

第一，李隆基的勢力更弱了。我們前面講過，因為和太平公主鬥法，李隆基最為倚重的兩個大臣

——姚崇和宋璟已經被貶到地方去了，對李隆基來說這無異於失去了左膀右臂；這次，李隆基又損失了文臣劉幽求和武將張暐，身邊出謀劃策的人日益減少，對軍隊的控制力度也減弱了，這對他當然是大大的不利。

第二，這次事件一出來，太平公主可就占了輿論上的優勢了。太平公主素在朝臣中有威望，這樣一來，同情她的人就更多了。本來，李隆基一方總說太平公主身為臣子，卻圖謀不軌，整天覬覦權位，搞小動作，但是此案一出，輿論譁然。搞小動作的並不是太平公主，而是皇帝李隆基本人啊！以後太平公主再發展勢力可就不叫搞小動作了，應該改叫正當防衛了！另外，既然李隆基都想用非常手段來對付太平公主了，他和太平公主也就算徹底撕破臉皮，表面文章也不用做了。此後，太平公主對他的防範當然就更強了。以前，太平公主主要致力於搞定宰相，控制政府；現在，既然李隆基都打算動用軍隊了，那麼太平公主當然不會善罷甘休，也開始向軍隊插手了。我們知道，唐朝任何一次宮廷政變都要動用北衙禁軍的力量，而北衙禁軍因為唐隆政變，跟唐玄宗李隆基和太平公主都有交情，本來並沒有確定到底該支援誰，可是現在情況很清楚了。羽林將軍張暐跟著李隆基混，結果混得很慘，不是被流放到窮山惡水的南方了嗎？這些禁軍將領覺得，從眼前的情勢來看，皇帝的權威確實不行，還是跟著太平公主，前途可能更光明一些。就在這種情況下，有兩個羽林將軍又投靠了太平公主。此時的太平公主在朝廷中，文有宰相，武有將軍，實力更強了。

第三，李旦和李隆基的關係也發生了很大變化。本來，睿宗傳位李隆基，說明他還是希望李唐王朝平穩地向前發展的，因此雖然兒子對他的權力威脅更大，但是，在兒子和妹妹鬥法的情況下，他還是毅然決然地支持了兒子，主動退位，讓李隆基當了皇帝。可是，現在兒子剛剛即位還沒有一個月就想搞政變，這讓他覺得不寒而慄。雖說政變針對的是太平公主，但是他也知道，唇亡齒寒，一旦太平公主被消滅，自己也就要受制於兒子了。在這種情況下，李旦一下子又和太平公主站在一條戰線上了。

這樣看來，唐隆政變以後，太平公主和李隆基各犯了一個錯誤。太平公主的錯誤是急於求成，讓術士威脅睿宗，結果聰明反被聰明誤，促成睿宗傳位，李隆基提前當了皇帝。而李隆基也犯了一個錯誤，就是在自己羽翼尚未豐滿的情況下，就迫不及待想打破僵局，消除太平公主的勢力，結果謀事不密，反倒讓太平公主和李旦抓住了把柄，自己處於被動局面。

那麼，重新聯合在一起的李旦和太平公主怎麼對付李隆基呢？

先天元年十一月，也就是李隆基策劃政變三個月之後，在太平公主的慫恿之下，太上皇李旦忽然拋出一條誥命：讓皇帝做好準備，巡行邊疆！巡行範圍西自河、隴（今天的甘肅一帶），東及燕、薊（今天的北京地區），基本就是整個北部邊疆。這道誥命一出，對李隆基來說可是晴天霹靂！因為以當時的情況，一旦他離開京城，恐怕政局更加變幻莫測，他便面臨著被廢的風險！雖然誥命並沒有說定哪一天出發，但是，正因為如此，它才更像一把高懸在頭頂的利劍，隨時都可能落下來，斬斷他的性命，也斬斷他的皇帝生涯。那麼，在這種情況下，李隆基會採取什麼措施呢？太平公主又會面臨怎樣的結局呢？

請看下回：太平之死

【第十七回】

太平之死

史書記載，太平公主搞了兩個陰謀，想自己當皇帝。這兩個陰謀中，任何一個成功都是足以改天換地的事情，因為如果陰謀成功，接下來神州大地就要再次出現一個女皇帝，李唐王朝的法統也會再次被斬斷，中國歷史又將被改寫。可是，事情是否真的就像史書記載的這樣呢？太平公主當時真的有這樣的計畫嗎？

先天元年（七一二年）六月，李隆基忽然收到了老部下張說從洛陽給他捎來的一件禮物。禮物裝在一個長匣子裡，打開禮品盒一看，裡頭不是別的，竟然是一把寒光凜凜的儀刀！李隆基看著這把刀，先是吃了一驚，馬上他就醒悟過來了，衝著這把利刃又是點頭又是搖頭。那麼，張說為什麼要千里迢迢給李隆基送來一把刀呢？李隆基從這個刀裡頭又悟到了什麼呢？

前面講過，李隆基和謀臣謀劃剷除太平公主的勢力，結果事情敗露，引起了太上皇李旦的不滿。先天元年十一月，李旦發布誥命，讓李隆基離開首都長安，出巡北部邊疆。這條誥命一出來，就等於發布了一個信號，太上皇心目中的皇帝人選，有可能發生變化！換言之，李隆基前腳出門，後腳李旦可能就要立新皇帝了！這個誥命一出來，對於李隆基，還有對於太平公主，都產生了強烈的影響。李隆基是什麼反應啊？他急得像熱鍋上的螞蟻一樣，團團轉。太平公主呢？當然是前所未有的開心了，自從李隆基當上太子，她就一直在跟這個侄子鬥法，鬥得也是心力交瘁，現在終於天從人願，李隆基的好日子快到頭了！但是姑侄兩人不管是高興的，還是擔憂的，都在惴惴不安地在等待著巡邊的具體日期，兩個人都想看一看，自己的命運哪一天揭曉。可是，誰也沒有料到，沒過多久，李旦忽然又發布了一個誥命，說皇帝巡邊改期了，到明年八月份再說。

李旦為什麼要宣布巡邊改期啊？他又猶豫了。換皇帝這可是一件大事，魯莽不得，他得考慮清楚，換掉皇帝利在哪兒，弊在哪兒。如果真的把李隆基拿掉，換一個新人當皇帝的話，有什麼好處啊？好處是這個新皇帝是自己所立，肯定聽話，好擺布。那麼壞處在哪兒呢？首先，你讓李隆基巡邊去了，人家前腳一出城，你後腳就換皇帝，萬一李隆基狗急跳牆，帶著軍隊殺回來怎麼辦？你能不能抵擋得住啊，這個要想清楚。另外，李旦心裡也明白，自己並不是一個強有力的人物，如果再立一個比自己還要軟弱的皇帝，那豈不是爺倆兒都要受制於太平公主，這也是他不願意看到的。所以他左思右想，覺得巡邊之事還是推遲一下吧，作決策要慎重才好。李旦這麼一猶豫，對於兩個當事人來說，又是一個重大轉折。李隆基稍微鬆了一口氣，心裡重新升起了希望；太平公主可鬱悶了，心想我這個哥哥怎麼一輩子就從來沒有一個准主意呢？現在又到底怎麼想的啊？他是不是又要讓我空歡喜一場啊？

一、構陷太平：太平派宮女毒死皇帝，並籌劃另一場政變？

面對這個局勢，太平公主採取了什麼措施呢？按照兩《唐書》、《資治通鑑》等史書的記載，太平公主開始搞陰謀了，而且還搞了兩個陰謀，都是想要不借助李旦，自己幹掉李隆基。幹掉李隆基之後呢？史書記載，太平公主想自己當皇帝。

第一個陰謀是派宮女投毒，毒死李隆基。當時，李隆基每天都吃一種補藥，叫做赤箭粉，其實就是天麻苗磨的粉，據說常吃可以強身健體。我們原來也講過，太平公主跟李隆基鬥法的時候，安排了好多美女特務到李隆基身邊，盯著李隆基的私生活。負責照顧李隆基進補的宮女姓元，就是太平公主的內線。乾脆，就請這位元姑娘在赤箭粉裡投點毒，把李隆基毒死算了！這是第一個陰謀。

第二個陰謀是直接搞一場政變。根據《資治通鑑》的記載，太平公主決定在先天二年七月四日這天發難。這一天，太平公主將要兵分兩路。第一路是由她控制的兩個羽林將軍帶兵殺進皇帝日常辦公的武德殿，殺死李隆基；第二路是由崔湜、竇懷貞等太平公主的死黨在南衙回應，占領中央機構，控制政府。兩路人馬同時進行，各司其職，同時互相配合，確保政變成功。

這兩個陰謀中，任何一個成功都是足以改天換地的事情。因為太平公主如果毒死或者殺死皇帝，那麼接下來她當皇帝也就是必然的事情了，神州大地就要再次出現一個女皇帝，李唐王朝的法統也會再次被斬斷，中國歷史又將被改寫。可是，事情是否真的就像史書記載的這樣呢？換言之，太平公主當時真的有這樣的計畫嗎？

儘管史書言之鑿鑿，儘管李旦推遲讓李隆基巡邊對太平公主是個很大的打擊，但是，我還是認為，說太平公主計畫搞陰謀直接幹掉李隆基的事情並不可靠，是勝利者編出來的故事。為什麼這麼說呢？因為這件事有兩大疑點。

第一，太平公主沒有必要在八月之前謀害李隆基。無論如何，殺死皇帝是一件極端冒險的事情，沒有十足的把握，誰也不會輕易嘗試。那麼，太平公主當時是不是非要在七月殺死李隆基呢？她並沒有這個必要。李旦決定推遲李隆基巡邊的時間確實讓太平公主失望，但是，失望並不是絕望。因為當時局勢的發展至少存在兩種可能。第一種，到八月份，李旦堅定了除掉李隆基的決心，讓他去巡邊，調虎離山，另立皇帝。第二種，李旦經過深思熟慮，又放棄了這個想法，還讓李隆基繼續當皇帝。應該說，兩種可能性各占百分之五十。如果發生第一種情況，那麼不用太平公主動手，李旦就把李隆基廢掉了，太平公主不需要自己去冒險。就算發生第二種情況，太平公主到時候再發動政變也不遲，也不必提前一個月冒險。

第二，所謂太平公主的兩個政變計畫都沒對太上皇李旦做出安排。事實上，太平公主如果想當皇帝，她需要幹掉的就不僅是一個李隆基，還應該有當時的太上皇李旦。因為在李旦的心目中，他自己當皇帝可以，他兒子當皇帝也可以，但是李旦絕對不會說妹妹當皇帝也可以。如果太平公主不控制李旦，只殺死李隆基的話，李旦一定會出來組織反擊，不可能讓太平公主奪權而自己卻無動於衷。所以，如果太平公主搞政變，那麼第一，她需要幹掉李隆基，第二，她還要同時控制住李旦，只有這樣，政變才能夠成功。可是，我們現在看到的兩個政變計畫中，根本沒有考慮李旦的問題，太平公主是搞政變的老手了，以心思縝密著稱，怎麼能犯這樣幼稚的錯誤呢！

綜合這兩點理由，我覺得，說太平公主在七月份就想毒死或者殺死李隆基是假的，是有意栽贓。誰栽贓啊？當然是李隆基。那麼，李隆基為什麼要栽贓太平公主呢？因為，李隆基自己想在七月份搞政變，他得給政變找個理由。

二、先天政變：李隆基反誣太平公主策動政變，賜太平公主懸梁自盡

李隆基這時候為什麼要政變啊？如果我們說太平公主七月份政變沒有必要的話，那李隆基這時候政變可就太有必要了。因為太上皇讓他巡邊的時間就暫定在八月份，一旦真的出去可就是凶多吉少了。要想保住性命，保住皇位，只能是在八月以前直接奪權了！這個想法不僅僅是他李隆基的想法，其實也是整個李隆基集團的一個共識。當時，李隆基有三個謀臣都敦促過他，讓他快點動手。

第一個是王琚。咱們前面說過，當時，李隆基身邊的大部分謀臣都已經被貶到地方去了，在身邊的就只有一個王琚。近水樓臺先得月，先天二年六月，王琚首先找到李隆基，跟他說：「還有兩個月，就到太上皇安排的巡邊日期了，形勢緊急，再不動手，就要來不及了！」

那麼第二個敦促李隆基早點動手的謀臣是誰呢？就是張說。也就是我們在本回開頭所講的那一

幕，張說千里迢迢從洛陽捎給了李隆基一把儀刀。這把刀是什麼意思？大家都說快刀斬亂麻，刀當然代表著割斷、了斷啦。張說送刀，是想讓李隆基趕緊了斷這件事。另外，《紅樓夢》裡，賈寶玉說姽嫿將軍林四娘「不愛紅妝愛寶刀」，而上世紀六十年代，毛澤東主席說女民兵「不愛紅妝愛武裝」，這兩句詩其實是一個意思，因為刀本身就是武力的象徵，張說送刀，也是勸李隆基動用武力。

第三個謀臣是崔日用，此人我們原來提到過。他本來是韋皇后一黨，唐隆政變前臨時反水，在關鍵時刻給太平公主和李隆基報信，立了大功。政變之後不久，他就到地方當長史去了。先天二年六月，崔日用因為彙報工作的機會回到長安，見面就對李隆基說：「太平公主圖謀不軌已經不是一天兩天的事了，陛下和她遲早要有一拚。當年您是太子，如果想要清除太平公主，還需要費一番心思，如今已經當了皇帝了，還有什麼可怕的！只要公開下一道制書討伐她，誰還敢不聽呢？現在陛下不做決斷，以後後悔就來不及了！」李隆基心想，哪有這麼簡單啊。不過，他沒這麼說，皇帝不能先給自己洩氣啊，他只是把孝道提出來說：「我何嘗不知道呢，就是怕驚動了太上皇，讓太上皇不安。」這樣的倫理道德問題可是一點都難不倒崔日用。崔日用馬上說：「天子的孝和一般人可不一樣，一般人的孝是色養父母，讓父母高興、開心就行，可是天子，一定要讓國家安定下來才是大孝呢。如果現在陛下不早動手，萬一太平公主先行一步，那麼整個國家都不復存在了，還怎麼講孝啊。所以，請陛下先搞定禁軍，再把太平公主和她的黨羽一網打盡，這樣也不會驚動太上皇了。」

粗看起來，這番話是老生常談，之前王琚也曾經說過相似的話。不過仔細分析，崔日用的這番謀畫還是很有見地的，他其實談到了三方面的內容。哪三方面呢？第一，要充分利用皇帝這個名分上的優勢，這也是李隆基最大的優勢。第二，要先控制軍隊，再打擊太平公主黨羽，安排好鬥爭次序，要把軍隊放在一個非常重要的位置上。第三，政變一定要把太上皇這個因素考慮進去，不要驚動太上皇。這三個閃光點包含在老生常談之中，一般人聽不出來，可是李隆基是個雄才大略的人，他聽出來了，也很動心。想來現在拖著也不是辦法，萬一哪一天太平公主發作或者是太上皇發作怎麼辦？乾脆鋌而走險吧，搞一場政變，把太平公主的勢力端掉，同時控制住太上皇，讓他徹底放權！這樣，李隆基在六月時就漸漸地堅定了政變的決心。

可是，說到政變，李隆基ＰＫ太平公主，到底占不占優勢呢？其實，李隆基當時並不占優勢。他在哪方面不占優勢啊？首先，李隆基在謀臣方面不占優勢。其次，他在軍隊方面也不占優勢。

先看謀臣。太平公主一方號稱「七位宰相，五出其門」，幫她出主意的都是宰相級別的人物，國家最高智囊。可是，李隆基一直沒有掌握四品以上官僚的任免權，因此，能夠調動的官員有限，而且好多親信還被貶到地方去了。這時候在身邊的謀臣就是王琚和崔日用兩個，都是四品官，級別低，經驗也有限。

再看軍隊。唐朝政變用的軍隊都是北衙禁軍。李隆基本來跟禁軍關係不錯，可是，太平公主已經把兩個羽林將軍都收入自己麾下了，李隆基不敢去碰這支軍隊。怎麼辦呢？幸好，李隆基身邊還有一個牛人——王毛仲。我們曾經在「唐隆政變」講過這個人。他是李隆基的官奴隸，跟禁軍中的萬騎將士是發小兒*，私交不錯，在幫助李隆基溝通萬騎方面發揮了很大的作用。雖然他在政變當天溜之大吉，但是，政變之後，李隆基不念舊惡，還是給他升了官，讓他專門管理萬騎軍隊使用的馬匹，當了

---

*發小兒：大陸用語，意指玩伴、好哥兒們。

「弼馬溫」，萬騎都是騎兵，和戰馬密不可分。有了這麼一層工作關係，王毛仲在萬騎之中就更有人緣了。現在，李隆基不敢公開去鼓動軍隊，只好委派王毛仲暗暗地策反他熟悉的弟兄。而王毛仲自從犯過上次的錯誤，心裡老覺得對不住李隆基，急於立功圖報，因此工作更加盡心。就這樣，經過王毛仲的一番努力，大概有三百士兵答應幫李隆基舉事。不過，即使是這樣，相對於太平公主一方來說，實力也顯得相當弱小。

既然在謀臣和兵力方面都不占優勢，是不是這個政變就暫時不要搞呢？那可不行，時間不等人啊。眼看八月臨近，李隆基決定，不管怎麼樣，冒險試試看吧。只要能發動一場突然襲擊，太平公主再有實力，也可能會防備不足，只要打她個措手不及，這個政變就是有希望成功的。不過，怎樣才能讓太平公主一點防備也沒有呢？李隆基使了一個手段。

就在先天二年七月二日這一天，李隆基把崔湜找來了，跟他苦口婆心地講，讓他棄暗投明，不要再追隨太平公主了。大家可能奇怪，崔湜是太平公主的情夫，跟太平公主最鐵了，李隆基怎麼跟他有交往呢？很簡單，因為崔湜的弟弟崔滌是李隆基的死黨，李隆基平時跟崔湜也有不少來往。這就像三國時期，諸葛亮是蜀漢的謀主，他的哥哥諸葛瑾卻在東吳當官一樣。一家兄弟分屬幾個陣營，也是亂世的常態。這樣不管哪一方取勝，這一家都不至於遭到滅頂之災。崔家是大族，當然更願意狡兔三窟。反正，通過崔湜弟弟的關係，李隆基把崔湜請到了府中。

那麼李隆基這時候為什麼要策反崔湜呢？我覺得，至少有兩個目的。第一個目的，刺探情報。按照李隆基的想法，崔湜既然是太平公主的男寵，太平公主的事他肯定知道得最清楚，而且，崔湜這個人又沒有什麼政治節操，萬一說動了他，讓他反水，不就可以知道太平公主的動向了嗎？這是從正面考慮。第二個目的，放煙幕彈。這就是從反方向考慮了。就算崔湜誓死忠於太平公主，不肯反水，這個時候策反他，也可以讓他覺得皇帝這邊還很平靜，還在做爭取大臣這樣的常規工作，沒有什麼特別舉動，從而使太平公主放鬆警惕。這樣一來，無論出現哪一種情況，李隆基都有收穫。

那麼，最後出現的到底是哪一種情況呢？出現的是第二種情況，崔湜是個好情人，堅決不肯辜負太平公主，無論李隆基怎麼循循善誘，他就是不願投向李隆基這邊，也不透露半點有用的資訊。可是，他雖然沒被策反，卻中了李隆基的第二計。回到太平公主府上，崔湜還跟太平公主說，今天皇帝居然找我去了，想讓我離開您到他那兒去混兒事，我怎麼能做這樣對不起公主的事情呢？不過也可以看出來，皇帝現在真是黔驢技窮了，連我他都想拉，他想得美，我怎麼會背叛公主您呢！兩個人高高興興地嘲笑了李隆基一通，沒有任何警惕。

可是，他們萬萬沒有想到，就在第二天，也就是先天二年七月三日清晨，李隆基突然宣布：根據可靠情報，太平公主即將在明天也就是七月四日發動政變，為了挫敗她的陰謀，拯救國家，我們今天必須提前行動！那麼，究竟怎麼行動呢？這可是李隆基和他的謀臣早就安排好的事情了。李隆基和王毛仲、王琚等人率領著三百名萬騎騎兵大大方方地走出了平時辦公的武德殿，召見追隨太平公主的兩個羽林將軍。這兩人不知有變，再說又是皇帝召見，哪敢不來呀！馬上進見。可是，兩人剛剛來到李隆基面前，只見寒光一閃，兩個將軍的腦袋就滾落在地了。解決了兩個禁軍將領，李隆基馬上率領人馬來到朝堂。當時，蕭至忠等幾個太平公主的黨羽正等著上朝呢，眼看皇帝來了，身邊還跟著那麼多士兵，還沒等他們回過神來，萬騎騎兵一擁而上，幾個宰相當場斃命。

李隆基這麼從北到南地一路廝殺過來，早有人哭喊著給太上皇李旦報信去了。李旦一聽，嚇得魂飛魄散，他心裡真是後悔啊，都怪自己當斷不斷，早知道是這樣的結局，還不如早讓李隆基巡邊去呢。現在怎麼辦呢？既然李隆基從北邊過來，那就趕緊往南逃吧，正慌不擇路地跑呢，一個將軍過來了。誰呢？兵部尚書郭元振。他說，太上皇啊，我來保護您了。李旦一看有將軍來幫忙，真是感激涕零，君臣兩個再加上一些宦官侍從，連滾帶爬登上承天門的城樓，閉門固守。這時候，李隆基已經帶兵殺過來，把承天門團團圍住了。李旦雖然在城門樓上，占據高度優勢，可是身邊的人太少了，眼看防守不了多久，李旦急得淚如雨下，問郭元振，郭愛卿啊，咱們君臣是不是今天就要交代在這兒啦？沒想到，郭元振忽然臉色一變說，皇帝是奉您的命令誅殺逆臣竇懷貞等人，您不用害怕！李旦一聽這話，真是既放心又死心。放心什麼呀？放心的是李隆基原來不是殺他的，只是要權力，這就好辦了。那怎麼又死心了呢？他原來以為郭元振真的是來保護他的，沒想到也是李隆基的黨羽。事情到了這個地步，李旦沒什麼可說的了，也不再抵抗了，讓李隆基上城樓，對他說，三郎啊，以後的事情你看著辦吧，一切聽憑你的安排。第二天，太上皇李旦下詔：「自今軍國政刑，一皆取皇帝處分。朕方無為養志，以遂素心。」徹底退休放權。

李隆基的政變計畫針對性很強。首先解決了太平公主手下的文武大臣，又軟禁了太上皇李旦，一下子就控制住了局勢，太平公主的勢力基本就被瓦解了。對太平公主本人，李隆基又是怎麼處理的呢？說來奇怪，李隆基沒有特別管她，就在李隆基還在宮裡廝殺的時候，太平公主逃跑了。可是，李隆基的最大敵人不是太平公主嗎？怎麼不先控制她，反倒讓她逃跑了呢？其實，大家想，這時候太平公主還重要不重要了？已經不重要了。太平公主之所以勢力強盛，咄咄逼人，關鍵是上有太上皇李旦的支持，下有文武大臣們的幫扶。現在，太上皇已經被逼徹底退休了，手下的得力幹將都被李隆基一網打盡，她也就不再是聲威赫赫的鎮國太平公主，而是一個半老徐娘、孤家寡人了。因此，李隆基根本就不需要特意去抓她，她再有本事，也逃不出李隆基的手掌心；另外，太平公主畢竟是李隆基的親姑姑，之所以不直接殺掉她，也有李隆基的人倫顧慮因素，算是對她的一點孝心了。

那太平公主到底逃到哪裡去了呢？她逃到終南山上的一座寺廟裡去了。在寺廟裡整整待了三天。可是，就在這三天裡，太平公主也徹底想明白了，她的時代已經結束了，她終究沒能鬥得過自己的姪子。既然大勢已去，待在荒涼的寺廟裡還有什麼意義呢？太平公主骨子裡還是個英雄，活著就得像雄鷹一樣，展翅高飛，自由翱翔，怎麼能夠像麻雀一樣躲在山寺裡苟且偷安呢？所以雖然沒有人來抓她，三天之後太平公主還是自動下山，回到了家裡。李隆基早就派人等著她呢，一看見她回來，馬上送上三尺白綾。事已至此，太平公主也只能是長嘆一聲，懸梁自盡，結束了自己叱吒風雲的一生，享年不到五十歲。隨著太平公主自盡，她的幾十個黨羽也都被一網打盡。

人性的光輝和醜陋總是在任何時候都能閃現，死到臨頭了，太平公主的這些黨羽又會是怎樣的嘴臉呢？看看崔湜吧，太平公主的鐵桿男寵，這傢伙是怎麼死的呢？本來，他不過是個文人，李隆基根本沒想要他死，只是把他流放到南方去了，而且和太平公主的另外一個男寵盧藏用一塊兒流放。按照李隆基的想法，兩個男寵身分一樣，就讓他們結伴走吧。可是，結伴走了一段之後，崔湜忽然跟盧藏用說，哥們兒啊，我覺得咱倆情況不一樣，你跟皇帝是素不交往，皇帝不會饒了你；可是我弟弟，他就在皇帝手下做事，我覺得皇帝可能會網開一面，提前放了我。所以咱倆別一塊兒走，你就趕緊去吧，我得慢慢地溜達著走。為什麼啊？因為萬一皇帝哪天發布大赦令，又赦免我，讓我回長安的話，我走得越遠，不是回去越費勁嗎？

盧藏用一聽這個話真洩氣啊，誰讓自己沒有未雨綢繆巴結皇帝呢！現在只好自己先走了。崔湜也不著急，沿路看著風景，慢慢地溜達著走。有一天到了荊州（今湖北），睡在一個驛站之中，睡了沒多久他就做了一個夢，夢見自己在照鏡子。夢醒之後，崔湜一回味，高興得跳了起來。夢見照鏡子這是什麼意思？鏡子不就是明鏡高懸嗎？這說明皇帝明白了我的冤屈，可能馬上就要赦免我了。但是他自己畢竟不是專業人士啊，雖然是這麼猜測，但也不敢肯定，還得找一個專業人士問一問。於是就到大街上找了一個算命的，告訴人家自己是一個什麼樣的人，犯了什麼樣的政治錯誤，現在是什麼處境等，把背景交代清楚了，又說，我昨天晚上做了一個夢，夢見鏡子了，你說是不是皇帝要赦免我啊？這個算命的一聽，不由得搖頭不止說，我覺得，這恐怕不是吉兆。為什麼呢？他說，你看鏡子的「鏡」是怎麼寫的啊？拆開來寫那是「立」、「見」、「金」，左邊是金屬的「金」，右邊上面一個「立」，下面一個「見」，「立見金」是什麼意思？算命的說，刀屬金啊，我覺得，今天可能刀就要架在你脖子上了。

那麼到底是崔湜本人猜得對，還是這算命的猜得對呢？算命的猜對了，當天李隆基就派了一介使者追上崔湜，跟他講，據我們掌握的情報，你曾經和太平公主謀劃要毒死皇帝，而且你還曾經和太平公主謀劃要在七月四日這天發動政變，因此奉皇帝敕，今天就在這裡結束你的性命！

我為什麼非要講崔湜的事情呢？倒不是單為講笑話，也不僅僅是嘲笑一下崔湜的虛妄，其實我是想反證一下，太平公主並沒有真的打算毒死皇帝或者是發動政變。試想，如果崔湜真的和太平公主一塊兒謀劃過不利於皇帝的陰謀詭計，那就是十惡不赦的罪行了。他怎麼還能指望皇帝因為他弟弟的關係就饒了他呢？他之所以指望皇帝赦免他，本身就說明他基本問心無愧，所虧的只有小節。可是問心無愧又有什麼用呢？現在只要是太平公主的黨羽，就難逃皇帝的法網，這就叫做「欲加之罪，何患無辭」。歷史就是勝利者書寫的啊。

幹掉了崔湜，其實太平公主的其他黨羽也都一網打盡了，那接下來太平公主還有什麼勢力啊？太平公主還有四個兒子呢。這些兒子當年因為母親的功勞，都被封為王，享盡榮華富貴，現在母親失敗，他們的功名也一下子全成了過眼雲煙。在太平公主的四個兒子之中，有三個被李隆基處死，只有一個活了下來。這個活下來的兒子叫薛崇簡，當年唐隆政變的時候，曾經當過母親和李隆基之間的聯絡員，跟李隆基交情不錯。後來太平公主和李隆基鬥法，他一直站在李隆基一邊，勸母親見好就收，不要攬權過度，為此還經常挨母親的打，渾身傷痕累累。現在，這些傷痕成了他的免罪符了，李隆基對他網開一面，免除一死，保留官職，並且賜他姓李，算是和原來的家庭斷絕關係了。所有和太平公主站在同一條戰線上的兒子都死了，唯一活下來的兒子恰恰是因為和自己對著幹才保全了性命，這恐怕也是她作為母親最大的悲哀吧。

至此，先天政變順利結束。政變開始之前，李隆基並不占優勢，為什麼政變又會進行得如此完滿、如此順利呢？太平公主從武則天晚年開始參政，叱吒風雲二十年，為什麼她的結局會如此淒涼？隨著她的死去，唐朝歷史上這段女性政治人物大放異彩的紅妝時代也就徹底結束了，那麼，唐朝的歷史又會向何處去呢？

請看下回：走向開元

【第十八回】走向開元

唐朝歷史上這段女性政治人物空前活躍的紅妝時代，也是一段著名的亂世，紅妝時代結束之際，也就是開元盛世開篇之時，這是歷史的偶然，還是時代的必然選擇？雖然這些政壇女性，其政治能力並不比同時代的男子差，但是，我還是覺得，紅妝時代的結束是時代的必然選擇，只有女性涉政的歷史結束了，才可能有開元盛世的到來。為什麼呢？

中國有兩個成語特別有意思，一個叫做「紅顏禍水」，一個叫做「哲婦傾城」。前者是說漂亮的女人是禍害，後者則是說聰明的女人是禍害。本書先後出場的幾位女性，無論是韋皇后、安樂公主、上官婉兒，還是主人公太平公主，其實都是既聰明又漂亮的女子。她們倒是沒有把李唐王朝給顛覆掉，但是圍繞她們，確實發生了五場政變，換了五個皇帝，所以說她們差一點傾國傾城並不為過。令人嘆息的是，這四個風華絕代的女子，最後無一例外都死於非命，死的時候，年紀最大的是太平公主，但是也還沒有超過五十歲。真可謂天妒桃李，紅顏薄命。

在這些薄命的紅顏之中，太平公主從政時間最長，政治天分也最高，可以算作她們整體的代表，本書所講的這個時代，也是以她為線索展開的。現在，整個故事即將收尾，我們可以一起回顧一下本書開篇的時候，曾經提出過的三大問題：第一，太平公主出身高於其母，才華不遜其母，為什麼沒有像她的母親武則天一樣登上權力的頂峰？第二，同樣是政治人物，為什麼武則天在中國歷史上有如恆星永遠閃耀，而太平公主雖然一度光華璀璨，但只能像流星劃過夜空？第三，所謂紅妝時代，同時也是有唐歷史上一段著名的亂世，紅妝時代結束之際，恰恰就是開元盛世開篇之時，這是歷史的偶然，還是時代的必然選擇？

一、無緣女皇：身分、實力不如武則天，對手卻比武則天的強大

先看第一個問題。太平公主為什麼沒能像武則天一樣登上權力的巔峰呢？我覺得，至少有三個原因。

第一，太平公主的身分不如武則天。可能有人要奇怪了，太平公主是大唐公主，父親是皇帝，母親是皇帝，三個哥哥都是皇帝，翻遍中國歷史，也找不出比這更高貴的出身了；而武則天出身文水小姓，她的父親也不過是個暴發戶型的官員，怎麼能說太平公主的身分不如武則天呢？確實，論原始出身，太平公主比武則天高貴，但是要論起這兩個人在李唐皇室中的身分，太平公主就不如武則天了。對李唐皇室而言，武則天是媳婦，而太平公主是女兒。媳婦和女兒哪一個更重要呢？中國古代講「女生外向」，在父權制的傳統下，女兒在娘家只是客人，而媳婦才是家裡的主人。人們可以允許一個妻子替丈夫持家，也可以允許一個母親替兒子持家，但是，卻很難想像女兒替父親持家，妹妹替哥哥持家。

武則天能夠掌握權力，關鍵是她在李唐皇室擁有妻子和母親的身分。正因為她是唐高宗李治的妻子，所以她才能夠在李治生病的情況下名正言順地輔政，也正因為她是兒子的母親，所以她才能夠在唐高宗去世之後替兒子把持家政。甚至最後她把兒子一腳踢開，自己當皇帝了，人們也還可以理解為這是一個寡婦，面對不爭氣的兒子無計可施，只好乾脆替他把家業挑起來。只要最後她能把這份家業、這片江山還給他的兒子，人們就可以容忍這種行為，也可以接受她。

但是，太平公主就不一樣了。太平公主是女皇武則天的女兒，是中宗李顯和睿宗李旦的妹妹，是玄宗李隆基的姑姑。而無論是女兒、妹妹、還是姑姑，一旦出嫁，對娘家的發言權就有限了。這樣一來，太平公主就不可避免地陷入了先天的巨大矛盾之中：她之所以有勢力，是因為她是大唐的公主，但是，正因為她只是大唐的公主，她就沒有對大唐王朝指手畫腳的真正權力。在這一點上，她不僅不如武則天，連韋皇后也不如。

第二，太平公主的政治實力不如武則天。武則天在當皇帝之前，已經當了二十八年的皇后和五年的太后。她一生一直致力於培養官員，所以從中央到地方，從軍隊到政府，到處都是她安插的人手，她把這個帝國控制得很穩。而且因為她長期參政執政，用人得法，惠民有方，所以在官民之中已經樹立了牢不可破的威信，人們很習慣她的統治，也很認同她的統治。

太平公主就不同了。她雖然從武則天晚年就開始參政，此後勢力節節攀升，直到在睿宗一朝達到巔峰；但是，睿宗當皇帝的時間只有兩年，再加上當太上皇繼續掌權的一年，也不過三年時間。在這三年之中，太平公主雖然勢力強盛，號稱「七位宰相，五出其門」，但是她所能控制的官員其實很有限，僅僅限於最高層，缺乏真正的社會基礎，這樣的控制是不穩定的。因此，當李隆基發動先天政變，消滅了追隨太平公主的宰相和將軍後，她也就再無還手之力了。

第三，太平公主的對手遠比武則天的對手強大。武則天當皇帝的對手是她的兩個兒子，在他們面前，武則天有名分上的優勢。中國古代講究孝道，強調「百善孝為先」，母親對兒子擁有莫大的權威。母親控制兒子是順，兒子反抗母親就是逆。以順取逆，焉有不成之理！但是太平公主就不一樣了。她最終的政敵是姪子李隆基。姑姑雖然也是長輩，但對姪子並沒有母親對兒子那麼大的權威。即使我們承認姪子對姑姑也要講孝道，那也是因為姑姑是父親的妹妹，愛屋及烏。所以，李隆基在政變之前反覆跟謀臣探討，殺死太平公主是不是就意味著對父親不孝？謀臣都說絕非如此，你幹掉太平公主，恰恰是安定你父親的位置，這才是真正意義上的孝順父親呢。這麼一解釋，李隆基的倫理困擾沒有了，心理壓力也就沒有了。換言之，傳統倫理決定了武則天對兒子有絕對的權威，而太平公主對姪子則沒有這樣名分上的優勢。

再看實力。武則天稱帝的兩個對手，無論是李顯還是李旦，從他們一生的表現來看，都只能說是個庸才，政治能力遠遜於武則天。武則天對付起這兩個兒子來並不費力。但是，李隆基就不同了。李隆基不僅在李唐王朝，就是在整個中國的歷史上也是難得的英主，政治能力遠比父親睿宗和伯父中宗強。拿實力不如母親的太平公主來對付實力強於李顯、李旦的李隆基，當然結果也就可想而知了。

正因為如此，太平公主雖然有政治抱負和政治能力，但是，她離皇帝的目標始終非常遙遠。直到生命即將結束時，她還只是在廢強立弱，在更換一個更好控制的人當皇帝這一步上下工夫，就算這一步走成了，她離皇帝的目標仍然有距離，何況連這一步都沒有實現呢！

二、政壇流星：雖維護李唐王朝，卻只知權謀、圖享樂

再來看第二個問題，太平公主的評價問題。作為政治人物，太平公主是一個什麼樣的人呢？

首先，我們要肯定，太平公主是一個為維護李唐王朝立了大功的人。這從她的履歷可以看得清清楚楚。武則天晚年，政局不明朗，太平公主參與神龍政變，擁立中宗，確保了武周政權向李唐的回歸。中宗暴薨，她又策劃了唐隆政變，消滅了妄圖改朝換代的韋皇后，擁立唐睿宗李旦。可以說，太平公主的兩次出手確保了皇位在李唐皇室中的繼承，大唐王朝能夠薪火相傳，綿延近三百年，有太平公主的功勞。

其次，太平公主是一個有政治才華的人。孔子講過，為政之本在於「先有司、赦小過、舉賢才」。從此，賢人政治成為中國傳統政治的不二追求，選賢任能也成為統治者的最高使命。用這條標

準來衡量太平公主，她又是一個怎樣的政治人物呢？客觀說來，她的用人眼光，遠勝於兩個哥哥唐中宗和唐睿宗，堪比一代女皇武則天。史載太平公主喜歡仗義疏財，經常接濟士人，因此士人都稱讚她，願意追隨她。那麼太平公主招納的人才到底水準如何呢？我們還是舉蕭至忠的例子。蕭至忠是太平公主提拔的宰相，最後也作為太平公主的死黨被殺。但是，他死之後十多年，唐玄宗李隆基還對他念念不忘。有一次，一個名叫源乾曜的中級官員，偶爾面見唐玄宗奏事，奏事完畢之後也就走了，自己並沒有太當一回事。可是很快，玄宗就親自點名，把他提拔為戶部侍郎，沒過多久又提拔為宰相。許多人都非常奇怪，說源乾曜有什麼本事呀？怎麼皇帝就看上他了呢？雖然議論紛紛，但是都不得要領。後來，玄宗跟他最信任的宦官高力士解釋了。他說：「爾知吾拔用乾曜之速乎？」高力士說：「不知也。」李隆基說：「吾以其容貌、言語類蕭至忠，故用之。」我為什麼這麼快就提拔源乾曜呢？因為他的言談舉止太像蕭至忠了！高力士聽了大惑不解，就問道，蕭至忠不是謀逆辜負了陛下嗎？您怎麼還會挑選跟他一樣的人當宰相呢？李隆基長嘆一聲說，蕭至忠是晚年走錯了一步，不該跟太平公主，否則不也是個賢相嘛！

從這個故事就可以看出來，蕭至忠的確是個人才，即使在政敵眼中、心中，他也還是個人才。他這樣的人才能夠心甘情願地為太平公主而死，就可以證明，太平公主在用人方面確實是有一套的。在這方面她深得母親武則天的真傳，是一個有本事的政治人物。

既然都具備了政治家的素質，那麼，在中國的歷史天空上，為什麼武則天像恆星始終閃耀，而太平公主僅僅像流星劃過夜空呢？為什麼她沒有得到像武則天那樣的評價？有兩個原因。

首先，太平公主始終沒有得到在政治前臺表現的機會。武則天當了十五年皇帝，在此之前，她已經當了五年的攝政皇太后和二十多年的參政皇后。她有充足的時間和空間去展現自己的政治才華，也有充足的時間和空間，為中國歷史的發展作出貢獻。但是太平公主就不一樣了。作為一個公主，她的權力是不公開的，雖然在唐睿宗時期，號稱每一件事都要先問「與太平議否？」但是，我們完全不知道到底哪件事經過了太平公主的決策，也就無從評價她的政績。

另外，因為太平公主至死都處於爭權奪利的道路上，遠沒有達到最終的目的地，所以，她的政治才華大多數也就展現在奪權而不是治國上。換言之，因為武則天已經是皇帝，而太平公主僅僅是想當皇帝，兩個人謀劃的側重點就不一樣了。對於武則天來說，權謀只是政治生活的輔助手段，而對太平公主來說，權謀差不多就是她政治生活的全部了。只搞權謀的人，怎麼能夠真正為歷史的發展作出貢獻，又怎麼可能成為一個真正的政治家呢？

其次，太平公主的個人綜合素質和武則天相比也還有較大的差距。我們只要看看這兩個人對財富的不同態度，就可以知道。武則天在她一生的大部分時間裡，都是非常儉樸的，最著名的例子就是為了節省衣料，只穿七個褶子的裙子。但是太平公主可不一樣了，她以愛財著稱。作為武則天唯一活著的女兒，她的生活待遇一向優越。自從武則天末年開始，太平公主頻繁參與政變，屢立大功，經濟實力更加膨脹。到睿宗時期，太平公主不僅享受一萬戶的實封，而且還廣置田產。據《舊唐書・公主傳》記載：「（太平公主）田園遍於近甸膏腴，而市易造作器物，吳、蜀、嶺南供送，相屬於路。綺疏寶帳，音樂輿乘，同於宮掖。侍兒披羅綺，常數百人，蒼頭監嫗，必盈千數。外州供狗馬玩好滋味，不可紀極。」什麼意思呢？太平公主的田產太大了，凡是長安城周圍的好地，都被她占據了。她的生活用品從哪兒來啊？那都是外地給她輸送來的精品，從江南的絲綢到四川的錦繡，再到嶺南的珍異水果，給她輸送各地特產的人絡繹不絕，在道路上互相都可以看見。她舉凡吃、喝、玩、用，都是同於宮掖，和皇帝一個規格。連服侍她的人都非比尋常，穿著綺羅服裝的高級侍女有好幾百個，一般的奴隸、老媽子就更多了，甚至達到數千人。

太平公主的財富多了，也就逐漸成了傳說，甚至一直到她死後一百多年，還讓人羨慕不已。唐朝中後期大文豪韓愈曾經寫詩說：「公主當年欲占春，故將台榭壓城闉。欲知前面花多少，直到南山不屬人。」太平公主當年想要占盡春光，她修建的亭臺樓閣投下重重魅影，甚至把皇帝的宮闕都遮在了陰影之中。你想知道太平公主的田產到底有多大，她的花園到底走多遠才是盡頭嗎？那你就往南看吧，從長安城一直走到終南山，都根本找不到一塊屬於別人的產業。長安城到終南山，到底有多遠呢？五十里*，這麼遠的距離，都是太平公主一個人的產業，那是不折不扣一個地產大鱷啊。這樣一個富婆，是不是應該做點慈善事業啊？多行善事才能夠收買人心嘛。可是太平公主不是這樣幹的。她剛剛到長安的時候，不就跟人家寺院裡的和尚去爭那個磨麵用的水碾嗎？雖然我們曾經說過那是她韜光養晦，但是，這樣的事情做多了，畢竟對政治形象不好，長安城的老百姓不買她的賬。太平公主死後，玄宗李隆基抄了她的家，結果發現「財貨山積，珍物侔於禦府，廄牧羊馬、田園息錢，收之數年不盡」。熟悉清史的朋友知道，乾隆皇帝有一個寵臣叫和珅，也是大肆斂財，到嘉慶皇帝即位後被抄家，結果抄出來的財物折合白銀八億兩，相當於朝廷十年的總收入。所以當時有一個說法叫做：「和珅跌倒，嘉慶吃飽。」其實太平公主跟李隆基的關係也是一樣，李隆基在那兒打掃打掃太平公主的家底，就夠維持一陣子國庫的開銷了。太平公主這樣廣蓄私財，她這財產是從哪兒來的呢？還不都是從老百姓手裡搜刮來的。她置國家和百姓於不顧，又怎麼能夠受到人們的愛戴和認同呢？

正因為如此，雖然太平公主為李唐王朝的傳承作出了重要貢獻，但是，她沒有能夠從真正意義上影響中國歷史，也沒有能夠從真正意義上贏得人心。雖然一時權勢逼人，富貴無比，但是一旦在政治上失敗，影響也就煙消雲散，就像流星劃過夜空一樣。

三、紅顏絕唱：唐朝，女性政治人物空前活躍的紅妝時代

第三個問題，唐朝歷史上這段女性政治人物空前活躍的紅妝時代，同時也是一段著名的亂世，紅妝時代結束之際，也恰恰就是開元盛世開篇之時，這是歷史的偶然，還是時代的必然選擇？我想，雖然在當今，女權的伸張程度已經成為衡量社會發展水準的標準之一，雖然以太平公主為首的這些政壇女性，其政治能力並不比同時代的男子差，但是，我還是覺得，紅妝時代的結束是時代的必然選擇，只有女性涉政的歷史結束了，才可能有開元盛世的到來。為什麼呢？有三個理由。

第一，只有紅妝時代結束，才能真正結束武氏勢力的影響。武則天晚年做的一個最重要的工作，就是搏合李武兩家，使兩家合同為一家。武則天這個工作做得非常成功，成功到什麼程度呢？我們提到的幾位政壇女性，全部和武氏勢力有著千絲萬縷的聯繫。上官婉兒是武三思的情人，韋皇后算是武三思的政治情人，安樂公主嫁給武三思的兒子武崇訓，後來武三思父子被殺，安樂公主又再嫁武三思的堂姪武延秀。正因為這些關係，她們才能挾武家勢力以自重。安樂公主不正是因為武三思在背後撐

---

*古代的一里，約等於現代的五百公尺左右。

腰才敢要求當皇太女的嗎？同樣，武家勢力也利用她們借屍還魂。當年武延秀娶了安樂公主後，每天沾沾自喜，有一個術士就來巴結他，說現在天下百姓，還是非常懷念武則天、懷念大周王朝的，所以現在就有一個讖語說「黑衣神孫披天裳」。所謂「神孫」就是指聖母神皇的孫子，「披天裳」當然是指再得天命，重掌江山。通篇解釋起來，就是穿著黑衣服的武家孫子以後還當皇帝。駙馬武延秀不就是聖母神皇武則天的孫子嗎？所以這個術士就跟武延秀說，您現在娶了安樂公主了，又是武則天的孫子輩，您為什麼不穿上一件黑衣服來應一應這個讖語呢？武延秀是個傻瓜，他想是啊，天命難測，我要是披上一件黑衣服應一應讖，說不定真有政治前程呢，因此每天都穿一件黑襖子坐在那兒，幻想有一天能當皇帝。這件事當然表現了武延秀這個人的愚蠢，但是它也說明一個問題，那就是當時武家人還是非常想要借助這些宮廷女性重振雄風的。

那麼太平公主和武家勢力有沒有關係呢？不要忘了，太平公主也是武家的媳婦，她的丈夫武攸暨就是武則天的堂姪。雖然武攸暨本人不問政治，但是，唐睿宗時，太平公主還是替他請求擡高武則天的政治規格，要求「則天皇后父母墳仍舊為昊陵、順陵，量置官屬」，按照帝王規格對待。這說明在太平公主的心目中，武家勢力仍然是她的一個資本。中國古代講究家天下，每一個封建王朝都是一家一姓的政權。那麼，武家勢力借助幾個政壇女性長期延續會有什麼影響呢？這意味著權力不能定於一尊，李唐王朝的統治不能真正穩定下來。這對一個王朝的發展當然是不利的。

第二，只有結束紅妝時代，才能夠結束女性對政治的不正常干擾。這種說法可能有人不認同，怎麼女性參政，就叫做對政治的不正常干擾呢？中國古代講究男主外，女主內。女性如果有政治才能，也只能充當賢內助，像唐太宗的長孫皇后那樣，才是人們心目中的女性典範。但是，在武則天榜樣的鼓舞下，太平公主等宮廷貴婦都想要衝破性別界限，出現在政治前臺。這種要求，我們今天看來是合情合理的，但是在當時卻和傳統的儒家倫理以及政治結構格格不入，女性參政既然不被傳統文化認可，當然很多正統的大臣就對她們敬而遠之了。但是，她們需要人支援啊，怎麼辦呢？

有三類人物在這一時期特別活躍。第一類是神鬼僧道，左道之人。當年韋皇后當權，特別寵信一個鬼婆阿來，所謂的鬼婆就是女巫了，阿來則是一個姓「來」的女人，韋皇后經常找她到宮裡算命，替她決定政治上的事情。韋皇后不僅信任女巫，也信任和尚，當時，有一個叫做慧範的和尚頻頻出入宮廷，成了韋皇后的政治高參。後來韋皇后被太平公主他們剿滅了，這些左道之人是不是就偃旗息鼓了呢？還是沒有，慧範雖然是和尚，但是六根不淨，又跟太平公主的奶媽通姦，通過老奶媽的關係，重新得到太平公主的信任，太平公主還保舉他當了三品的御史大夫，給他賞賜無數。到太平公主死後，黨羽也都被抄家時才發現，慧範的財產僅次於太平公主，太平公主是全國頭號富婆，他是全國頭號富翁。

第二類人物是外戚。女性涉政經常會引發外戚勢力的膨脹，韋皇后當政，韋氏一門馬上飛黃騰達，太平公主和安樂公主勢力膨脹，他們的夫家也都因此沾光不少。這些外戚本身並沒有本事，卻靠著女性的石榴裙進入朝廷，他們掌握政權，怎麼可能不對政治造成巨大的危害呢？

第三類人是所謂的斜封官。斜封官既是宮廷貴婦權勢熏天的標誌，同時也是她們的統治難以持久的一個重要原因。她們不能夠掌控正常的選官途徑，就大肆提拔斜封官，斜封官除了經濟實力外，再沒有任何選拔標準，當然對於政治也是不小的破壞。

第三，只有結束紅妝時代，才能夠從根本上扭轉小人當道、世風敗壞的局面。因為有武家的勢力影響和女性涉政現象的長期存在，所以從武則天晚年開始，政壇特別動盪。皇帝像走馬燈一樣換來換去，大臣也就無所適從。在這樣動盪的局面下，節操成了奢侈品，朝秦暮楚、左右逢源反倒成了官僚的常態。

舉個例子。在太平公主和李隆基鬥法的時候，崔湜自己當了太平公主的男寵，他的弟弟則追隨李隆基。其實，這還遠不是崔湜的全部故事。崔湜是個美男子，太太也特別漂亮，女兒得兩種優秀基因，當然就更嬌媚動人了。崔湜自己當了太平公主的男寵，那太太和女兒呢？都孝敬給李隆基了。這才叫一家之內，左右逢源。所以當時人嘲笑崔湜「托庸才於主第，進豔婦於春宮」。千萬不要以為只有太平公主的黨羽如此，李隆基那邊的人也沒高明到哪裡去。李隆基的著名謀臣崔日用就是典型。他不是先依附安樂公主和韋皇后，後來又投靠李隆基和太平公主嗎？等到太平公主和李隆基爭權，他又說明李隆基幹掉了太平公主。他到了晚年的時候，曾經說過一句話：「吾平生所事，皆適時制變，不專始謀。然每一反思，若芒刺在背。」什麼意思呢？我平生不管做什麼事，還是侍奉什麼人，從來就沒有從一而終過，總是根據需要隨時改變，所以我現在混得還不錯。可是，我每次回憶起早年的行為，都覺得芒刺在背，坐立難安啊。所謂芒刺在背，都已經是晚年的反省了，但在早年真正幹事的時候，他可完全沒有政治立場，有奶就是娘。明末清初時的大思想家顧炎武曾經說過：「士大夫無恥，是謂國恥。」任何一個民族、任何一個國家，要想獲得發展，都必須有足夠堅強的精神支撐。但在那個時候，由一群沒有精神、沒有氣節的人充當官員，他們怎麼能夠締造一個有為的政府，怎麼能夠締造一個有為的國家呢？

這樣看來，雖然我們支持女權，雖然我們也知道，即使在古代，一些婦女的政治才幹也不遜鬚眉，但是我們還是不得不承認，唐朝其實並不具備女性參政的社會條件，因此向男權政治回歸，也就成為一種必然。

武則天去世之後，留下了一個充滿生機的社會，但是同時也留下了一個李武兩大勢力並重、宮廷女性空前活躍的複雜局面。正是外姓和女性，成了阻礙李唐王朝向前發展的最大障礙。

在紅妝時代裡，正是通過一次又一次血腥的宮廷政變，最後終於清除了外姓和女性的勢力，武則天時代社會改革的成果才能顯露出來。也只有在這種情況下，大唐王朝才終於走出了歷史發展的瓶頸，迎來了錦天繡地、滿目俊才的開元盛世。開元盛世的到來，正是以紅妝時代的結束為代價的，這種歷史前進途中的遺憾與犧牲，可能也是歷史留給我們的啟示吧。

附錄：重要事件年表

年號	西元	重要大事紀
唐高祖・武德	618	→ 李淵滅隋，建唐，即位於長安
	624	→ 武則天出生（依《資治通鑑》享年八十二歲逆推）
唐太宗・貞觀	627 ←	
	637	→ 貞觀十一年，武則天入宮為才人
	649	→ 貞觀二十三年，太宗死於翠微宮
唐太宗・永徽	650 ←	
	651	→ 永徽二年，武則天二次入宮
	652	→ 永徽三年十月，李弘出生
	653	→ 永徽四年，長女出生，死亡
	655	→ 永徽六年 ・高宗廢王皇后，立武則天為后 ・高宗立李弘為太子
・顯慶	656 ←	
	660	→ 顯慶五年，高宗病，武后首次協助朝政
・龍朔	661 ←	
・麟德	664	→ 麟德元年，高宗、武后封禪泰山、皇后打破傳統，充當亞獻
・乾封	666 →	乾封元年，二聖臨朝，武后開始垂簾聽政
・總章	668 ←	
・咸亨	670 ←	
・上元	674	→ 上元元年，唐高宗稱天皇、武后稱天后
	675	→ 上元二年 ・高宗夫婦巡幸洛陽，太子李弘過世 ・高宗冊立李賢為太子 ・高宗病，提議天后攝政，大臣反對
・儀鳳	676 ←	
・調露	679 ←	

年號	西元	重要大事紀
·永隆	680	→ 永隆元年，李賢被廢為庶人，高宗冊立李哲為太子
·開耀	681	→ 開耀元年，太平公主嫁薛紹
·永淳	682	→ 永淳元年，皇太子李哲的嫡長子降生，唐高宗立其為皇太孫
·弘道	683	→ 永淳二年
		·大赦天下，改元弘道
		·高宗病逝於洛陽，享年五十六歲
唐中宗·嗣聖	684	→ 嗣聖元年
唐睿宗·文明		·中宗李哲登基
·光宅		·中宗被太后廢為廬陵王
		文明元年
		·睿宗李旦登基
		·太后正式臨朝稱制
		光宅元年
		·改旗幟、改都號
		·揚州叛變
·垂拱	685	→ 垂拱元年
		·下詔「文武九品已上官及百姓，咸令自舉」
		·馮小寶進入武則天後宮
	688	→ 垂拱四年
		·薛懷義建明堂
		·太后自稱「聖母神皇」
		·李唐宗室起兵反太后
·永昌	689	→ 永昌元年，聖母神皇於明堂祭天
·載初	690	→ 載初元年
武周·天授		·改革文字，頒布十二個新字
		·年六十七歲，君臨天下，改國號為周
		·李旦降為皇嗣
		·定都洛陽，自稱「聖神皇帝」
	691	→ 天授二年
		·酷吏周興被流放嶺南，中途為仇家所殺
		·武承嗣派人上書，請求廢皇嗣李旦

年號	西元	重要大事紀
·證聖 ·天冊萬歲	695	→ 證聖元年 ·馮小寶火燒天堂、明堂 ·馮小寶死
·萬歲登封 ·萬歲通天	696	→ 天冊萬歲二年，封禪嵩山
·神功	697	→ 神功元年，斬首來俊臣
·聖曆	698	→ 聖曆元年，復立廬陵王為太子，恢復本名李顯
	699	→ 聖曆二年，武則天七十六歲，史書第一次記載武則天生病
·久視	700	→ 久視元年 ·設置「控鶴監」，後改為「奉宸府」，吸收美男子，文學之士 ·道士胡超為武則天謝神於嵩山，於封禪臺地面投「金簡」
·大足 ·長安	701 ←	→ 長安元年，重返長安，大赦天下
唐中宗·神龍	705	→ 神龍元年，正月二十二日 ·以張柬之為核心，發動「神龍政變」 ·武則天傳位於李顯，是為中宗 二月四日 ·中宗下詔，改國號為唐 ·宗教、社稷、陵寢、百官、旗幟、服色，皆恢復唐制 ·定都長安 ·尊武則天為「則天大聖皇帝」 十一月二十六日 ·武則天病逝於東都洛陽仙居殿，享年八十二歲 ·發布遺制：「祔廟、歸陵，令去帝號，稱則天大聖皇后」
	706	→ 神龍二年 ·太平公主水碾爭奪戰 ·安樂公主要求中宗立其為「皇太女」

年號	西元	重要大事紀
・神龍 ・景龍	707	→ 神龍三年 ・李重俊政變，武三思與武崇訓兩人死於政變 ・政變後，唐中宗被尊為「應天神龍皇帝」，韋皇后被尊為「順天翊聖皇后」
	709	→ 景龍三年，長安城南郊祭祀天地大典，唐中宗主持初獻，韋皇后充當亞獻
殤皇帝・唐隆 唐睿宗・景雲	710	→ 景龍四年六月，中宗離奇死亡 唐隆元年 ・六月，李重茂登基，韋皇后專權 ・六月二十日，太平公主與李隆基聯合發動唐隆政變 ・韋皇后、安樂公主、上官婉兒三人死於政變 ・六月二十三日，李重茂傳位李旦，是為睿宗 ・睿宗立李隆基為太子 景雲元年八月，李重福叛亂，洛陽聚眾起事失敗
・太極 ・延和 唐玄宗・先天	712	→ 先天元年 ・八月，李旦退位為太上皇，卻不完全釋權；李隆基即位，是為唐玄宗 ・李隆基圖謀政變以打擊太平公主，但因消息走露，導致政變流產 ・十一月，太上皇發佈誥命，令李隆基離開長安，出巡北部邊疆
	713	→ 先天二年 ・七月三日清晨，李隆基藉口太平公主即將發動政變，圖謀不軌，因而起兵討伐，主動發動先生政變 ・太上皇李旦完全釋權 ・太平公主懸梁自盡，享年不到五十歲

國家圖書館出版品預行編目資料

蒙曼說唐：亂世紅顏／蒙曼著. -- 三版. -- 臺北市：
麥田出版：家庭傳媒城邦分公司發行, 2019.12
面； 公分. --（重說．史；2）
暢銷經典版
ISBN 978-986-344-719-1（平裝）
1.（唐）武則天 2. 傳記 3. 唐史
624.13 108019553

重說．史 02

蒙曼說唐：亂世紅顏（暢銷經典版）

作 者／蒙曼
主 編／林怡君

國際版權／吳玲緯
行 銷／巫維珍 蘇莞婷 黃俊傑
業 務／李再星 陳玫潾 陳美燕 馮逸華
編輯總監／劉麗真
總 經 理／陳逸瑛
發 行 人／涂玉雲
出 版／麥田出版
10483臺北市民生東路二段141號5樓
電話：(886)2-2500-7696 傳真：(886)2-2500-1967
發 行／英屬蓋曼群島商家庭傳媒股份有限公司城邦分公司
10483臺北市民生東路二段141號11樓
客服服務專線：(886) 2-2500-7718、2500-7719
24小時傳真服務：(886) 2-2500-1990、2500-1991
服務時間：週一至週五09:30-12:00．13:30-17:00
郵撥帳號：19863813 戶名：書虫股份有限公司
讀者服務信箱E-mail：service@readingclub.com.tw
麥田網址／https://www.facebook.com/RyeField.Cite/
香港發行所／城邦（香港）出版集團有限公司
香港灣仔駱克道193號東超商業中心1/F
電話：(852)2508-6231 傳真：(852)2578-9337
馬新發行所／城邦（馬新）出版集團Cite (M) Sdn Bhd.
41-3, Jalan Radin Anum, Bandar Baru Sri Petaling, 57000 Kuala Lumpur, Malaysia.
電話：(603)9056-3833 傳真：(603)9057-6622
讀者服務信箱：services@cite.my

封面設計／莊謹銘
印 刷／中原造像股份有限公司

■2009年1月 初版一刷
2013年4月 二版一刷
2019年12月 三版一刷
Printed in Taiwan.

定價：340元

ISBN 978-986-344-719-1